国际观察丛书

国际货币金融治理体系沿革

潘雨晨　刘震◎著

世界知识出版社

图书在版编目（CIP）数据

国际货币金融治理体系沿革 / 潘雨晨，刘震著．—北京：世界知识出版社，2022. 12
（国际观察丛书 / 张蕴岭主编）
ISBN 978-7-5012-6587-9

Ⅰ. ①国… Ⅱ. ①潘… ②刘… Ⅲ. ①国际货币体系—金融管理—研究 Ⅳ. ①F821. 1

中国版本图书馆 CIP 数据核字（2022）第 215085 号

责任编辑 刘豫徽
责任出版 王勇刚
责任校对 陈可望

书　　名 **国际货币金融治理体系沿革**
Guoji Huobi Jinrong Zhili Tixi Yange
作　　者 潘雨晨　刘震

出版发行 世界知识出版社
地址邮编 北京市东城区干面胡同 51 号（100010）
网　　址 www. ishizhi. cn
投稿信箱 lyhbbi@ 163. com
电　　话 010-65265923（发行）　010-85119023（邮购）
经　　销 新华书店
印　　刷 北京虎彩文化传播有限公司
开本印张 720 毫米×1020 毫米　1/16　21 印张
字　　数 260 千字
版次印次 2022 年 12 月第一版　2022 年 12 月第一次印刷
标准书号 ISBN 978-7-5012-6587-9
定　　价 86. 00 元

序 言

当今世界正处在百年未有之大变局时期，国际形势、国际格局、世界发展、国际治理正在发生重大而复杂的变化，在此情况下，洞察变化并深入分析变化的影响与未来走势，非常重要。潘雨晨、刘震博士所著《国际货币金融治理体系沿革》一书，是我策划的有关国际经济治理问题研究三本书中的一部，前两本《国际贸易治理与变革》《全球经济治理变革》由我和张丽娟教授主编，已经出版。本项研究列入山东大学国际问题研究院与世界知识出版社合作设立的“国际观察丛书”出版项目。

二战后，世界发生的最重大变化是建立了以联合国为中心的国际治理体系，通过《联合国宪章》确立了国家间关系的基本准则，通过国际组织对重要的领域进行治理，以期创建一个稳定、和平与发展的世界。尽管发生了冷战，出现过诸多危机和挑战，以联合国为中心的国际治理体系并没有坍塌，而是不断得到了扩大与发展。几乎所有经济体都加入这个体系，由此，世界进入一个以多边规则为导向的有管理发展时期，这是人类历史上前所未有的。

在经济领域，国际治理体系主要由国际贸易体系和国际货币金融体系构成。国际贸易体系以《关税与贸易总协定》和后来升级的世界贸易组织为支柱，国际货币金融体系以国际货币基金组织和世界银行以及区域性开发银行为支柱。重要的是，世界上大多数经济体都加入了国际经济治理体系，并且接受由国际组织制定的规则、指导和干预。这为二战后世界经济的大发展创造了有利的环境，加上世界市场的开放、全球化的拓展，使世界获得了新的发展空间和动力。

随着世界的发展，国际货币金融治理体系也不断发生变化和调整。国际货币体系的第一次大调整与变革是在20世纪70年代初，美国宣布放弃关于美元兑换黄金的承诺，由此，以美元与黄金挂钩为支撑的“美元—金本位”货币体系解体，货币汇率体系由固定转向浮动。鉴于美元仍然是具有主导地位的货币，美国经济仍然是世界最强，因此，形成了以美元为主导的浮动汇率体系。然而，美国经济发展的不稳定和美元供给的不稳定，必然导致汇率体系的不稳定，因此产生货币危机和由货币危机引发的综合性经济危机。与此同时，美元泛滥以及金融工具无序创新等，使得资金流动出现异变，脱离监管，导致货币金融危机多发。例如发生在多个经济体的债务危机、1997年的亚洲金融危机，特别是2008年的美国次贷危机引发世界性金融危机等，都对国际货币金融体系造成巨大冲击。

面对变化的形势，国际货币基金组织的功能由主要维护国际收支平衡转向多功能多元化，包括参与对货币、金融危机引发的综合经济危机的治理，为遭受危机的经济体提供应对方案、提供流动性救助等。同时，随着世界经济力量对比的变化，提升发展中经济体在治理中的参与度，大幅增加其在国际货币基金和世界银行等的权重份额，改变美国一家独大和主导决策的格局也有所体现。世界银行与区域性开发银行在参与国际发展规划、提供能力建设支持等方面的作用增强。与此同时，针对国际资本流动出现的问题，各种经济体制定新的规则，对资本流动、银行监管、税收等加强监督和管理。

如今，国际货币金融体系面临的新挑战主要是：其一，在国际货币体系中，尽管美元仍然是国际结算和国际储备的主要货币，但美元的主导地位逐步下降，“去美元化”趋势明显，货币体系变革、“后美元货币体系”如何发展以及货币体系如何组成等问题，值得认真观察，深入研究；其二，非主权货币大行其道，货币数字化趋向明显，对传统的货币体系造成严重冲击，货币治理如何面对新的形势有新作为，这也是至关重要的；其三，货币虚拟化、数字化，资本流动非常规化，使得现行银行体系的职能、融资方式和目的等都发生重大变化，在新的情况下，金融监管和资本流动管理等如何调整与变革，需要新共识和新机制。

二战后建立的国际货币金融治理体系，对世界经济的发展起到了非常重要的稳定和支持作用，其中包括为二战后经济恢复和重建提供支持、为世界贸易和投资发展提供开放与基于规则的环境，以及为发展中经济体参与国际分工和加快发展提供机会等，正是有这些前所未有的制度建设和治理体系发挥作用，世界经济才实现了前所未有的大发展。然而，就货币和金融领域而言，美元主导的货币体系和美国占主导地位的决策体系也导致一系列问题，如美元的泛滥、以美国利益为取向的干预、国际组织职能与决策机制调整缓慢与滞后等。因此，二战后建立和发展起来的国际货币金融体系进入调整与变革的深水区。

从历史的发展看，货币金融体系的建立与转型是一个漫长进程，变革也应该是一个稳步推进的过程，要避免发生大波动，特别是大塌方。比如，美元作为国际主要货币的地位，在较长时间内是难以改变的，渐变对世界有好处。从现在来看，还难以找到一个其他货币来替代美元的地位，况且，未来的世界货币体系究竟如何构建不好预测，也许很难再建立在单一货币主导的基础之上。如今，变革的重点应放在国际组织治理的决策权重和功能调整上，特别是推动有关数字货币、非主权货币治理规则与监管机制的制定与实施上。考虑到发展中经济体自身的发展及其对未来世界发展的重要性，特别需要在融资与提供流动性上给予发展中经济体更大支持，对新的融资机制的建立与监管也应该给予更多重视。

有关国际货币和金融体系研究的著作不计其数，本书旨在从国际治理的视角对国际货币金融体系的发展与变革进行观察和分析，与已经出版的《国际贸易治理与变革》和《全球经济治理变革》一起，从贸易、经济和金融三个领域帮助读者更好地了解和研究国际经济治理体系的发展与变革。

张蕴岭
中国社会科学院学部委员
山东大学讲席教授
山东大学国际问题研究院院长

前 言

自第二次世界大战结束以来，世界经济快速发展并呈现出全球化、网络化的特征。在此过程中，如何构建一套维护世界经济秩序、促进各经济体深化经济合作的治理体系成为热点议题。作为国际经济治理体系的核心组成部分，国际货币金融治理不仅为全球货币事务和金融合作提供了制度与规则框架，提高对国际货币金融事务的管理效率，维护国际货币金融秩序，而且会极大促进国际贸易与国际投资，从而不断推动世界经济的良性循环。因此，本书重点梳理了国际货币金融治理体系的历史发展和演变过程，总结了当下存在的主要问题，并尝试指出未来的改革方向与进展，以帮助读者更好地把握国际货币金融治理体系的总体发展脉络，也希望可以与学术界同行共同推进国际货币金融治理领域内的学术研究。

本书由中国社会科学院学部委员、山东大学讲席教授、山东大学国际问题研究院院长张蕴岭教授作序。各章撰写分工如下：潘雨晨（第一章至第五章）；刘震（第六章至第七章）。

本书即将付印，首先要感谢张蕴岭教授给予笔者宝贵的机会参与山东大学国际问题研究院与世界知识出版社合作设立的“国际观察丛书”出版项目，也非常感谢张教授对本书的支持以及对笔者在写作方面的指导。同时，感谢山东财经大学金融学院张延良教授对本书写作提出的建议，这让笔者可以更好地把握写作思路。此外，本书可以顺利出版，还要特别感谢世界知识出版社责任编辑刘老师。责任编辑做了大量细致的工作，在她的帮助下，书稿才得以不断完善，刘老师认真负责的工作态度让笔者敬佩不已。在写作过程中，山东大学东北亚学院学生李悦、童冠杰、李润莹、宋欣蔚以及山东大学商学院学生王云华、王露萌，他们仔细整理各类材料，给笔者提供了极大的帮助，感谢他们对本书写作所做出的支持与贡献。

当然，本书在行文中难免存在不足，希望各位专家和读者不吝赐教，笔者会在未来的研究中加以改进。

潘雨晨　刘震

2022年10月31日

目 录

上篇 国际货币治理体系发展与演变

中篇　国际金融治理体系发展与演变

下篇　面向未来的国际货币金融治理体系

上　篇

国际货币治理体系发展与演变

第一章
布雷顿森林体系的建立与发展

1944 年 6 月，盟军成功在诺曼底登陆，并开始在欧洲大陆对德国展开全面反击。此刻，虽然战争仍未结束，但盟军已势不可当，其胜利也已成为定局。与此同时，由于连年的战争，各国经济严重受创，国际经济格局也发生了巨大的变化。原有国际货币治理体系已无法满足二战后的经济新秩序，因此，构建一个服务于二战后全球经济的新国际货币治理体系成为各方领导人重点关注并努力解决的问题。布雷顿森林体系成为针对这一问题的关键性尝试。

第一节　两次世界大战期间金本位制走向末路

在布雷顿森林体系建立之前，以黄金为核心的国际金本位制一直在国际货币治理体系中扮演着重要的角色，尤其是在第一次世界大战之前，随着资本主义生产方式的发展，金本位制在特定时间、特定地点的特有政治经济环境下得以实施。[①] 在这一体系中，英国凭借自身工业和商业水平的快速提升，在国际货币政策协调过程中发挥了重要的作用。匈牙利学者卡尔·波兰尼（Karl Polanyi）就指出，19世纪的文明（主要指西方文明）是在“均势制”“国际金本位制”“自律性市场制”“自由主义国家制”这四种制度的基础上建立起来的，而其中最关键的就是金本位制。[②] 从国内角度来看，金本位制（更确切地说是古典的金币本位制）是一种由国家政府“垄断”或严格治理的货币制度。[③] 该制度允许一国国内将货币兑换成相应价值的黄金，即以黄金作为本位币，黄金具有自由铸造和无限法偿的特征。在这一制度中，黄金在货币体系中发挥“锚”的作用，以保持国际货币体系的长期稳定。在此阶段中，黄金不仅可以自由地通过政府或其他渠道进口和出口，也是各国唯一的储备金。从国际角度来看，各国之间货币含金量的相对水平，即铸币平价（Mint Parity）成为国际货币体系下的汇率基础，且自动调节机制的存在使该体系下各国货币间的汇率能在自由条件下保持在一个相对稳定的状态，这也保证了国际收支的平衡。

然而，随着第一次世界大战的爆发，这一体系受到严重冲击。战争爆发后，各国政府财政赤字规模快速扩大，出于对战争物资的需求以及对战争经费的补充，各参战方暂时放弃了金本位制，开始禁止黄金的自由流通，黄金套利行为也被中断，贵金属被严格“控制”并主要用于对各类物资的采购。与此同时，各国政府开始发行不兑现黄金的纸币，

---

① 巴里·埃森格林：《资本全球化：一部国际货币体系史（第三版）》，麻勇爱译，机械工业出版社，2020，第42页。

② 卡尔·波兰尼：《巨变：当代政治与经济的起源》，黄树民译，社会科学文献出版社，2013，第51页。

③ 羌建新：《国际货币金融体系变革与中国》，中国发展出版社，2015，第5页。

但纸币发行量不断增加以及各国纸币发行量之间的差异，使得单位货币的含金量逐渐下降，物价普遍上涨，并导致汇率出现大幅度波动。这一行为所引发的负向外部性不仅令各国之间的货币自由流通路径被掐断，国际信用制度也一度受到了极大的破坏。至此，金本位制的核心支柱开始崩塌。1914 年爆发的第一次世界大战也被认为是金本位制的第一个崩溃时刻。①

可以看出，第一次世界大战在全球范围内引发了严重的货币混乱问题，因此，战后各国的主要任务之一就是重建世界货币制度，而如何在战后权力和利益重新分配的背景下建立稳定有效的国际货币体系成为各国面临的主要困境。在第一次世界大战后，黄金存量对国际贸易的比率降低，使得原有固定汇率难以维持。国际货币体系更多地表现出汇率自由浮动的特征，这令各国央行不得干预外汇市场。② 而各国针对如何稳定本币这一问题也进行了一系列尝试，主要是为了恢复战前的国际金本位制，如美国在战争刚刚结束后的 1919 年就率先解除了禁止黄金出口的禁令，重新恢复了古典的金本位制；奥地利、匈牙利、德国、波兰、比利时、英国、法国、意大利等众多国家也在 1920 年后分别尝试重建可兑换的黄金本位制。然而，在此过程中，世界各国（尤其是欧洲国家）普遍经历了不同程度的通货膨胀，如奥地利、德国和匈牙利等国家经历了恶性的通货膨胀，而法国、意大利等国家则经历了相对温和的通货膨胀。汇率因此也出现了大幅度的波动。

1922 年 4 月，在意大利的热那亚召开了世界金融会议（以下简称

---

① 翟东升：《货币、权力与人：全球货币与金融体系的民本主义政治经济学》，中国社会科学出版社，2020，第 80 页。

② 巴里·埃森格林：《资本全球化：一部国际货币体系史（第三版）》，麻勇爱译，机械工业出版社，2020，第 44 页。

“热那亚会议”)，各国政府在会上探讨了建立新的汇率合作机制的可能性，[①] 这不仅是世界历史上第一次召开全球性的经济会议，也是对于国际货币体系治理的一次探讨。会议最终通过了一项金融问题决议，该决议赞成在适当的平价水平上回归金本位制，却并没有明确指出“适当的水平”应该是多少。[②] 在会议之后，国际货币体系虽然仍以金本位制为基础，但已经与战前的体系大不相同，且表现出多样化的形式：美国实行金币本位制，英国和法国实行与黄金直接挂钩的金块本位制，其他欧洲国家实行与黄金间接挂钩的金汇兑本位制。在战后的金块本位制和金汇兑本位制中，虽然黄金仍然是货币发行的基础，但黄金已无法作为货币直接在国家间进行流通，只能作为货币发行的准备金存于各国中央银行。可见，第一次世界大战之后，黄金在国际货币体系中的作用被大幅弱化。在这一过程中，国际货币治理格局也开始发生变化。

在第一次世界大战之前，英国是国际政治和经济的中心，英镑占据着国际贸易和国际资本市场的主导地位，而全球主要货币也围绕英镑形成了国际货币体系。但战争使英国的政治和经济实力快速下降，英镑的国际地位也受到相当大的冲击。反观美国，其地理优势以及中立态度使其经济社会受战争的影响相对较小，且在一战后美国一跃成为最大的债权国，其政治和经济实力快速上升。虽然在战后，英国和美国都恢复了金本位制，但不同的是，美国实行的是金币本位制，而英国实行的是金块本位制。这一方面体现出，美国经济实力雄厚且黄金储备充足，有足

---

① 陶婧：《议布雷顿森林体系的成立背景及其对最初计划的偏离》，《贵州大学学报（社会科学版）》2005 年第 1 期。

② 巴里·艾肯格林、阿尔诺·梅尔、利维娅·齐图：《货币变局：洞悉国际强势货币交替》，符荆捷译，机械工业出版社，2019，第 37 页。

够的信心确保美元在国际货币体系中的稳定性；另一方面也可体现出，英国意图恢复其战前的国际地位，继续主导国际货币体系。哈耶克曾指出，国际货币体系具有天然的寡头垄断性和不稳定性，[①] 霸权的更替决定着国际货币体系演进的方向。[②] 确实如此，现实中的结果是：美元接过英镑的接力棒，在国际货币治理中成为强势货币，许多国家在之后也逐渐向美元靠近，形成美元区；英国则由于币值被高估、国内经济衰退、出口规模缩减、失业率上升、采取紧缩性的货币政策等原因无法长久维持其实行的金块本位制，最终于 1931 年被迫宣布放弃这一制度。

1924—1928 年，资本主义世界还是经历了一段相对稳定的发展时期，各国也从战争中相继恢复。尤其是美国，其国内经济得到快速发展。整个 20 世纪 20 年代也被后人称为“咆哮的二十年代”（Roaring Twenties），[③] 且被定义为消费主义萌芽的最初十年，因为民众普遍把消费作为一种日常的生活方式。[④] 同时，美元的国际地位也发生了巨大的变化。1924 年，在全球国际外汇储备中，美元的占比已经超过英镑，而在国际货币市场中，以美元计价的各类商业融资票据更是英镑的两倍。[⑤] 然而，1929 年的经济大萧条不仅对美国产生了巨大冲击，其影响也快速蔓延至英国、法国、德国乃至整个资本主义世界。

---

① 张宇燕、张静春：《货币的性质与人民币的未来选择——兼论亚洲货币合作》，《当代亚太》2008 年第 2 期。

② 李晓耕：《权力之巅：国际货币体系的政治起源》，社会科学文献出版社，2017，第 76 页。

③ 美国经济在 20 世纪头 10 年进入高速发展期，整个 20 年代沉浸在喧嚣、狂热、绚丽多彩的气氛中，被后人称为“咆哮的二十年代”。参见关晋勇：《美国经济难现“咆哮的二十年代”》，《经济日报》2020 年 1 月 14 日，第 8 版。

④ 尼克·巴蒂亚：《货币金字塔：从黄金、美元到比特币和央行数字货币》，孟庆江译，社会科学文献出版社，2021，第 73 页。

⑤ Barry Eichengreen and Exorbitant Privilege, *The Rise and Fall of the Dollar and the Future of the International Monetary System* (Oxford: Oxford University Press, 2011), p. 32.

事实上，大萧条期间，没有一个实行金本位制的国家能够幸免于难，而其中最主要的传导纽带就是金本位制本身。[①] 就如前文所说的那样，金本位制需要在特定时间、特定地点的特有政治经济环境下才能有效运转。这是因为金本位制有其固有的缺陷：首先，金本位制太过于强调黄金在整个国际货币体系中的作用，但现实情况下黄金的供给速度并不能满足由于世界经济快速发展而产生的对黄金的需求；其次，各国之间的经济不平衡导致各国黄金储备的不平衡；最后，黄金储备盈余的国家与赤字国家之间货币存量调整的不对称性，使国际金本位制存在着潜在的通货紧缩倾向。[②]

大萧条发生之后，最先受到冲击的是以初级产品生产为主的外围国家。由经济危机所导致的美国中长期贷款削减、世界农产品价格暴跌、工业国家实行贸易保护政策等因素，使得这些国家的产品出口规模下降、贸易逆差扩大、黄金外流、国内失业率上升，进而令国家中央银行的储备下降。之后，国家间开始“竞争性贬值”，并进一步导致世界经济呈现出螺旋式下降的趋势，这也是大萧条期间世界经历的第一次大范围贬值浪潮。为突破金本位制的内在限制，防止经济下滑，这些国家的政府随即开始采取干预汇率的措施，如阿根廷和乌拉圭政府于 1929 年限制对黄金的兑换，加拿大也禁止黄金进口，巴西、智利、巴拉圭、委内瑞拉、澳大利亚和新西兰的金本位制也大打折扣，允许其货币价值低于官方平价。[③] 然而，随着国际金本位制的崩溃，各国货币开始自由浮

① 陆寒寅：《再议金本位制和 30 年代大危机：起因、扩散和复苏》，《复旦学报（社会科学版）》2008 年第 1 期。

② 关建新：《国际货币金融体系变革与中国》，中国发展出版社，2015，第 5 页。

③ 巴里·埃森格林：《资本全球化：一部国际货币体系史（第三版）》，麻勇爱译，机械工业出版社，2020，第 46 页。

动，贸易保护主义上升，各国采取“竞争性贬值”措施以维护自身利益。

1931年，这一影响传导至国际货币体系的中心区域，众多工业国家开始出现混乱与动荡，国际权力结构也再一次处于混乱无序的状态。各国开始实行紧缩性的货币政策，并进一步导致银行业出现危机。奥地利是第一个遭受银行危机的中心区域国家，之后便是匈牙利和德国，它们都耗尽了国际储备。即便是美国这一战后最大的债权国，也无法躲过此次银行危机。数千家银行相继倒闭，在这一情况下，资本外流和贸易逆差等问题迫使各国放弃金本位制。德国于1931年7月实施外汇管制，并放弃金本位制；英国则在1931年9月放弃了金本位制，这也标志着第一次世界大战后的国际金本位时代宣告结束；1932年至1933年，加拿大、美国、[①] 日本、北欧诸国等都放弃了金本位制；1936年，比利时、荷兰、法国也相继宣布放弃金本位制。[②] 其间，以英国放弃金本位制为起点，世界经济经历了第二次大范围货币贬值浪潮，“全部的英国自治领土（除南非以外）、英帝国的其他成员、北欧四国、葡萄牙、埃及、玻利维亚和拉脱维亚的货币都相继贬值，而紧随其后的是希腊、日本和泰国等”；[③] 美国则在1933—1934年颁布了《1934年黄金储备法》，导致美元贬值近40%，并导致南非、拉美和日本等国家采取报复性货币贬值的措施，最终引发了第三次大范围货币贬值浪潮。

1932年，渥太华会议上，国际货币体系已呈现出“三足鼎立”的

---

① 美国在1933年爆发了美元危机，这迫使美国最终放弃金本位制。——作者注

② 艾瑞克·霍布斯鲍姆：《极端的年代：1914—1991》，郑明萱译，中信出版社，2014，第114页。

③ 陆寒寅：《再议金本位制和30年代大危机：起因、扩散和复苏》，《复旦学报（社会科学版）》2008年第1期，第59页。

态势，英国及与英镑挂钩的国家形成了英镑区、美国以及其他坚持金本位制的国家形成了黄金集团、德国以及其他实行外汇管制的中东欧国家形成了中东欧集团。[①] 各个集团之间建起了关税壁垒，但对内部却仍保持着自由贸易以及各类贸易优惠措施，例如在英镑区，英国就通过了"渥太华政策"，并实行了"帝国特惠制"贸易，即实施保护性贸易政策，该政策旨在为英国及其联邦国家提供贸易优惠的关税制度。[②] 同时，个别国家之间还形成了正式的关税同盟，如德国与奥地利就于1931年3月在维也纳签订了《奥地利和德国关于统一规定关税制度的议定书》，取消关税边界、统一关税法、协商税率，并建立起关税同盟。[③] 由于集团之间的不信任，20世纪30年代初的国际货币关系类似一个多方的囚徒困境格局，[④] 而这一全球货币和贸易的混乱局面一直持续到1936年。

1936年对于国际货币治理来说是具有相当重要意义的一年。在1936年9月25日，以德军入侵非军事区的莱茵兰地区以及由此导致的法郎抛售压力为契机，英国、美国、法国达成了《三方货币稳定协议》。根据协议，英美两国同意法国重新调整其货币，即允许法郎进行一定程度的贬值，且不会采取报复措施；三国同意为改善国际贸易环境而做出努力；同意对官方外汇结存实行24小时黄金可兑换；各国通过

① 巴里·埃森格林：《资本全球化：一部国际货币体系史（第三版）》，麻勇爱译，机械工业出版社，2020，第47页。

② 翟东升：《货币、权力与人：全球货币与金融体系的民本主义政治经济学》，中国社会科学出版社，2020，第82页。

③ 但由于海牙国际仲裁法院宣布该关税同盟违反《圣日耳曼和约》和《日内瓦议定书》的相关规定，两国政府最终于1931年9月3日宣布放弃关税同盟协定。——作者注

④ 谈谭：《从"货币战"到"有限合作"——1933—1936年美英法三国货币外交》，《世界历史》2009年第6期。

合作来确保汇率的最小波动。[①] 国际货币市场也相应被划分为美元区、英镑区和法郎区。就《三方货币稳定协议》而言，其可以说是自1929年全球经济危机以来，国际货币合作的第一次实质性的尝试。[②] 著名经济学家罗伯特·蒙代尔则更加直接地指出，《三方货币稳定协议》是重建国际货币体系的开端，且自1934年开始，美国在国际货币治理中已处于主导地位，因此货币历史上的下一个时代应开始于1934年。[③] 然而，该协议所提供的其实是一个“有限的合作平台”。在协议形成之初，英、美、法三国的动机并不相同，这使得协议中不仅包含了合作条款，也包含了各自的保留和隐含条件。因此，该协议并不能妥善地解决各方之间存在的分歧。此外，《三方货币稳定协议》实质上是英国和美国对法郎实行的“放任型货币操控”，是“国际货币权力”的一种形式，并以间接支持目标国货币的方式来达到政治目的，[④] 即以经济利益换取政治利益。但不可否认的是，该协议为混乱的30年代提供了一个国际货币关系的调节机制，且一直维持到第二次世界大战爆发。不仅如此，该协议也为之后的货币合作，尤其是布雷顿森林体系下的合作奠定了基础。

从国际货币治理角度来看，两次世界大战期间，由于货币所具有的政治属性，各国都会积极扩大本国货币的流通规模并追逐“国际货币权力”，一战作为大国博弈的结果，对原由英国建立的国际货币体系则

---

① 彼得·马赛厄斯、悉尼·波拉德：《剑桥欧洲经济史（第8卷）》，王宏伟等译，经济科学出版社，2004，第280页。

② 李晓耕：《权力之巅：国际货币体系的政治起源》，社会科学文献出版社，2017，第100页。

③ 罗伯特·蒙代尔：《蒙代尔经济学文集（第四卷）：宏观经济学与国际货币史》，向松祚译，中国金融出版社，2003，第84页。

④ 乔纳森·科什纳：《货币与强制》，李巍译，上海世纪出版集团，2013，第51—54页。

产生了颠覆性的影响。[①] 的确，战争使得大英帝国的经济实力和国际影响力快速下滑，海外资产规模快速缩减，其债务规模却快速扩大，并由债权国转变为债务国，而拥有强大经济实力的美国则因为孤立主义而退出了国际联盟，这导致战后的全球秩序呈现出“无极”的状态。[②] 国际权力结构的失衡进一步导致了国际货币规则的缺失，各国货币政策难以协调，国际货币安排也因此陷于无序和混乱之中。为了稳固国际货币市场和国家间的贸易，各国做出了不同程度的努力，国际货币体系也得到了短暂的恢复时期。其间，国际货币治理呈现出“两极相争”的态势。一方面，美国作为新崛起的霸权国家，凭借其相对充足的黄金和能源储备，希望从英国手中“全面接管”国际货币体系，并主导体系的建立过程；另一方面，英国希望可以从“战后创伤”中快速恢复，使经济再次回到战前水平，修复其他国家对英镑的信心，巩固自身在国际货币治理中的核心地位。美国在这一时期内并未真正取代英国，不仅因为英国仍然控制着中东地区的主要油田，并且为了经济恢复做着不懈努力，还因为美国此时对于制定国际体系规则以及维护体系有效运行方面并未发挥出真正的引领作用，即缺少像英镑一样的“国际货币权力”。但即便如此，国际货币体系重心由英国（英镑）转向美国（美元）的趋势仍然是不可逆的。

总的来说，混乱无序的国际权力格局会导致国际货币治理效率的缺失，国际货币体系也会陷入动荡，而各国在全球治理理念的基础上进行包容、科学、合理的协商是实现国际货币有效治理并维护体系稳定进而

---

① 李晓耕：《权力之巅：国际货币体系的政治起源》，社会科学文献出版社，2017，第68页。

② 翟东升：《货币、权力与人：全球货币与金融体系的民本主义政治经济学》，中国社会科学出版社，2020，第81页。

促进全球政治经济健康发展的重要因素。布雷顿森林体系就是一次重要尝试。

第二节　布雷顿森林体系的治理内容与特点

第二次世界大战的爆发让整个世界再次陷入了不安与混乱，战争不仅重创整个世界经济，改变了战前的世界权力结构，国际货币治理格局也因此发生了重大的变动，而如何构建一个新的全球性安排以维护战后世界秩序并促进战后经济恢复和发展成为整个世界必须面临的重要问题。其实早在战争爆发之初，以纳粹德国、美国、英国为主的各方势力就已蠢蠢欲动，希望可以将自己推向世界的中心位置，以便在战争结束时可以主导建立国际货币体系，制定有利于自身利益的货币规则。

1940 年，纳粹德国提出了“欧洲经济新秩序蓝图”，这项计划由当时纳粹德国的经济部部长瓦尔特・冯克提出，因此后人也将其称为“冯克计划”。虽然这一计划遭到了英、法等国家的强烈反对，但战争期间，纳粹德国政府仍大力推行该计划，企图构建一个以柏林为主导，以马克为核心的“欧洲清算同盟”，通过各成员之间在对方中央银行开设特别账户、避免出现竞争性贬值、稳定国家间的汇率以及国际贸易，从而达到统治欧洲市场的目的。

除此之外，美国吸收了第一次世界大战后参与重建国际秩序的失败教训，认为“战后安排需要提前设计”。[①] 因此在战争之初，美国就开

① 李晓耕：《权力之巅：国际货币体系的政治起源》，社会科学文献出版社，2017，第 104 页。

始规划建立一个以美元为中心的国际货币体系，即实现美元霸权下的世界新秩序，从而改变20世纪30年代以来的世界货币关系的混乱局面。①1939年，在国务卿科德尔·赫尔的特别顾问里奥·帕斯沃尔斯基博士领导下的一个团队就开始了战后世界蓝图的设计工作。② 1941年，美国以美元结算的方式向世界供给各类战争装备，这不仅让美元在国际贸易中发挥了重要作用，也让美国得以快速积累资本，其国际地位相比于战前也得到进一步提升。同时，第二次世界大战期间，与第一次世界大战一样，由于美国地理位置的优势，除夏威夷等少数地区遭受战争创伤外，战争并未给美国本土带来明显的损失，而各类装备的全球供给让美国加快制造与生产，失业率大幅降低，女性就业比率提高，民众福利增加，经济得以快速复苏，黄金储备规模快速扩大，这为其日后主导国际货币体系奠定了基础。

反观英国，则显得心有余而力不足。一方面，英国要全力以赴应对德国的攻击；另一方面，英国还要在国内经济严重受损的情况下随时关注任何可能会撼动自身国际地位的因素，这些因素不仅来自德国，还来自大洋彼岸。然而，即便英国的经济已遍体鳞伤，其实力仍不可小觑，英镑仍为主要的国际储备之一，国际贸易中也有近40%使用英镑结算。因此，英国不希望将国际秩序的主导权拱手让与他人，且在1940年就开始谋划构建战后国际货币新秩序。经过详细的规划，英国在1941年9月推出了由约翰·梅纳德·凯恩斯执笔的“战后货币政策”和“关于国际货币同盟的建议”两项备忘录，这也是之后“凯恩斯计划”的草稿。

---

① 鲁世巍：《美元霸权与国际货币格局》，中国经济出版社，2006，第21页。

② 赵柯：《试论大国经济外交的战略目标——美国经济外交与大英帝国的崩溃》，《欧洲研究》2014年第4期。

一、凯恩斯计划与怀特计划

随着1942年1月1日《联合国家宣言》的签署，世界反法西斯统一战线得以形成，且随着美国加入战争，战局开始朝着有利于同盟国的方向发生转变。这也意味着纳粹德国统治欧洲金融市场的计划走向灭亡。此时，构建战后国际货币新秩序的主动权落在了美国和英国手中。1943年4月，美国和英国针对战后国际货币安排这一问题，分别提出了相应的设计与实施方案，即美国的“怀特计划”[①] 与英国的“凯恩斯计划”，这两项计划也成为日后布雷顿森林会议中各方争论的焦点。两者的对比如表1–1所示。

表1–1　怀特计划与凯恩斯计划对照

	凯恩斯计划	怀特计划
新设立的国际组织	国际清算银行	联合及联系国稳定基金 联合及联系国复兴银行
资金总额	国际清算银行为260亿美元	（1）稳定基金为50亿美元； （2）美国认缴上线不超过20亿美元或30亿美元怀特计划
认缴份额标准	按照一国在国际贸易总额的比例认缴相应资金	（1）按照一国的黄金储备、生产力、国民收入、对外贸易量、人口、对外投资以及所拥有的海外债权等； （2）份额中的“现金”部分应当至少有一半以黄金的形式认缴

① “怀特计划”是由时任美国财政部部长亨利·摩根索的负责国际事务的助理哈里·德克斯特·怀特提出的。——作者注

续表

	凯恩斯计划	怀特计划
赤字成员的责任和权利	(1) 允许自动获得完全无担保的透支，但不得超过本国认缴资本的上限； (2) 透支额度可以随世界需求状况的变动进行浮动	(1) 允许以本币和黄金作为抵押进行借款； (2) 提款权不得超过本国认缴资本上限
盈余成员的责任和权利	(1) 对盈余的增长添加限制； (2) 贷方余额超过其份额的一半时，需要采取提供贷款等方式减少其出口中得不到偿付的部分； (3) 承担的贷款责任无上限（美国可能要承担230亿美元的贷款责任）	承担的贷款责任不超过本国认缴资本上限
投票权设置	按照一国对外贸易所占国际贸易总额的比重分配投票权	每个成员拥有固定的100张选票，此外每缴纳额外的100万美元可以增加1张选票
汇率制度	(1) 设立新的国际货币“班柯”，各成员的货币和班柯以及黄金保持固定汇率； (2) 设定一个固定标准来决定成员何时以及在多大程度上可以货币贬值和升值	(1) 设立新的国际货币“尤尼塔斯”（Unitas），与黄金直接挂钩，但1尤尼塔斯相当于10美元； (2) 成员在改变汇率平价时必须获得基金批准，严格受到限制

资料来源：翟东升：《货币、权力与人：全球货币与金融体系的民本主义政治经济学》，中国社会科学出版社，2020，第83—84页；本·斯泰尔：《布雷顿森林货币战：美元如何统治世界（典藏版）》，符荆捷、陈盈译，机械工业出版社，2020，第124—151页。

注：“班柯”（Bancor），是凯恩斯计划中提出的一种国际记账单位和超主权货币，与黄金直接挂钩。

通过对比怀特计划与凯恩斯计划，可以看出，这两项计划是英美两国在对自身利益和需求意愿的基础上提出的，有一定的相似性，但差异也十分明显，且二者都带有“理想设计”的色彩。这两项计划都希望建立多边清算安排；维护汇率的稳定；继续发挥黄金在国际货币体系中的作用，但小于古典金本位制下的作用；降低对外汇汇兑的管制程度；对资本流动进行管制；控制成员国际收支状况，防止全球收支失衡；向国际收支赤字成员提供临时性资金援助；设置各类预防性措施和风险分摊机制；关注全球经济再平衡以及再平衡之后恢复稳定的问题；坚持自由贸易，在全球范围内削减关税和贸易壁垒；新设立的中央机构要与各国政府实现紧密合作；成员投票权的权重应当向经济实力更强的国家倾斜；各成员经济政策制定者可以保留更多的自主权和自由裁量权；可以得到世界各国的广泛支持与参与。[①] 虽然这两项计划有如此之多的相似点，但其具体内容则有较大差异。简单来说，怀特计划主张取消外汇管制和各成员对国际资金转移的限制，设立一个国际稳定基金组织（国际货币基金组织的前身）发行一种国际货币，使各成员货币与之保持固定比价，也就是基金货币与美元和黄金挂钩。而凯恩斯计划则从当时英国黄金储备缺乏出发，主张建立一个世界性中央银行，将各成员的债权、债务通过它的存款账户转账进行清算。此外，考虑到大萧条时期国家货币政策有效性的缺失，凯恩斯更偏向于将财政政策作为在国内的主要工具。[②]

总的来说，虽然怀特计划和凯恩斯计划都是为了在战后形成一个稳定可靠的国际货币治理体系，但实际上两者都是为了维护本国利益而设

---

① 本·斯泰尔：《布雷顿森林货币战：美元如何统治世界（典藏版）》，符荆捷、陈盈译，机械工业出版社，2020，第 140—150 页。

② William R. White, “The Need for a Longer Policy Horizon: A Less Orthodox Approach, ” in *Global Imbalances and Developing Countries: Remedies for a Failing International Financial System*, Jan J. Teunissen and Age Akkerman (Hague: Forum on Debt and Development, 2007) , pp. 57-88.

计的。怀特计划的核心是构建一个以美元为核心的金汇兑本位制，从而令美国可以牢牢占据国际货币体系的中心地位。凯恩斯计划则充分考虑了英国缺少黄金以及国际收支逆差的现状，其核心是建立国际清算体系，强调成员能进行大额透支，反对将黄金作为主要储备货币，减少对黄金的依赖程度，从而保证英国的贷款来源，维护英国的国际地位。可见，在这两项计划的背后，隐含的是英国和美国经济、政治、军事实力的变化，以及两国在国际货币领域中的权力斗争。

事实上，凯恩斯计划在促进自由贸易、调整各国国际收支状况、设置汇率的弹性调整机制等方面都要优于怀特计划，而超主权储备货币"班柯"的使用以及国际清算银行的建立更是解决世界范围内经济失衡问题的首选方案。[①] 但就像凯恩斯著作《和平的经济后果》中所说的那样，"颠覆现存社会基础最可靠的办法就是摧毁它的货币"。[②] 由于二战使得英国实力下降而美国的综合国力大大提升，美国势必反对凯恩斯计划，而且会对英镑采取强烈的攻势，从根本上瓦解以英镑为主导的旧体系。在之后时间中，两国代表也对采取哪项计划进行了激烈的谈判和讨论。在此过程中，美国一直大力推崇怀特计划，对凯恩斯计划则不感兴趣（甚至反对计划中提出的国际清算联盟，因为其"涉及潜在债权国要负无限责任"[③]），并表现出"咄咄逼人"的气势。但奈何英国此时手中的筹码太少，且由于仍然要依靠《租借法案》来维持相应的战争行动，因此在谈判中美英两国表现出不对等的谈判力量。最后英国方面只能通过联合其他国家拒绝与美国合作，威胁倒退到各国政府控制下的

---

① 李晓耕：《权力之巅：国际货币体系的政治起源》，社会科学文献出版社，2017，第116页。

② John M. Keynes, *The Economic Consequences of the Peace* (London: MacMillan and Co., Limited, 1919), p. 220.

③ Roy F. Harrod, *Economic Essays* (London: Macmillan, 1952), p. 3.

易货贸易时代，才迫使美国略做让步，[1] 避免了美国一家独大，并达成了一致意见。

从另一角度来看，美国也确实应当考虑英国的想法。相比于英国，美国已获得全面压倒性的优势，但即便如此，强势货币的交替以及世界权力结构的改变并非一蹴而就，构建一个属于美国的世界秩序也并非易事。虽然经历第一次世界大战和第二次世界大战，英国的综合实力严重下滑，但不可否认的是，英镑在国际货币体系中仍然发挥着非常重要的作用。正如前文所述，英镑此时仍为主要的国际储备之一，国际贸易中也有近40%使用英镑结算。甚至在战争结束初期，英镑在国际货币体系中的主导地位仍然牢固，其占全球外汇储备的80%以上。一直到20世纪50年代初，美元在全球外汇储备中的份额才超过50%。[2]

最终，成果以一份名为《关于建立国际稳定基金组织的专家联合声明》（*Joint Statement by Experts of United and Associated Nations on the Establishment of an International Stabilization Fund*）的形式提出，但这也并非意味着英美两国争论的结束。1944年6月，盟军登陆诺曼底，战争局势发生了根本性的转变。与此同时，在另一个"看不见硝烟"的货币战场上，各方也正跃跃欲试。

二、布雷顿森林体系的主要内容

1944年7月1日，在美国、英国等国家的推动下，44个国家的代

---

① 翟东升：《货币、权力与人：全球货币与金融体系的民本主义政治经济学》，中国社会科学出版社，2020，第87页。

② 巴里·艾肯格林、阿尔诺·梅尔、利维娅·齐图：《货币变局：洞悉国际强势货币交替》，符荆捷译，机械工业出版社，2019，第119—120页；其中数据来源于国际货币基金组织。

表齐聚美国新罕布什尔州布雷顿森林的一家酒店，召开国际货币与金融会议，即大家所熟知的“布雷顿森林会议”，主要讨论的是战后国际货币金融关系。此次会议不仅是1919年巴黎和会以来最重要的国际会议，也是20世纪最重要的一场经济博弈，其影响甚至一直延续至今。会议围绕着英美两国的怀特计划和凯恩斯计划展开，但其实英国在会议中表现得已如“强弩之末”。现实中也是如此，会议期间，美国所表现出的更多是主导会议的进程，而英国所表现出的则更多是妥协和让步。最终，布雷顿森林会议通过了《联合国家货币金融会议的最后决议书》以及《国际货币基金协定》和《国际复兴开发银行协定》两个附件，它们组成了《布雷顿森林协定》。协定的提出像是在为美元成为世界储备货币加冕，[①] 而世界也由此形成了以美元和黄金为中心的国际货币体系，即布雷顿森林体系，以及以美国为核心的全球治理格局。协定主要包括以下内容。

第一，美元以每盎司35美元的价格与黄金挂钩，其他国家货币按黄金量与美元挂钩，即实行“双挂钩制度”，且美国政府还承诺各国货币可以按一盎司35美元的价格向美国兑换黄金。由于黄金是维护整个国际货币体系稳定运行的最后屏障，因此在布雷顿森林体系中，黄金的价格及流动都仍受到较严格的管控。可以发现，以“美元—黄金”为核心的汇率制度实际上是一种金汇兑本位制，但每盎司35美元的美元兑黄金比率则并非这次会议上提出的。1934年，美国出台《黄金储备法案》，该法案规定美元兑黄金的比率从每盎司20.67美元调整至每盎司35美元，即单位美元的含金量为0.888 671克。布雷顿森林会议是在

① 鲁世巍：《美元霸权与国际货币格局》，中国经济出版社，2006，第78页。

此基础之上进一步确立了各国货币与美元之间的固定比率，从而间接实现了金本位制。[①] 各国政府和中央银行为参与国际经济合作，不得不储备大量美元，并将美元作为其所持有的证券和资产负债表的计价单位。

第二，实行“可调整的钉住汇率制”，[②] 美元钉住黄金，各国货币钉住美元，且各国货币兑美元的汇率调整幅度不得超过1%，当汇率波动超过这一水平时，各国政府需要对其进行干预，以恢复原有汇率水平，而“可调整”表示只有当成员的国际收支发生根本性不平衡时，才能改变货币平价。[③] 具体是当成员在经历长期国际收支赤字或盈余之后，国际货币基金组织会批准该国调整其货币，从而实现货币升值或贬值。这表示成员在资本项目下可以对货币兑换加以控制，但经常项目下必须保持可自由兑换。[④] 根据以往的经验，如果资本账户完全放开，汇率很难处于稳定状态，各国会采取“以邻为壑”的经济策略，并会导致全球的“竞争性贬值”。而该要求的提出可以使得各国货币间的汇率在正常情况下既具有一定的灵活性，又可以保持一个相对稳定的状态。对于国际贸易和国际金融合作来说，这无疑是一条利好的消息，因为稳定的汇率可以大幅度降低汇兑风险，为国际商业提供一个良好且可靠的环境，促进国际贸易和资本的自由流动。

第三，建立国际货币基金组织和国际复兴开发银行，后者也就是今天的世界银行。促进国际货币多边合作，协调各国货币及其他经济政策，并为成员提供短期或长期信贷支持，以应对国际收支不平衡的情

① 板谷敏彦：《世界金融史——泡沫、战争与股票市场》，王宇新译，机械工业出版社，2020，第185页。

② 在该汇率制下，各国汇率既非完全固定，也非自由浮动，而是有限度的浮动。——作者注

③ 关建新：《国际货币金融体系变革与中国》，中国发展出版社，2015，第8页。

④ 李向阳：《布雷顿森林体系的演变与美元霸权》，《世界经济与政治》2005年第10期。

况。其中，国际货币基金组织是维持布雷顿森林体系正常运转的核心机构，并具有几个重要职能：监督并寻求汇率的稳定；在尊重各国宏观政策自主权的前提下，对国际收支中的不平衡进行协调；帮助维持世界经济中相对自由的贸易和国际收支。①

三、布雷顿森林体系的新特征

布雷顿森林体系可以说是对 1936 年英、美、法《三方货币稳定协议》的一个延续。但相比于以往的全球货币安排，布雷顿森林体系在国际货币治理方面体现出了新的特征。

其一，布雷顿森林体系具有显著的全球治理特征。虽然在布雷顿森林体系的形成过程中，各国之间进行了激烈的辩论和斗争，且会议的最终结果主要反映了美国的战略意图，但不可否认的是，该体系的建立是一种国际社会（尤其是大国之间）合作、协调的结果。更确切地说，这是在美国主导下的一项联合行动。在美国的带领下，各国都认为有必要建立起一个对国际货币事务进行协商合作的制度性论坛。② 同时，与以往国际上划区域治理、责任分裂的货币体系不同，从某种程度上来说，布雷顿森林体系更像是一个经济层面上的联合组织。具体来说，布雷顿森林体系不仅有一套完整的运行规则，还有一个维持体系正常运转的核心机构，即国际货币基金组织。这不仅为全球货币治理提供了一个完整架构，还提供了相应的内部调节机制。

---

① 丹尼斯·R. 阿普尔亚德、小艾尔弗雷德·J. 菲尔德：《国际经济学：国际金融分册（原书第 8 版）》，赵英军译，机械工业出版社，2015，第 243—244 页。

② 朱雄兵：《三百年沉浮——国际货币秩序的变迁》，经济管理出版社，2011，第 89 页。

其二，建立了美元与黄金挂钩，其他货币与美元挂钩的“双挂钩制度”。该制度使美元成为唯一可以与黄金进行兑换的货币。这不仅直接使美元成为世界货币，也初步确立了美元在货币金字塔中的主导地位。[①] 除此之外，与会各方都清楚地认识到，两次世界大战期间完全的自由浮动汇率是存在缺陷的，且国家间一旦出现贸易失衡，在协调机制未能及时发挥作用的情况下，极易引发各国竞相贬值货币以寻求出口规模扩大的情况，因此，需要对货币兑换进行管制。但考虑到各方都需要保持各自政策制定与实施的自主独立性和灵活性，以便对国内宏观经济进行调控，因此完全的固定汇率制度也不可行。基于此，在布雷顿森林会议上，各方代表结合了固定汇率制和浮动汇率制各自的特点与优势，在“双挂钩制度”之上设置了1%的自由浮动空间，从而为短期内的各方政策协调提供了一定的灵活度。可以看出，虽然“双挂钩制度”本质上是一种金汇兑本位制，但与传统国际金本位制不同，其是一种“可调整的钉住汇率制”。然而，即便布雷顿森林体系初步具备了多边支付的形式，但其仍然是重心高度集中化的一个国际货币体系，就像古典金本位制一样。[②]

其三，布雷顿森林体系弱化了黄金在国际货币治理中的作用。国际金本位制的建立和运行需要一个前提条件，即为了保持汇率稳定，各国必须具有充足的黄金储备，以应对随时可能产生的货币兑换需求。然而，两次世界大战期间的黄金短缺问题以及金本位制的崩溃给世界各国

---

① 此时，在国际货币金字塔中，黄金仍处于顶层位置，美元处于仅次于黄金的第二层位置，而英镑、瑞士法郎等其他货币则处于美元之下的第三层位置。参见尼克·巴蒂亚：《货币金字塔：从黄金、美元到比特币和央行数字货币》，孟庆江译，社会科学文献出版社，2021，第78—79页。

② Robert A. Mundell, “A Reconsideration of the Twentieth Century,” *The American Economic Review* 90, no. 3 (2000): 332.

带来了一个深刻的教训，即黄金储备的短缺是一件非常危险的事情。因此，在布雷顿森林会议上，各方的一个共识就是需要通过一些事先安排的借贷机制来保证整个国际流动性的充足。[①] 国际货币基金组织则为此提供了一套可行的解决方案：通过各成员向国际货币基金组织认缴相应份额，当一成员面临持续性国际收支赤字和国内储备短缺的问题时，基金组织可通过短期借贷方式为该成员提供流动性，从而使汇率可以维持在一个相对稳定的状态。可以看出，虽然在布雷顿森林体系下的国际货币金字塔中，黄金仍处于塔尖的位置，但世界对黄金的依赖程度明显降低，这也使各成员在面临各类风险时可以采取更加灵活的应对手段。

综上所述，布雷顿森林体系是20世纪以来各经济体在国际货币治理方面共同努力下的首个具有全球治理性质的产物，也是有史以来首次世界性货币协议，这一体系标志着全球化进程的巨轮经历了漫长历史，真正驶入了现代化的深水海域。[②] 布雷顿森林体系的建立结束了第一次世界大战和第二次世界大战期间的金融混乱局面，形成了一个相对稳定的国际货币秩序，为世界各经济体的发展提供了一个良好的外部环境，极大地保障了国际贸易网络的畅通，提高了全球的购买力，促进了跨境投资的快速增长，并使得资本主义世界出现了25年的经济繁荣。同时，各经济体也无须因为宏观政策调控而牺牲其内部经济目标，且国际货币基金组织的短期信贷给赤字成员的内部宏观政策工具的运用赋予了更多的自主权，[③] 这相当于在给这些成员“减负”。此外，“双挂钩制度”将美元推上了国际货币体系的中心舞台，美元作为“黄金等价物”，令美

---

① 朱雄兵：《三百年沉浮——国际货币秩序的变迁》，经济管理出版社，2011，第88页。

② 张卉妍：《世界金融五百年》，中国华侨出版社，2018，第236页。

③ 丹尼斯·R. 阿普尔亚德、小艾尔弗雷德·J. 菲尔德：《国际经济学：国际金融分册（原书第8版）》，赵英军译，机械工业出版社，2015，第244页。

国成为国际货币安排中的主导力量。

从国际货币治理角度来看，布雷顿森林体系的形成所映射出的是英美两个大国之间“国际货币权力”的交替和转移。大国间博弈、竞争、冲突与妥协成为布雷顿森林会议的一大特色，这在凯恩斯计划与怀特计划的内容中也有所体现。

一方面，美国期望成为新的全球霸权国，并将美元直接与黄金挂钩，凭借坚实的经济实力主导战后国际秩序的重构。战后的美国确实是最有条件也最有能力带领世界恢复经济秩序的国家。因为在战争期间，美国根据《租借法案》向盟国提供了价值约 500 亿美元的军事物资。[①] 黄金源源不断流入美国，美国的黄金储备从 1938 年的 145.1 亿美元增加到 1945 年的 200.8 亿美元，约占世界黄金储备的 59%。与此同时，在各国饱受战争摧残的情况下，美国已然表现出了“巨人”的形象，这个国家用全球 7%的人口生产了全球 42%的工业制成品、43%的电力、57%的钢铁、62%的原油和 80%的汽车。[②] 如果将整个世界比喻成一座高楼大厦，那当时的美国无疑已经站在了最顶层。因此，在新的国际货币体系中，虽然美国作为储备货币发行国，有义务保证美元按照官价兑换黄金，维持成员对美元的信心，并提供足够的美元作为国际清偿手段，但充足的黄金储备和雄厚的经济实力让美国充满了信心。

另一方面，此时英国的经济实力已大不如从前，战争不仅使英国丧失 2/3 的贸易规模，也令其债台高筑，成为净债务国，而战争期间的各类支出也让英国的国内黄金储备规模急剧下降。虽然在战后，英镑在表

---

① 张志新：《援乌法案：美国搅局欧洲新工具》，《世界知识》2022 年第 10 期。

② 艾伦·格林斯潘、阿德里安·伍尔德里奇：《繁荣与衰退：一部美国经济发展史》，束宇译，中信出版集团，2020，第 255 页。

面上仍然是全球最主要的储备货币，但这是因为战争期间英联邦和英镑区国家在向英国提供战争物资时，所得到的并非真正的货币，而是以英镑计价的借据，这使得英国获得了无限信用，也使得全球英镑储备规模快速扩大。据统计，在第二次世界大战结束时，各国政府以及中央银行所持有的英镑储备规模是美元储备的两倍以上。[①] 另据统计，在第二次世界大战之前的1938年，当时英国的黄金和美元储备规模达到8.64亿英镑，对外债务规模为7.6亿英镑；但到了1948年，英国的黄金和美元储备规模仅为3.69亿英镑，而对外债务规模则达到惊人的27亿英镑。[②] 战前英镑的国际地位本就已经受到来自美元的巨大冲击，而由战争导致债务规模扩大使得战后世界对英镑和英国的信心进一步下降，并再次动摇了英镑在国际货币体系中的霸权地位。此外，在战争爆发初期，英镑区逐渐转变为英镑集团，而为了保护英镑免受外来冲击并保证在英镑区内有足够的流动性，英国要求各英镑区成员将其外汇储备汇集到一个统一的储备库中，黄金也必须统一卖给英格兰银行。然而，英国却限制各成员从储备库中提款的行为，且在1940年对英镑集团内居民账户与非居民账户之间的英镑流通进行了严格的控制，[③] 1947年英国则直接建立了更加正规的外汇管理机构。如果英国不这样做的话，即允许其他成员自由出售手中的英镑债券，那么英镑价值很快就会一泻千里。[④] 英国的一系列措施引起了其他成员的不满，并导致那些在第二次世界大战前由于英国实行“帝国特惠制”贸易而加入英镑区的外国成

---

① Robert Triffin, *Our International Monetary System: Yesterday, Today and Tomorrow* (New York: Random House, 1968), p. 63.

② 乔纳森·科什纳：《货币与强制》，李巍译，上海世纪出版集团，2013，第149—150页。

③ 李晓耕：《权力之巅：国际货币体系的政治起源》，社会科学文献出版社，2017，第120页。

④ 韩龙：《美元崛起历程及对人民币国际化的启示》，《国际金融研究》2012年第10期。

员纷纷退出该集团。[①] 但即便如此，英镑仍然是美元的主要竞争对手，其一是因为英镑区成员持有大量的英镑；其二是由于战争期间英镑无法自由兑换成黄金或其他货币，使得英镑外汇持有者除继续持有和使用之外别无他法。[②]

相比于第一次世界大战后的情况，英美之间在第二次世界大战后的差距明显拉大，英国已经难以拿出足够的实力与美国在战后国际货币安排方面相竞争。而随着战争结束后美国叫停《租借法案》，英国表现得更加被动，也无法阻止美元取代英镑形成新的货币霸权。可以说，大国间的霸权更迭决定了国际货币秩序的演变方向，布雷顿森林体系的建立也与此紧密相关。

第三节　布雷顿森林体系的发展与崩溃

1945 年 9 月，第二次世界大战结束，世界正式进入战后经济恢复阶段。同年 6 月 26 日，50 个国家的代表一起签署了《联合国宪章》；7 月 19 日，美国参议院通过了《布雷顿森林协定法案》；7 月 31 日，杜鲁门总统签署法案，《布雷顿森林协定》正式纳入美国的法律。[③] 随后，在 1946 年，国际货币基金组织正式成立，并在 1947 年 3 月运营。自此，布雷顿森林体系也开始正式运转。此外，根据布雷顿森林会议中各

① 埃及就于 1947 年退出了英镑区。——作者注

② 赵柯：《试论大国经济外交的战略目标——美国经济外交与大英帝国的崩溃》，《欧洲研究》2014 年第 4 期。

③ 本·斯泰尔：《布雷顿森林货币战：美元如何统治世界（典藏版）》，符荆捷、陈盈译，机械工业出版社，2020，第 259 页。

国的设想，要构建“货币—金融—贸易”三位一体的组织机构，除了国际货币基金组织和世界银行，还需建立一个多边贸易组织。在这一时期内，世界范围内的金融技术、监管和政策都发生了剧烈的变化。[①]

虽然布雷顿森林体系确立了美元的霸权地位，但在战争结束初期，由于英国的原因，美元并未实现真正的霸权。一方面，英镑无法自由兑换，使得英镑保留了一定的势力范围，英镑区成为美元“无法触及”的领域；另一方面，“帝国特惠制”的贸易形式也一直阻碍着美国商品进入英国市场。此时，美国意识到，想要真正地矗立于世界之巅，必须解决英国设置的这个难题。

《租借法案》为美国应对英国这一对手提供了良好的机遇。在第二次世界大战刚刚结束时，美国就叫停了《租借法案》，这让原本期望继续通过《租借法案》来缓解国内财政压力的英国措手不及。此时，英国国内的黄金和外汇储备不足 5 亿英镑，面对大量的海外债务，这些储备不过杯水车薪，最后英国迫不得已向美国提出了贷款请求。1945 年，英美两国针对如何建立战后国际贸易体系的问题进行了谈判，最终双方签署了《国际贸易与就业会议讨论建议》，为《关税和贸易总协定》的签订提供了基础。[②] 同时，这也标志着英国所实行的极具贸易保护色彩的“帝国特惠制”走向尽头。1946 年，美国向英国提供了 37.5 亿美元的贷款以及 5.4 亿美元的含保险的租借品，但作为交换，英国要在获得贷款后的一年内恢复经常账户的自由兑换。[③] 除此之外，美国还要求英

① 巴里·艾肯格林、阿尔诺·梅尔、利维娅·齐图：《货币变局：洞悉国际强势货币交替》，符荆捷译，机械工业出版社，2019，第 118 页。

② 李晓耕：《权力之巅：国际货币体系的政治起源》，社会科学文献出版社，2017，第 125 页。

③ 巴里·埃森格林：《资本全球化：一部国际货币体系史（第三版）》，麻勇爱译，机械工业出版社，2020，第 98 页。

国承认美国在国际货币体系中的领导权。对于这些条件，英国只能无奈地接受，并于 1947 年 7 月 15 日正式恢复了自由兑换。接下来的 6 周对于英国来说是黑暗的，因为打开货币自由兑换的大门直接导致了持有英镑的国家和地区在短期内纷纷将手中的英镑兑换成黄金或美元。在不到一个月的时间里，英国就流失了约 10 亿美元的黄金储备。① 虽然英国政府在 8 月 20 日暂停了兑换业务，但此时的英国已经彻底失去了与美元相抗衡的能力。

美国为何急于让英国尽快开放贸易以及货币兑换？究其原因，英国作为前任霸权国家，其控制着相当大的国际市场，而英镑更是国际主要储备货币之一。但英国采取的贸易保护主义措施以及严格的货币管控措施不仅会导致美国产品的出口受到严重影响，美元的国际地位受到冲击，更会使得布雷顿森林体系下多边开放贸易体系的建立过程困难重重，进而也使得世界经济的恢复受到一定阻碍。而恢复开放的多边贸易是布雷顿森林体系的生命力得以维系的补药，协定从头到尾都是以这个目标为导向。② 可以说，英国的保守政策已经威胁到布雷顿森林体系的“生存”，从这一方面来看，也就不难理解美国的这一行为。

1945 年，英国与美国签署了《国际贸易与就业会议讨论建议》，为日后的《关税及贸易总协定》奠定了基础。1946 年 2 月，联合国经济及社会理事会召开会议，进行世界性削减关税的谈判，并设立了筹备委员会。同年 10 月，在该筹备委员会的第一次会议中，与会各国起草了《哈瓦那宪章》，即《国际贸易组织宪章》。最终，历经多次谈判，在

① 张卉妍：《世界金融五百年》，中国华侨出版社，2018，第 236 页。

② 巴里·埃森格林：《资本全球化：一部国际货币体系史（第三版）》，麻勇爱译，机械工业出版社，2020，第 94 页。

1947年10月30日，美国等23个国家在日内瓦签订了《关税及贸易总协定》，即世界贸易组织的前身。随着英镑和“帝国特惠制”这两大支撑英国全球霸权的核心支柱相继倒塌，英国对美国的国际地位已经无法造成实质性的威胁。

除此之外，为了进一步巩固美元的国际霸权地位以及在资本主义世界的统治地位，美国还对当时世界的其他主要货币采取了措施，即迫使其他货币贬值。具体来说，在1949年9月18日，英国被迫将英镑贬值30.5%，兑美元的汇率从第二次世界大战之前的1英镑=4.03美元下降至1英镑=2.8美元；法郎也紧跟英镑的脚步，对美元贬值近37%，即法郎兑美元的汇率从战前1945年的1美元=50.57法郎下降至1949年的1美元=350法郎。这造成了第二次世界大战之后，资本主义世界发生了一次普遍性的贬值。[①] 同时，各主要货币的相继贬值也为美国进一步对外扩张让出道路。

总的来说，布雷顿森林体系的形成确立了美元作为世界货币的地位。在第二次世界大战后特别是冷战结束之后，美国已经成为国际金融话语权的主导力量，以美元为核心地位的布雷顿森林体系本身就是战后地缘政治在全球化趋势下的博弈产物。[②] 自此，美国不断利用美元特殊地位巩固其在世界的政治、经济和军事霸权。相比于过去的英镑霸权时代，在布雷顿森林体系下，美国作为整个体系的主导者，其具有的权力会更大，也获得了更大规模的利益。[③] 当时的现实情况就已经有所

---

① 鲁世巍：《美元霸权与国际货币格局》，中国经济出版社，2006，第23页。

② 文学、李心愉：《国际金融话语权的变迁重构及对策思考》，《东北亚经济研究》2018年第5期。

③ 白钦先、禹钟华：《国际货币体系改革的国际政治视角分析》，《区域金融研究》2011年第6期。

反映，“金融外交已经成为各主权国家谋取国家利益最大化的主要方式”。[①] 从形式上看，第二次世界大战之后的美元与战前英镑的地位很相似，但与以往霸权转移过程中出现的暴力斗争不同，英国与美国曾经是关系密切的盟友。此外，维持英镑与美元国际霸权地位的内在运行机制却不完全相同。在金本位制下，英镑是以黄金为基础的，人们不会怀疑英镑的真实价值；而在布雷顿森林体系下，美元只是与黄金保持一种固定的官价，一旦人们不再相信美国有能力维持黄金的美元官价，对美元的信心就会丧失，从而诱发兑换黄金的浪潮。[②] 这也说明，布雷顿森林体系具有其内生的缺陷。

一、布雷顿森林体系对全球经济的贡献

在描述布雷顿森林体系的固有缺陷之前，我们先简要回顾一下该体系对于世界经济发展所做出的贡献：第一，在“美元—黄金”体系下，各经济体货币间的汇率相对固定，这促进了全球资本和贸易的自由流动，并为全球经济复苏提供了一个相对稳定的环境；第二，经济实力强大的美国向世界输出美元可以缓解国际储备供应的短缺，弥补国际清偿能力的不足；第三，在布雷顿森林体系下，各经济体间的金融合作得以加强，而国际货币基金组织提供的中短期贷款则可以有效缓解成员面临的国际收支逆差问题，从而维护了资本主义世界的稳定。[③] 据统计，

---

① 文学、李心愉：《国际金融话语权的变迁重构及对策思考》，《东北亚经济研究》2018 年第 5 期，第 91 页。

② 李向阳：《布雷顿森林体系的演变与美元霸权》，《世界经济与政治》2005 年第 10 期。

③ 鲁世巍：《美元霸权与国际货币格局》，中国经济出版社，2006，第 29 页。

1948—1976年，国际贸易的年平均增长率为7.8%，为战前的10倍。[①]在此过程中，美国推行的“马歇尔计划”和“道奇计划”更是极大地促进了整个世界经济的良性发展。

随着第二次世界大战的结束，整个世界百废待兴，欧洲和日本更是经历着战后社会动荡。此时，需要大量的资本以重建这两个区域的经济社会。然而，在布雷顿森林系体中，虽然“双挂钩制度”并非限制其他经济体只能使用美元进行结算，[②]但当时由于其他主权货币都无法提供令世界各经济体可以普遍接受的信用，缺少用来进行国际支付的硬通货，这使得依靠除美元之外的其他主权货币难以开展国际贸易活动。[③]换句话说，除美元之外的其他主权货币无法真正在保持自身稳定的基础上发挥世界流通货币的功能，只有美元才是唯一可靠的黄金替代物，因此，全球暂时性进入了一个“美元荒”时期。该时期一直持续到1958年西欧国家经济普遍复苏之后才得以结束。1947年7月，美国正式推出了著名的“马歇尔计划”，即“欧洲复兴计划”，旨在向欧洲输出资本、技术以及设备，帮助西欧国家快速恢复经济。但事实上，美国在推行该计划的时候，是以意识形态为驱动，让西欧国家降低关税壁垒并撤销所有非关税壁垒；同时，西欧国家必须进口美国商品且必须使用美元来支付。可以说，在这一过程中，美国不断借钱给西欧国家来购买美国产品，以达到西欧复兴、美国繁荣的目的，即美元才是美国真正想向西

---

① 张卉妍：《世界金融五百年》，中国华侨出版社，2018，第236页。

② 理论上，与美元挂钩的各经济体的货币各自具有相应的含金量，因此都有作为国际结算货币和储备货币的可能。——作者注

③ 赵柯：《货币的政治逻辑与国际货币体系的演变》，《欧洲研究》2011年第4期。

欧国家输出的东西。[①] 1949 年，美国又在日本进一步推出了“道奇计划”。与“马歇尔计划”相类似，“道奇计划”也是美国为重建战后世界资本主义经济而采取的政策之一，旨在稳定和恢复日本国内经济，并促进美国经济的繁荣。日本也在同一年加入了布雷顿森林体系，并令日元兑美元的汇率固定在 1 美元兑换 360 日元的水平。关于“道奇计划”的目标，其一是要稳定日本国内工资水平；其二是要抑制通货膨胀，改革银行体系；其三是要通过日元与美元挂钩以及加强日本与东南亚贸易等方式恢复与西方发达经济体之间的关系。

“马歇尔计划”与“道奇计划”的实施极大地促进了战后布雷顿森林体系下国际贸易的发展。可以说，只有当国际贸易开始活跃之后，布雷顿森林体系才算真正地运转起来。[②] 此外，以美元计价的资本自由流动和国际贸易以美元来结算，使得“马歇尔计划”与“道奇计划”的实施进一步巩固了美元在布雷顿森林体系中的核心地位。从 1948 年至 1951 年“马歇尔计划”结束，美国以捐赠和贷款的方式发放的全部援助达到 131. 5 亿美元，这些债务有效地培养了西欧国家和日本使用美元进行支付的习惯，从而协助美国在国际支付体系中建立起美元的国际流通货币地位。[③] 虽然这一时期全球一直处于“美元荒”的状态，但这也说明了在这一阶段，世界经济的发展离不开美元。甚至可以说，世界经济的发展严重依赖美元。此外，“马歇尔计划”与“道奇计划”还极大地促进了在战后 25 年中美国本土经济的繁荣发展。其间，不仅西欧国

---

① 陈雨露、杨栋：《世界金融大历史 3000 年——从古希腊城邦经济到华尔街金钱游戏》，新北：读书共和国出版集团，2019，第 333—336 页。

② 李晓耕：《权力之巅：国际货币体系的政治起源》，社会科学文献出版社，2017，第 127 页。

③ 同上。

家在 1958 年实现了经常项目的自由兑换，美国经济的年均增长率也达到了 3.5%，且美国在 1955 年的工业产值已经达到英国、法国、联邦德国、日本总和的 2.04 倍。[①] 可以说，布雷顿森林体系本质上属于西方发达经济体主导的世界经济秩序的重要组成部分，而美国是这一秩序的主要受益者。[②]

二、布雷顿森林体系的重大缺陷——“特里芬难题”

布雷顿森林体系作为 20 世纪的一个“奇迹”，让各经济体都做出了不同程度的让步，以达到统一的意见，并且在建立之初的 20 年中确实促进了全球经济的发展。1945—1971 年也常常被人称作“布雷顿森林时代”。[③] 乍看之下，布雷顿森林体系似乎为世界提供了一套既固定又可调整的机制，这是一件非常成功的事。但不可否认的是，虽然布雷顿森林体系是在怀特计划与凯恩斯计划的基础之上形成的，但这两个计划中的三点核心内容其实并没有在布雷顿森林会议中得到通过，这三点分别是：创立统一的国际货币、建立国际储备体系、超越国家的管理机构。[④] 这也导致了自布雷顿森林体系形成以来，其内部就一直存在重大且难以自动修复的缺陷，而这也是导致其最终走向崩溃的主要原因。

1959 年，耶鲁大学教授、比利时裔经济学家罗伯特·特里芬在美

---

① 鲁世巍：《美元霸权与国际货币格局》，中国经济出版社，2006，第 59 页。

② 文学：《当代美国全球霸权：历史缘起、现实支柱及其再审视》，《南京政治学院学报》2014 年第 5 期。

③ 本·斯泰尔：《布雷顿森林货币战：美元如何统治世界（典藏版）》，符荆捷、陈盈译，机械工业出版社，2020，第 332 页。

④ 陶婧：《议布雷顿森林体系的成立背景及其对最初计划的偏离》，《贵州大学学报（社会科学版）》2005 年第 1 期。

国国会的一次演讲中就指出了布雷顿森林体系中所存在的问题，即世界对美元国际清偿能力的要求和世界对美元的信心之间存在根本性的矛盾，且仅依靠系统自身是无法解决这一矛盾的。之后，特里芬在 1960 年的著作《黄金与美元危机：自由兑换的未来》一书中对此又进行了更加详细的描述：为了调节自身的国际收支情况，各经济体必须储备大量的美元，这使得美国必须向世界持续不断地输出美元，即美国的国际收支会呈现出逆差的情况。但由于在布雷顿森林体系中，美元兑黄金维持在 1 盎司黄金兑换 35 美元的水平，若美国一直保持国际收支逆差，则美国所拥有的黄金规模会持续缩减，无法保持本币币值的稳定，进而导致整个国际社会对美元作为全球储备货币的信心降低。[①] 这一矛盾就是著名的"特里芬难题"（Triffin Dilemma）。这一矛盾也可以描述为布雷顿森林体系下的国际货币储备制度与国际清偿能力之间的根本性矛盾。但意识到这一问题的并非只有特里芬一人，其也不是最先看出这一问题的人。早在布雷顿森林体系建立之初，法国总统戴高乐就曾指出，"美元特权"是把世界贸易变成了美国的仓库，美国出现了贸易赤字，不用为外汇储备减少而苦恼，只需要多印些美元就可以无偿向其他国家或地区换取商品和劳务。[②] 除此之外，特里芬还提出，作为世界储备货币其实是一种负担，而并非一种幸事。[③] 确实，很多世界主要经济体并不愿意将其货币国际化，如联邦德国在 20 世纪 60 年代至 70 年代通过资本管制来限制获得马克，其理由是这样做可能会破坏中央银行控制通

① 罗伯特·特里芬：《黄金与美元危机：自由兑换的未来》，陈尚霖、雷达译，商务印书馆，1997，第 1—14 页。

② 张卉妍：《世界金融五百年》，中国华侨出版社，2018，第 246—247 页。

③ 尼克·巴蒂亚：《货币金字塔：从黄金、美元到比特币和央行数字货币》，孟庆江译，社会科学文献出版社，2021，第 80 页。

货膨胀的能力；日本在20世纪50年代至80年代也采取过相似的措施，其理由是防止其产业政策目标变得更为复杂。①

如何解决这个难题，特里芬曾经给出过答案，即美国必须通过通货紧缩、货币贬值或实施贸易及汇兑限制来阻止其黄金储备流失殆尽，但这也会导致全球金融恐慌并引发全世界采取保护主义的措施。② 而且，就像大家所熟知的那样，实际上美国并没有采取有效的措施来缓解这一问题。

从理论角度来说，“特里芬难题”可以进一步细分为三个具体的问题，即流动性问题、美元信心问题和调整机制问题。

首先，流动性问题。一方面，在布雷顿森林体系下的货币金字塔中，虽然美元发挥着非常重要的作用，但黄金仍然毫无疑问位于金字塔的顶端位置。然而，黄金也是布雷顿森林体系中最薄弱的一个环节。随着第二次世界大战之后全球主要经济体经济快速恢复，国际贸易无论在规模还是产品丰富程度方面都得到了充足的发展，这使得各经济体无论在外汇储备、国际结算还是应对可能出现的国际贸易逆差方面都需要更多的黄金。但在现实情况中，黄金的增长速度根本无法跟上国际贸易的增长速度（全球范围内黄金供应每年的增长速度为1%—1.5%，但20世纪60年代的国际贸易年均增长速度约为7%），③ 而这就造成了全球的流动性问题。若该问题无法得到妥善处理，则全球面临的风险越来越大，各经济体可能采取相应的资本管制措施以达到防止黄金流失或减少

---

① 巴里·艾肯格林、阿尔诺·梅尔、利维娅·齐图：《货币变局：洞悉国际强势货币交替》，符荆捷译，机械工业出版社，2019，第132页。

② 本·斯泰尔：《布雷顿森林货币战：美元如何统治世界（典藏版）》，符荆捷、陈盈译，机械工业出版社，2020，第333页。

③ 丹尼斯·R. 阿普尔亚德、小艾尔弗雷德·J. 菲尔德：《国际经济学：国际金融分册（原书第8版）》，赵英军译，机械工业出版社，2015，第246页。

国际收支逆差的目的，但这则会大幅度放缓全球经济增长的速度。此外，流动性问题也进一步导致了另一个问题的出现，即信心问题。

其次，信心问题。如前文所提到的那样，布雷顿森林体系的核心是“双挂钩制度”，美国承诺其他经济体可以随时将手中的美元以 35 美元每盎司的价格兑换成黄金。但仅以美元作为全球主要储备资产具有相当大的内在不稳定性。随着全球经济发展和国际贸易规模扩大，世界对美元的需求也快速提升，大量的美元被用于各经济体外汇储备和日常贸易活动。但是，需要注意的是，在布雷顿森林体系中，黄金才是最为核心的部分，也是支撑美元地位的关键。当全球货币池子中的美元数量超过美国的黄金储备数量时，美元的币值也就不再稳定。尤其是在美国一直处于国际收支逆差的情况下，各经济体普遍存在一种观点，即当出现负向的外部经济冲击时，各经济体寻求将自身储备的美元兑换成黄金以规避风险，但由于美国印发的美元数量远超其黄金储备数量，届时美国根本无法兑现其所做出的承诺或仅能部分兑现其承诺，而这则会直接导致其他经济体的储备资产大幅度贬值。在此预期下，各经济体对美元的信心也就随之丧失，并且会引发大规模的美元“挤兑”现象，最终有可能直接导致布雷顿森林体系的崩塌。

最后，针对调整机制问题，虽然凯恩斯计划通过对存在国际收支逆差的经济体和存在国际收支顺差的经济体的责任与义务进行限定，在一定程度上规划了全球经济的宏观调控机制，但美国的反对使布雷顿森林体系欠缺一个有效的调整机制，即当世界出现国际收支不平衡时，欠缺可以在宏观层面发挥体系的自动调节功能并消除国际收支失衡问题的机制。在布雷顿森林体系中，当面临国际收支失衡问题时，相较于维护世界经济的整体秩序，各经济体其实更加关注如何解决内部经济问题。换句话说，各经济体实施的货币政策和财政政策是为了实现内部经济目标而非外部经济目标，因此，存在国际收支逆差的经济体并不会收缩自己的货币供应，存在国际收支顺差的经济体也不会扩张自己的货币供应，以实现正负效应的冲销。① 此外，根据《布雷顿森林协定》，其他主权货币在钉住美元的过程中，其兑换美元的汇率调整幅度不得超过1%，且仅能在成员的国际收支发生根本性不平衡时才能进行调整。初看之下，布雷顿森林体系为各经济体应对国际收支不平衡提供了一个可以调节的余地。但其中最大的问题是，布雷顿森林会议达成的决定虽然允许各经济体在“根本性失衡”情况下改变汇率平价，但并没有对“根本性失衡”这个词做出准确定义。② 这说明，对于所有经济体来说，并不知道什么时候才是应当采取措施的最佳时机。

三、布雷顿森林体系注定崩溃

可以说，上述这些问题注定了布雷顿森林体系难以长久，而现实也确实按照这一预想来发展的。这一过程伴随着全球从“美元荒”时期向“美元过剩”时期的转变。③ 如果要对这一转变划定一个清晰的界限，那么可以设置在1960年，因为在这一年，美国的外债首次超过了其国内黄金储备规模，美元开始真正面临贬值的风险。

在1960年之前，全球总体处于“美元荒”的状态，此时的美元已

---

① 丹尼斯·R. 阿普尔亚德、小艾尔弗雷德·J. 菲尔德：《国际经济学：国际金融分册（原书第8版）》，赵英军译，机械工业出版社，2015，第246页。

② 巴里·艾肯格林、阿尔诺·梅尔、利维娅·齐图：《货币变局：洞悉国际强势货币交替》，符荆捷译，机械工业出版社，2019，第204页。

③ 巴里·艾肯格林：《资本全球化：国际货币体系史》，彭兴韵译，上海人民出版社，2009，第125页。

经处于国际货币治理体系中的顶峰位置，布雷顿森林体系也能保持正常运转。但与此同时，美国也开始出现问题，并导致布雷顿森林体系的根基开始出现松动。一方面，美国国内的黄金储备规模开始缩减。缩减最初开始于1950年的朝鲜战争，随后与苏联的冷战让美国快速增加了海外军费开支，同时美国还降低了国内利率，并不断进行对外援助，这四者直接导致了大量的资本以大约每年20亿美元的速度从美国国内流到国际市场。另一方面，在20世纪50年代中后期，美国的国际收支情况开始恶化。1958年，美国国际收支开始由顺差变为逆差，逆差规模达到35亿美元。同时，相较于1948年拥有全球2/3以上货币储备的情况，这一年的美国，货币储备已经下降了一半。一直到1960年，美国的国际收支逆差已经积累达到215.83亿美元，而黄金储备则锐减27.5%，下降至178.04亿美元。[①] 而在同一时期，通过"马歇尔计划"与"道奇计划"，西欧与日本已经实现快速的经济复苏，贸易状况得到极大的改善，在50年代中后期基本保持了贸易顺差的状态。其中西欧国家在1958年恢复了经常账户的可兑换，日本在1960年实现了经常账户对非居民的开放。此外，得益于朝鲜战争中美国的军事特需，从1954年12月到1970年7月，日本经济的年平均实际增长率达到了10%，被称为"经济高度增长期"。[②] 也有人认为，朝鲜战争的"特需"拯救了日本经济。

1960年之后，尽管此时全球经济总体上仍处于上升期，但由于几次美元危机的出现，布雷顿森林体系已经难以发挥其最初的功能。也是

① 鲁世巍：《美元霸权与国际货币格局》，中国经济出版社，2006，第31页。

② 板谷敏彦：《世界金融史——泡沫、战争与股票市场》，王宇新译，机械工业出版社，2020，第190页。

从60年代开始，欧洲国家和日本对美国的贸易顺差也越来越大。在经济恢复期，这些国家并没有考虑过美元会出问题，只是希望得到更多的美元来促进自身经济复苏。但随着这些国家的经济实力不断提升，尤其是当贸易逆差变为顺差，它们开始担忧美国能否履行其所做出的承诺。因此，1960年10月，第一次美元危机出现了，西欧国家开始抛售美元，并抢购黄金以及其他硬通货。这使得美元兑黄金比率面临着巨大的下行压力（伦敦黄金市场上的价格由每盎司35美元上升到每盎司41.5美元[①]），全球也正式进入“美元过剩”时代。当然美国也采取了一些措施去应对，如与欧洲和日本签订《互惠信贷协议》；在1962年设立“十国集团”，并在国际货币基金组织框架下建立了“借款总安排”和“黄金总库”。这一系列操作的目的主要在于通过在世界主要工业国家之间进行总体协调，来调节国际黄金市场上的供给和需求，从而实现黄金价格的稳定，维护美元的国际地位。然而，这些操作并没有从根本上解决美元所面临的问题。

1964年，美国实施了“伟大社会”计划，其巨额支出给美国财政带来了相当大的压力。同时，美国于1961年正式参与越南战争，大量的军费开支进一步恶化了美国财政状况，对外债务急剧扩大，国内通货膨胀不断加剧，黄金储备不断减少，从而使美元对黄金比率再次面临巨大的贬值压力。1968年，第二次美元危机爆发，各经济体再次抛售美元，抢购黄金。[②] 仅在危机爆发后的3个月内，美国就流失了14亿美元

① 李丹：《二战后世界货币体系的演变及其影响》，《福建教育学院学报》2001年第1期。

② 法国在这一过程中发挥了极大的作用。1964—1966年，法国的美元储备从28.4亿美元下降到11.2亿美元，而同期的黄金储备则从10.65亿盎司上升到14.96亿盎司，两年内法国向美国兑换黄金的总量占美国损失的黄金储备的69%。参见李晓耕：《权力之巅：国际货币体系的政治起源》，社会科学文献出版社，2017，第137页。

的黄金储备，而在巴黎黄金市场上，价格也一度增长至每盎司 44 美元，迫于压力，美国不得不宣布自由黄金市场与官方黄金交割脱钩。[①] 在 1968 年 3 月 17 日，美国宣布实行“黄金双价制”（two-tier gold price system），[②] 而之前建立的“黄金总库”也就随之解散。“黄金双价制”的提出是一个标志性的事件，虽然该制度在一定程度上缓解了美国黄金储备流失的问题，但从根本上说，该制度的实行已经脱离了建立布雷顿森林体系原本的初衷。尽管如此，美国仍在尽力鼓吹美元的核心作用以及不断强调之前所做出的承诺。[③] 然而，布雷顿森林体系的崩溃已在所难免。

1967 年，国际货币基金组织在其年会上通过了设立“特别提款权”的议案，期望可以用特别提款权替代黄金和美元，在国际货币体系中发挥核心作用，从而解决“特里芬难题”。同时，会议还对外公布《IMF 基于特别提款权的工具指引》。[④] 1969 年，特别提款权被正式使用，但由于这一做法会对美元的国际地位造成直接的威胁，美国对特别提款权的使用一直表现出抗拒甚至反对态度。在这一情况下，特别提款权仅能与美元保持相等的黄金含量，但并不能直接兑换成黄金。可见，此时特别提款权的主要作用已经转向防止美元挤兑，而非解决“特里芬难题”了。

---

① 鲁世巍：《美元霸权与国际货币格局》，中国经济出版社，2006，第 32 页。

② 即形成官方市场和自由市场，官方市场仍保持每盎司 35 美元的价格，自由市场的金价可自由浮动。——作者注

③ “如 1963 年 7 月，肯尼迪总统（John Fitzgerald Kennedy）就曾表明态度，即美国将保证美元像黄金一样保值，以每盎司 35 美元的价格与黄金自由兑换，这是自由贸易和自由支付的基石；1965 年 2 月，约翰逊总统（Lyndon Baines Johnson）也做出了类似的承诺”。参见 Jeffrey E. Garten, *Three Days at Camp David: How a Secret Meeting in 1971 Transformed the Global Economy* (New York: Harper, 2021), p. 8。

④ 陈平、管清友：《大国博弈的货币层面——20 世纪 60 年代法美货币对抗及其历史启示》，《世界经济与政治》2011 年第 4 期。

1971年，美国的国际收支呈现出逆差的状态，而这是自1893年首次出现这种情况。此时，相对于在海外流通的美元，美国国内的黄金流失情况非常严重。1955年，美国对其他经济体中央银行和政府的债务总计135亿美元，但当时美国国内的具有价值217亿美元的黄金（以35美元每盎司的价格为标准），美国的黄金储备是海外官方美元的约160%，当时的美国完全有充足的实力来应对海外债务。然而，到了1971年夏天，美国只有价值102亿美元的黄金，但其他经济体官方所持有的美元外汇储备为400亿美元，即此时美国仅能兑现其最初所做出承诺的25%。[①] 巨大的差异使得所有经济体都清晰地认识到一个问题：美国的承诺不再可信，自己手中的美元储备可能随时付诸东流。美国再也无法承受巨大的债务压力，1971年8月15日，美国总统尼克松宣布了其“新经济政策”，包括叫停“黄金兑换窗口”，即停止美元与黄金的兑换；敦促西欧国家令其本币升值；对进口美国的产品征收附加税；实行国内工资与物价管控措施等。[②] 该政策的提出也意味着布雷顿森林体系走向了生命的终点。布雷顿森林体系的失败给世界带来了三条教训：其一，如果缺乏可以运用的调整机制，在资本高速流动的世界里，钉住汇率体系很难运行；其二，布雷顿森林体系的运行需要国际合作及国际援助；其三，当合作是错综复杂的政治和经济关系网的一部分时，其对钉住货币体系的支持是最有效的。[③]

---

① Jeffrey E. Garten, *Three Days at Camp David: How a Secret Meeting in 1971 Transformed the Global Economy* (New York: Harper, 2021), pp. 9-10.

② 尼克松的这一行为被称为“尼克松冲击”（Nixon Shock），指尼克松政府在1971年针对美国国内外经济、政治、外交等所做出的一系列重大政策调整。——作者注

③ 巴里·埃森格林：《资本全球化：一部国际货币体系史（第三版）》，麻勇爱译，机械工业出版社，2020，第129页。在钉住货币体系中，国家间合作是维持体系运转下去的重要保障，强调了合作的重要性。——作者注

从国际货币治理的角度来看，自布雷顿森林体系建立以来，由于美国经济规模的绝对优势，及其在国际支付体系和金融体系中的中心地位，整个世界实际上都是处于美元本位制之中。[①] 这种美元霸权进一步为美国提供了“嚣张特权”（Exorbitant Privilege）。[②] 凭借此特权，美国采取了如越南战争、美苏冷战等增加财政债务等措施，这些行为直接导致了全球美元债务规模急剧扩张。同时，美国这一系列行为也引起了许多不满，并且导致了国际竞争格局的形成。与之前不同的是，这次竞争主要集中在 20 世纪 60 年代，且与美国竞争的对象也不再是单一经济体，而是多个经济体共同竞争，其中与美国竞争的主要力量来自法国、联邦德国与日本。尤其是法国，其与美国的竞争更多的是对“国际货币权力”的角逐。虽然这些经济体对美国以及美元的霸权地位形成了一定的威胁，但在布雷顿森林体系下，这些经济体可以采取的措施实属有限：以法国为主的西欧国家通过大量抛售美元、抢购黄金的方式给美国政府制造压力；以联邦德国和日本为主的西方国家通过提升跨国公司竞争力来实现对美国出口的限制。虽然这些经济体采取的措施在一定程度上动摇了“美元—黄金体系”，但美元的霸权地位也不易撼动。即便布雷顿森林体系崩塌，“但是通过该体系建立起来的国际货币基金组织、世界银行等国际金融机构，直到今天依然是国际金融秩序的核心单元，并成为美国在二战之后发挥国际金融领域领导地位的制度性工具”，[③] 美欧控制下的国际金融话语权依然是当代

① 乔纳森·科什纳：《货币与强制》，李巍译，上海世纪出版集团，2013，第 159 页。

② Susan Stange, “The Persistent Myth of Lost Hegemony,” *International Organization* 41, no. 4 (1987): 551-574.

③ 文学：《21 世纪的国际金融话语权：变迁与对策》，《当代世界》2012 年第 9 期，第 42—43 页。

国际金融秩序的最主要特征。从历史角度来看，布雷顿森林体系本质上是一个过渡性的国际货币体系，该体系的崩溃促使世界从金本位制向无“硬锚”的美元本位制转变，美元的国际地位不断增强，并逐渐成为新的国际货币体系的核心。[①]

① 翟东升：《货币、权力与人：全球货币与金融体系的民本主义政治经济学》，中国社会科学出版社，2020，第92页。

第二章
牙买加体系的建立与发展

随着 1971 年 8 月 15 日，尼克松总统宣布关闭“黄金兑换窗口”，美国货币当局不再承诺将外国官方持有的美元兑换成货币，一场全球货币的惊天变局产生了。许多人认为，这一事件印证了当代美国艺术家和诗人乔·布雷纳德的那句诗：“历史堆积得如此之快，几乎每天都是可怕事情的周年纪念。”美国关闭“黄金兑换窗口”不仅直接导致了布雷顿森林体系的崩塌，国际货币秩序陷入异常混乱，也令国际货币基金组织开始对现行国际货币体系进行密切审查与修订。此外，美元与黄金的“脱钩”使美元受到一定程度的影响，却并没有真正终结美元的国际主导地位。这是由于布雷顿森林体系的崩塌仅存在于外层美元区（美元在世界范围内的普遍性应用），其他经济体对美元的依赖程度降低，但位于其上一层的较广泛美元体系和下一层的内部美元区（美元在双边协议和伙伴间的内部使用）并未受到较大的影响。甚至可以说，布雷顿森林体系崩溃之后，美元在内部美元区中的货币依赖潜力没有变化，而在广泛的美元体系中，美元的权力甚至进一步提升。[①] 然而，布雷顿

① 乔纳森·科什纳：《货币与强制：国际货币权力的政治经济学》，李巍译，上海世纪出版集团，2013，第 160 页。

森林体系的崩溃确实给世界造成了相当程度的动荡与混乱，如何管理该体系成员之间的关系变得不确定。对于这种局面，国际社会存在两种基本选择：要么是有实力和魅力的人物对紧急情况做出临时反应；要么可能重新采用制度化的货币秩序管理方式，更有效地使用监督原则。[①] 整个国际社会都在密切关注着国际货币体系的改革与变化。

第一节　20 世纪 70 年代初的混乱

布雷顿森林体系崩溃之初，世界对美国当局所做出的决定褒贬不一。特里芬曾说，“最终，世界被迫正视问题，而不是简单地试图修补这个系统”；也有评论称，“此次世界货币危机的潜在危险是，如果不尽快妥善解决，世界将陷入经济孤立主义”；更有评论认为“这几乎是一场由美国发起的贸易战”，“这个世界上最强大的经济强国再次陷入民族主义和保护主义”。[②] 无论世界的评论如何，美国宣布美元与黄金的“脱钩”确实给全球经济带来了一定的影响。在尼克松宣布决定之后，美国开始对进口商品征收 10%的关税。除美国股票市场出现 3%的上涨之外，这一行为令日本和欧洲主要国家的股票市场都出现了大幅度的下跌，其中日本股票市场在一周之内下跌了 20%，欧洲国家在股市暴跌之后直接宣布将外汇市场关闭两周。此外，面对巨大的不确定性，各

---

① James Harold, *International Monetary Cooperation Since Bretton Woods* (Oxford: Oxford University Press, 1996), p. 779.

② 这些评论分别来自《时代周刊》(*Time*)、《南德意志报》(*Süddeutsche Zeitung*)、《法兰克福报》(*Frankfurter Allgemeine Zeitung*)。参见 Jeffrey E. Garten, *Three Days at Camp David: How a Secret Meeting in 1971 Transformed the Global Economy* (New York: Harper, 2021), pp. 245-250。

国对国际货币体系的未来都感到极度的担忧。

一、过渡时期的《史密森协定》

为解决由布雷顿森林体系崩溃所导致的问题，1971 年 12 月 11 日，在美国国家广场上的史密森学会举行了十国集团会议，各国财政部部长和央行行长参与了本次会议。会议上，各国代表围绕国际货币汇率改革和维护本国核心利益进行了激烈的博弈。最终，各方对于汇率变动达成了共识，并据此通过了《史密森协定》。协议规定美元兑黄金由每盎司 35 美元上升到每盎司 38 美元，贬值约 8%。“此外，英镑兑美元从 1967 年的 2.4 美元/英镑上升至 2.605 7 美元/英镑；马克兑美元从 1969 年的 27.3 美分/马克上升至 31 美分/马克；日元兑美元从 360 日元/美元上升至 306 日元/美元。”[①] 虽然各国货币兑美元的汇率都发生了不同程度的变动，如马克和日元对美元发生了实质性的升值，但部分国家货币兑黄金的汇率却并未改变，如英镑和法郎对黄金并未发生任何程度的升值或贬值。

《史密森协定》中的另一项重大变化就是改变了货币汇率的浮动区间。在布雷顿森林体系中，各国货币只能在汇率平价上下 1%的区间内浮动，而在《史密森协定》中，这一区间被扩大到 2.25%。虽然波动幅度的扩大给了各国调整货币汇率更大的灵活性，但该协定的主要意图是将国际货币体系放置在固定汇率制之下。这也意味着《史密森协定》实质上只是调整了之前的均衡汇率水平，以期整个世界可以在新的均衡

---

① 朱雄兵：《三百年沉浮——国际货币秩序的变迁》，经济管理出版社，2011，第 105 页。

汇率下再度平稳运行，并未对布雷顿森林体系中的内在缺陷做出根本性的调整，即并未真正解决“特里芬难题”，这也导致该协定注定无法长久。①

即便如此，《史密森协定》仍在一定程度上稳定了当时的混乱局面，美国取消10%的进口附加税，并重新开放“黄金兑换窗口”，世界看似重新回到正轨。此外，《史密森协定》也被视为是对《布雷顿森林协定》进行重大改革的第一阶段措施，并且国际货币基金组织在协定签订后立即赋予其法律效力，使它对自由世界中几乎所有的经济体都有效力。② 也可以说，《史密森协定》是推进国际货币体系由固定汇率制向浮动汇率制转变过程中的一个过渡。但正如前文所说，由于导致国际货币体系失衡的根本性问题并未得到解决，并且美国仍持续在国内外进行货币扩张，因此，在协定签署不久之后，世界再次出现了投机浪潮。

在《史密森协定》签署后，由于英镑汇率被高估，英国在短期发生了难以避免的贸易逆差，且逆差规模不断扩大。同时，世界范围内的投机行为使得英镑汇率直接触及钉住制度允许浮动范围的下限，英格兰银行在两周内动用了大部分的外汇储备才让英镑勉强逃脱贬值的命运。③ 巨大的压力导致英国仅仅坚持了6个月就单方面放弃了《史密森协定》，并令英镑自由浮动，即英镑贬值。英国也成为首个宣布正式放弃《史密森协定》的国家。随着英国的失守，危机开始向其他国家蔓延。

---

① “1972年2月16日，尼克松曾在其给法国总统蓬皮杜（Georges Pompidou）的私人信件中说：‘它（《史密森协定》）只能让我们在通往新危机道路上稍做休整，但无法真正带我们离开这条路。’”参见 Jeffrey E. Garten, *Three Days at Camp David: How a Secret Meeting in 1971 Transformed the Global Economy* (New York: Harper, 2021), p. 303。

② Garten, J. E., *Three Days at Camp David: How a Secret Meeting in 1971 Transformed the Global Economy* (Harper, 2021), pp. 291-297.

③ 朱雄兵：《三百年沉浮——国际货币秩序的变迁》，经济管理出版社，2011，第106页。

与此同时，由于越南战争的升级、财政赤字规模的扩大和内部经济过热，美元开始出现危机，扩张性的货币政策使美国国内的通货膨胀水平不断恶化，外汇市场中的美元数量也急剧上升。为保证本币币值稳定，各经济体不得不抛售本币，并动用自有外汇储备大量购买美元。据统计，从 1970 年至 1974 年第一季度，各经济体中央银行累计的美元储备增长了 346%。[①] 通过这种方式，通货膨胀从美国逐渐传播至整个世界，各经济体内部都发生了不同程度的通货膨胀，全球也因此开始进入高通胀时期。

高通胀也成为世界放弃《史密森协定》和固定汇率制的助推器。从 1972 年 6 月至 1973 年 3 月，英国、法国、联邦德国、日本、意大利、瑞士、爱尔兰等国家由面临本币升值或贬值压力导致的汇率不再稳定，纷纷放弃了原本固守的汇率水平，转而采用浮动汇率制，让本币汇率自由浮动，且众多外汇市场被关闭。其间，欧洲形成了“欧洲蛇形浮动体系”，[②] 并为 20 世纪 80 年代“欧洲货币体系”的形成奠定了基础。同时，由于美国并未采取任何有效手段以维护《史密森协定》所达成的共识，因此其他国家开始相继抛售美元，使其无法继续维持 38 美元每盎司的汇率水平，美国只能再次选择美元贬值，即美元兑黄金的比率从每盎司 38 美元上升至每盎司 42.22 美元，贬值幅度约为 10%。此外，美国宣布不再履行对外国官方持有的美元按照官价兑换黄金的义务，再次切断了黄金与美元的联系。[③]

---

① 张卉妍：《世界金融五百年》，中国华侨出版社，2018，第 258 页。

② 实际是一种联合浮动汇率制，欧洲整体对外实行浮动汇率，但内部成员之间的汇率相对固定。1979 年，随着欧洲货币体系的正式建立，“欧洲蛇形浮动体系”正式宣告终结。——作者注

③ 黄泽民：《牙买加货币体系演变的前景》，《华东师范大学学报（哲学社会科学版）》2021 年第 5 期。

《史密森协定》破裂标志着拯救布雷顿森林货币体系的行动以失败告终。虽然为了尽力维持钉住美元的汇率制度，各经济体做出了很大的努力，但由于美国的不作为以及其他经济体间的利益冲突，固定汇率制就此瓦解，西方开始进入浮动汇率时期。然而，虽然钉住美元的汇率制度失效，但这段时间各经济体储备了大量的以美元计价的外汇，美国依靠其在国际货币体系中的地位，不仅向体系中的其他经济体中央银行征收高额的铸币税，还不断扩张以军事支出为主的政府财政预算，以维护美国在全球范围内的政治利益和经济利益，从而进一步强化了其“霸主”地位。[①]

二、全球通胀与石油危机

导致固定汇率制度难以维系的一个主要原因在于全球性的通货膨胀，而这早在布雷顿森林体系运行时期就已暴露。“马歇尔计划”、“道奇计划”、朝鲜战争、冷战、越南战争大规模增加了美国政府的财政支出，大量美元被输送至国际市场，“美元过剩”就是最直接的结果。[②]随着美元供给量的不断增加，其价值也就随即下降，并逐渐引发了全球性的通货膨胀。20 世纪 70 年代，这一问题集中爆发。1973—1983 年，美国国内也发生了历史上通胀率最高、持续时间最长的一次经济危机。[③]

---

① Michael Hudson, *Super Imperialism: The Origin and Fundamentals of U. S. World Dominance* (London: Pluto Press, 2003), p. 391.

② “1979 年，美联储的一项研究表明，国债回购交易的爆炸式增长实际上导致了美元供应量的全面增加”。参见尼克·巴蒂亚：《货币金字塔：从黄金、美元到比特币和央行数字货币》，孟庆江译，社会科学文献出版社，2021，第 91 页。

③ 张卉妍：《世界金融五百年》，中国华侨出版社，2018，第 257 页。

20 世纪 70 年代初期，工业世界经济增长的放缓发展为一场出人意料的严重和广泛的衰退，失业率异常高。在此情况下，一些经济体采取了扩张性政策，以恢复经济增长，但通货膨胀水平也水涨船高。[①] 国际通胀的恶化，加之各经济体通货膨胀率的巨大差异，导致经常账户严重失衡，形成了 20 世纪 70 年代的国际经济格局。国际货币基金组织在 1974 年的年报中将通货膨胀描述为当代经济政策的主要问题，并指出“通货膨胀是一个世界性的问题，在进一步失控之前，必须加以处理”，同时建议“对资源的需求压力比惯例稍低一些”并加强对经济体预算的控制以应对通货膨胀。[②] 然而，就像 1929 年美国经济大萧条时期一样，一旦严重的经济衰退与持续的高通胀水平同时出现，即出现“滞胀”问题，就很难迅速得到妥善解决。

石油危机引发的全球油价上涨成为 20 世纪 70 年代全球通货膨胀的另一主要原因。全球油价的上涨使各经济体生产成本不断增加，在很大程度上进一步恶化了世界经济状况。1973 年，第四次中东战争爆发，为保证自身在中东地区的利益，美国不仅向以色列拨款 22 亿美元以进行援助，还提供了大量武器，这直接改变了当时的战局。[③] 最终，以色列获得军事胜利，而阿拉伯国家战败。战后，为报复西方国家，阿拉伯石油输出国组织（OPEC，简称“欧佩克”）决定对石油生产施加限制，并收回了石油标价权，这使得国际原油价格大幅上涨。据统计，从 1973 年 10 月 10—17 日，欧佩克将石油价格提高了 50%以上，到 1973

① 不仅是发达经济体，发展中经济体的国内物价水平也大幅度提升。据统计，从 1972 年到 1973 年，发展中经济体的消费物价上涨了约 25%。——作者注

② International Monetary Fund, *Annual Report 1974* (Washington D. C.: International Monetary Fund, April 30, 1974), pp. 9-10.

③ 陈雨露、杨栋：《世界金融大历史 3000 年——从古希腊城邦经济到华尔街金钱游戏》，新北：读书共和国出版集团，2019，第 338 页。

年 *12* 月底，石油价格已经上涨了两倍。[①] 世界进入了“油荒”时期，国际经济形势和发展前景受到了强烈的影响。其间，几乎所有依赖石油进口的经济体都采取了相应措施，以降低对石油的需求。但由于石油需求弹性相对较低，而且石油被普遍使用于各类生产活动中，因此石油价格的暴涨不仅冲击了各个经济体，也开启了第二次世界大战之后全球最严重的经济危机。

此外，由于石油价格的冲击，严重依赖石油进口的西方资本主义国家加上日本以及部分发展中经济体开始出现显著的贸易逆差，而沙特阿拉伯、委内瑞拉等石油出口国则突然出现了巨额的贸易顺差。[②] 但对于石油出口国来说，其国内经济结构相对单一，制造业匮乏，面对突然大量流入的资本无法有效转换成新的财富；相比之下，石油进口国却需要不断进行融资以应对其不断增长的贸易逆差。因此，欧佩克成员的盈余将不得不重新流回赤字国家，[③] 这对国际银行体系来说也形成了一个巨大的挑战。[④]

1975 年，世界主要发达经济体的总体物价水平快速攀升，[⑤] 但产出增长率却总体较低，甚至部分经济体表现出负增长的状态，这也是这些经济体在战后从未遇到过的情况。国际货币基金组织也认为当时的国际

---

① Jeffrey E. Garten, *Three Days at Camp David: How a Secret Meeting in 1971 Transformed the Global Economy* (New York: Harper, 2021), p. 306.

② 主要石油输出国自 1973 年石油大幅度提价以来，历年国际收支顺差所积累的石油盈余资金，因美元所占比重最大，故称石油美元。——作者注

③ “1974 年，石油输出国总收入为 1 102 亿美元，其中有 492 亿美元流向了美国”。参见陈雨露、杨栋：《世界金融大历史 3000 年——从古希腊城邦经济到华尔街金钱游戏》，新北：读书共和国出版集团，2019，第 343 页。

④ Jeffrey E. Garten, *Three Days at Camp David: How a Secret Meeting in 1971 Transformed the Global Economy* (New York: Harper, 2021), p. 307.

⑤ 在 1974 年下半年至 1975 年，世界主要发达经济体总体物价增长率超过 13%。——作者注

经验无法为各成员制定财政和货币政策提供精确的指导，因为当时的情况与战后时期的情况大相径庭，经济更加疲软，通货膨胀更加加剧。[①]自此开始，即20世纪70年代中后期，西方资本主义世界已经形成了高通胀、低增长、高失业的局面。面对这一全球性的问题，各经济体采取了一定的办法管控工资和收入、限制财政支出，以降低通货膨胀。然而，最终到了1979年，这些政策并没有取得令人满意的结果——对于发达经济体，平均通货膨胀率和失业率并没有降低。[②]

在20世纪70年代末期，石油危机再次爆发（第二次石油危机），给原本就疲软的世界经济带来了又一次冲击。1978年，世界第二大石油出口国伊朗爆发了国内政变，伊朗宣布停止输出石油60天，这从1978年底一直持续到了1979年3月初。伊朗石油出口的暂停让全球石油供应紧张，进而使得原油市场出现动荡，石油价格剧烈波动。大量的贸易顺差再次转移至主要的石油出口国，尤其是阿拉伯国家，其石油外汇收入呈现几何级增长的状态。此外，石油价格的飙升再次导致全球经济的恶化，各经济体纷纷出现停工停产的现象。在美国国内，通货膨胀率在1980年直接达到了14.7%的水平，美元兑黄金的比率直接上升至前所未有的每盎司875美元的水平，相当于10年前官方价格的25倍。[③]

在此背景下，世界已经无法维持一个固定汇率制下的国际货币体系。更确切地说，在1976年之前，国际货币治理更像是在一个“无体系”“无框架”的情况下进行的，制度缺失不仅大大增加了各经济体维

① International Monetary Fund, *Annual Report 1975* (Washington D. C.: International Monetary Fund, April 30, 1975), p. 9.

② International Monetary Fund, *Annual Report 1979* (Washington D. C.: International Monetary Fund, April 30, 1979), p. 7.

③ 本·斯泰尔：《布雷顿森林货币战：美元如何统治世界（典藏版）》，符荆捷、陈盈译，机械工业出版社，2020，第340页。

持货币关系的难度，更让世界经济发展面临巨大且随时可能出现的风险和危机。总的来看，这种制度的缺失主要表现在四个方面：其一，在金融危机的援救过程中缺乏最后的贷款者；其二，资本市场国际交易迅速膨胀，缺乏国际监督和防险措施；其三，世界各经济体尤其是新兴的发展中经济体还没有形成平稳的与国际资本市场的对接机制，还不能适应国际资本流动与变化的节奏；其四，以对冲基金为主要代表的国际垄断资本缺乏必要的间接管理。① 因此，必须要寻求一个新的安排，形成新的国际货币治理格局，从而恢复世界经济的发展和稳定。

第二节　牙买加体系的治理内容与特点

布雷顿森林体系的解体和《史密森协定》的失败标志着以“双挂钩”为核心的固定汇率制度难以跟上世界经济的发展步伐。伴随这一过程，美元霸权也出现了一定程度的衰落，但这却并不意味着美元霸权的终结，美元依旧拥有较高的“国际货币权力”。这一点也可以从黄金价格走势中可以看出。20 世纪 70 年代以来，黄金价格波动的特点表现为以下特征：短期来看，黄金价格的波动与通胀和经济增长的关系并不十分稳定；长期来看，对黄金价格最有力的解释因素是全世界储蓄者对美元体系的信心。② 此外，随着 70 年代末美国对经济政策的调整以及国际协调能力的提升，以及国际货币制度惯性等因素的作用，美元的国

---

① 虞群娥、丁骋骋：《制度变迁与国际货币体系改革》，《数量经济技术经济研究》2001 年第 1 期。

② 翟东升：《货币、权力与人：全球货币与金融体系的民本主义政治经济学》，中国社会科学出版社，2020，第 144 页。

际地位开始恢复。[①] 综合来看，在世界经历了短暂的动荡与混乱之后，仍需围绕美元建立新的国际货币秩序，形成新的国际货币治理格局，牙买加体系随即产生。

一、从"十国集团"到"二十国委员会"

实际上，尽管美元已经与黄金脱钩，但美国并没有打算放弃美元的国际影响与地位。美元在布雷顿森林体系瓦解之后，仍然充当着储备货币、流通货币、清算货币等角色，美国也极力想要保持其在国际中的货币影响力。但其他发达经济体国际货币贸易量上升，如日本、法国，其货币影响力也在不断增加，并且与美元展开了激烈的竞争，企图提升本国货币在国际中的话语权。而对于发展中经济体来说，过于依赖美元的国际货币体系对其不利，发展中经济体渴望经济发展与货币独立，也希望维持自己的货币稳定，改革现有的国际经济秩序。

在第二次世界大战后的国际货币秩序构建过程中，1962 年成立的"十国集团"一直发挥着重要作用，许多重要的决定都是该集团商讨通过的，且有关国际货币体系方面的问题基本上由该集团操纵和控制，在国际货币基金组织中占绝大多数席位的发展中经济体对此日渐不满，它们认为"十国集团"根本无法代表自己的利益。特别是 1971 年 12 月，"十国集团"达成《史密森协定》，并建立新的货币兑换关系，这使大多数以美元作为外汇储备的发展中经济体在不知情的情况下受到严重的冲击。因此，发展中经济体强烈要求对国际货币体系进行彻底改革。

---

① 鲁世巍：《美元霸权与国际货币格局》，中国经济出版社，2006，第 39 页。

1972年4月13日至5月15日，在智利的圣地亚哥举行了第三届联合国贸易和发展会议，通过了设立一个由发展中经济体参加的“二十国集团”委员会，并规定其中发展中经济体至少占九个席位。同年7月，经国际货币基金组织理事会批准，定名为“二十国委员会”，即“国际货币体系及其相关改革委员会”，并于9月正式成立，从而取代了“十国集团”的地位。相比于“十国集团”，“二十国委员会”新加入了澳大利亚和九个发展中经济体，其中发展中经济体包括印度、巴西、摩洛哥、埃塞俄比亚、阿根廷、墨西哥、扎伊尔、印度尼西亚和伊拉克。

设立“二十国委员会”的初衷是希望在1973年之前对国际货币体系重新达成一个新的框架协议，但该委员会却异想天开想维持可调整的钉住汇率制、集中提供国际储备以及制定措施以鼓励调整。[①] 一直到1974年6月，“二十国委员会”的成员之间仍未达成一个共识。最终，该委员会只向国际货币基金组织提交了一份《国际货币制度改革纲要》，并在提交文件之后随即解散。1974年7月，“理事会国际货币事务临时委员会”成立，代替了“二十国委员会”继续研究国际货币制度的建立问题。[②] 虽然“二十国委员会”并未取得实质性的成果，但需要承认的是，该委员会在发展中经济体加入的基础上促成了一个决策性

① 巴里·埃森格林：《资本全球化：一部国际货币体系史（第三版）》，麻勇爱译，机械工业出版社，2020，第133页。

② 1972年，“二十国委员会”在《改革纲要》中建议增设规模小于理事会的具有决策权的新机构，定期开会讨论世界经济形势，并就国际收支失衡问题向有关成员施加影响。国际货币基金组织于1974年10月成立了具有咨询功能的临时委员会。1999年，国际货币基金组织理事会通过决议，将临委会改名为“国际货币与金融委员会”。参见中国人民银行国际司（港澳台办公室）：《国际货币基金组织》，2007年12月31日，http://www.pbc.gov.cn/goujisi/144449/144490/144541/2871988/index.html。

机构，打破了传统西方发达资本主义国家对国际货币治理格局的长期垄断局面。

二、牙买加体系的治理内容

在“理事会国际货币事务临时委员会”成立之后，国际货币基金组织成员之间开始商讨《国际货币基金协定第二修正案》，以促进浮动汇率制的合法化。1975 年 11 月，法国邀请美国、英国、联邦德国、日本、意大利在法国的朗布依埃举行世界经济峰会，[①] 讨论经济恢复、石油危机以及汇率等相关问题。其间，美国和法国是主要的争论方。[②] 美国主张实行一个自由浮动的汇率制度，而法国则主张实行有管理的浮动汇率制。美国和法国之间的争论其实反映了存在贸易逆差的经济体和存在贸易顺差的经济体之间的矛盾。其中，美国认为自第二次世界大战之后，美国一直为了恢复世界经济而不断努力，而现在如法国、联邦德国、日本等存在贸易顺差的经济体应当承担起相应的责任，一次性提升本币汇率至较高的水平。法国、联邦德国、日本则认为全球贸易和货币的不平衡，美国需要承担最大的责任，而且汇率的调整只能是一个缓慢而宽松的调整，不然自身就会承担大部分成本。[③]

---

① 1976 年，随着加拿大的加入，“七国集团”就此形成。本次六国之间的会议也为之后“七国集团”的形成奠定了基础。——作者注

② 20 世纪 70 年代初，欧洲经济共同体市场成为法国的主要贸易市场，1973 年法国出口欧洲经济共同体市场的份额占其总出口的 48.6%。由于法国离不开欧洲市场，而欧洲市场又离不开美国市场，更离不开美国搭建的全球资本主义世界市场，因此法国成为国际货币关系变动过程中受影响最大的欧洲工业国家。参见黄琪轩：《国际货币制度竞争的权力基础——二战后改革国际货币制度努力的成败》，《上海交通大学学报（哲学社会科学版）》2017 年第 4 期。

③ 朱雄兵：《三百年沉浮——国际货币秩序的变迁》，经济管理出版社，2011，第 111 页。

最终，各方达成共识，即应当努力恢复世界经济基础，促进经济和金融状况的更大稳定，并努力应对汇率无序的市场状况或不稳定的波动。1976 年 1 月，“理事会国际货币事务临时委员会”在牙买加首都金斯顿举行会议，主要就国际货币基金组织框架下的各成员汇率制度的安排问题、黄金处理问题、基金份额的扩大和分配问题、储备资产的构成问题等涉及国际货币制度改革重建的一系列重大事项进行讨论和磋商。经过与会各方的激烈讨论，会议达成了《牙买加协定》。同年 4 月，国际货币基金组织通过了《国际货币基金协定第二修正案》，并于 1978 年生效。[①]《牙买加协定》和《国际货币基金协定第二修正案》共同对后布雷顿森林时代的国际货币治理提供了新的方案，并标志着世界从布雷顿森林体系步入一个新的阶段，即牙买加体系。

牙买加体系的核心治理内容如下。

第一，浮动汇率制度合法化。在牙买加体系下，尤其是《国际货币基金协定第二修正案》的推动，使得浮动汇率制成为一种合法化的选择。成员可以在浮动汇率和固定汇率之间自由选择，但成员在汇率政策制定方面要接受国际货币基金组织的指导和监督，同时也要接受相关的监管措施。如《国际货币基金协定第二修正案》规定，无论成员的汇率安排如何，都有义务与国际货币基金组织和其他成员合作，确保有秩序的交换安排的存在，并促进稳定的汇率制度。此外，成员还须承担与可能影响国际收支和汇率的内外政策有关的某些特殊义务。同时，在各成员向基金提供监测所需信息的基础上，国际货币基金组织必须监督国际货币体系，以确保其有效运作。这意味着国际货币基金组织希望成

① 到 1978 年 4 月初，《国际货币基金协定第二修正案》已得到 97 个成员的接受，获得基金组织 83.97%的投票权。——作者注

员避免通过操纵汇率来组织国际收支的有效调整，并促进有序的经济和金融条件以及货币体系不会产生不规律的扰动。①

第二，黄金非货币化。《牙买加协定》对黄金非货币化做出了制度上的规定：黄金不再具有定值基础的职能；黄金官价予以废除；各成员央行的黄金交易可按市场价格进行；黄金支付的义务被取消。《国际货币基金协定第二修正案》规定，成员以特别提款权或选择黄金之外的另一共同标准来确定本国货币价值。② 此外，国际货币基金组织还从其黄金储备中拿出 2 500 万盎司，约合储备总量的 1/6，以之前的官方价格和成员的相应额度，返卖给各成员；在 4 年内公开拍卖其黄金储备的 1/6，以援助发展中经济体。③ 自此，黄金与货币之间再无任何联系，彻底退出国际货币金字塔。同时，黄金在国际货币基金组织成员国际储备总额中所占的比重也逐渐低于了 5%，即黄金的国际储备作用大幅度降低。但是，黄金在国际储备中的地位并未因为人们的主观意愿而被全盘否定。

第三，将特别提款权作为主要的国际储备资产。在牙买加体系之前，特别提款权虽然早已提出，但其在 20 世纪 50 年代至 70 年代国际货币体系下的治理过程中并未发挥明显的作用。在牙买加体系下，国际货币基金组织修订了特别提款权的相关条款，意在将特别提款权变为国际货币体系中的主要储备资产，提升特别提款权的国际地位并扩大在国际贸易结算、国际储备等方面的使用。《国际货币基金协定第二修正

---

① 丹尼斯 · R. 阿普尔亚德、小艾尔弗雷德 · J. 菲尔德：《国际经济学：国际金融分册（原书第 8 版）》，赵英军译，机械工业出版社，2015，第 249 页。

② 陈雨露、杨栋：《世界金融大历史 3000 年——从古希腊城邦经济到华尔街金钱游戏》，新北：读书共和国出版集团，2019，第 348 页。

③ 朱雄兵：《三百年沉浮——国际货币秩序的变迁》，经济管理出版社，2011，第 110 页。

案》给特别提款权的运作带来了两大变化：其一，国际货币基金组织各成员之间可以自由地将特别提款权进行转让，而无须得到国际货币基金组织的同意；其二，成员可以使用特别提款权偿还其对国际货币基金组织的债务。此外，日元和马克（2001 年以后变为欧元）也成为重要的储备货币。[①]

第四，调整了国际货币基金组织成员的基金份额。在牙买加体系下，各成员向国际货币基金组织缴纳的份额由之前的 292 亿美元增加到 390 亿美元，增幅达到 33. 6%。各成员所缴纳份额的比重也有所改变，主要是石油输出国组织的比重由 5%增加到 10%。[②] 此外，在国际货币基金组织的总份额中，石油输出国组织国家和发展中经济体所持有的份额占比约为 1/3。相反，除联邦德国、日本外，西方主要经济体的份额均有所降低。可见，对于国际货币基金组织份额的调整是减少发达经济体投票权的比重，由此突出发展中经济体在未来国际金融和货币事务中的相关作用。此外，《牙买加协定》也修改了与国际货币基金组织投票规定相关的条款，将“投票超过 80% 才能通过决议”的标准提高至 85%。[③]

第五，国际收支调节方式更加灵活。牙买加体系下，主要实行的是灵活的国际收支调节机制，包括汇率机制、利率机制、国际货币基金组织贷款援助、国际金融市场调节、国际金融机构调节等。在牙买加体系时期，国际金融市场不断发展和完善，国际资本交易更加频繁，用于国际收支活动的货币量更大，经济体之间利率存在着实际的差异，而这会

① 关建新：《国际货币金融体系变革与中国》，中国发展出版社，2015，第 10—11 页。

② 刘红、马祯：《国际金融》，对外经济贸易大学出版社，2016，第 152 页。

③ 美国在国际货币基金组织中的份额比重虽然有所降低，但并未影响美国对其“一票否决权”的使用。

导致资金在不同经济体的流入、流出，从而令利率对国际收支产生明显的调节管控作用。此外，国际货币基金组织有着贷款援助的功能，这也对成员调节国际收支起到重要的作用，但该成员也需要接受国际货币基金组织的监督。

第六，注重对发展中经济体的资金融通和发展援助。在牙买加体系下，针对发展中经济体，除了保留之前国际货币基金组织所设立的信托基金，还进一步将援助基金永久化，并把发展中经济体的一次性借贷额度提高45%。[①] 随着“二十国委员会”中发展中经济体的加入，这些经济体在国际金融和货币事务中的地位有所提升，这极大地促进了发展中经济体的经济发展。

第七，可以自由使用货币。《国际货币基金协定第二修正案》将“自由使用货币”的新概念引入牙买加体系下，并取消了“可兑换货币”的表述。可自由使用的货币需要满足可广泛用于国际贸易结算和外汇市场交易的要求。在等值原则的基础上，国际货币基金组织可以更加灵活地使用货币。最初可用于自由使用的货币包括美元、法郎、马克、英镑和日元。

三、牙买加体系的新特征

与布雷顿森林体系相比，牙买加体系表现出以下新的特征。

第一，首次形成无黄金基础的国际货币体系。从19世纪开始，[②] 国

① 朱雄兵：《三百年沉浮——国际货币秩序的变迁》，经济管理出版社，2011，第110页。

② 英国最早开始采用金币本位制，并于1844年制定了《比尔条例》，又称《英格兰银行条例》。——作者注

际货币体系经历了金币本位制、金块本位制、金汇兑本位制、布雷顿森林体系下的“双挂钩”时期。但无一例外，这些货币制度建立的前提都是以黄金为基础，也可以说，在货币金字塔中，黄金牢牢占据着顶端的位置。但随着国际贸易规模不断扩大，国际商业日趋复杂，大国博弈日益加剧，黄金的稀缺性、地区分布结构的不合理、成本高昂等缺陷突显，与世界对于国际储备和国际结算需求的矛盾也不断加深。因此，全球不得不放弃黄金，形成无黄金基础的国际货币体系，即形成了牙买加体系下的“信用本位制”，以信用为基础的货币成为国际货币体系中的核心。也可以说，货币发展是一个从实物商品缓慢演化为抽象化概念的过程，而国际货币体系的演化结果是从商品本位制变为混合本位制，进而成为信用本位制。[①] 自此，黄金退出了国际货币的舞台，但这并不代表黄金的货币性和金融性也就此消失。事实上，直到现在，无论是对于国家还是个人来说，黄金仍然是投融资的主要标的之一。

第二，由单一的国际储备体系转变为多元化的国际储备体系。随着世界进入信用本位制，国际储备体系也发生了相应的改变。在之前的布雷顿森林体系中，除黄金之外，美元是最主要的外汇储备资产，因此在那一时期，国际储备的资产结构相对单一。但是，在牙买加体系下，国际储备的资产结构更加趋于多元化，黄金和美元已经不是其中绝对的储备资产。除美元之外，英镑、法郎、马克、日元和特别提款权也成为国际储备资产的重要组成部分。虽然在多元化的国际货币储备体系中，美元仍占有主体地位（约占 51%），但其国际霸权地位仍受到一定程度的影响，即形成了以美元为主导的多元国际储备体系。也可以说，美元的

① 黄泽民：《牙买加货币体系演变的前景》，《华东师范大学学报（哲学社会科学版）》2021 年第 5 期。

"国际货币权力"从绝对垄断转变为相对垄断。事实上，多元化的国际储备体系有利于各经济体在面临国际金融风险时可以采取灵活多变的措施加以应对，这也体现出牙买加体系的灵活性。

第三，由单一的汇率制度向多样化的汇率制度改变。在牙买加体系成立之前，国际货币关系主要是在固定汇率制的基础上形成的。虽然布雷顿森林体系给经济体间的货币关系提供了一个可以调整的空间（围绕平价上下1%的调整幅度），但其实质上仍是一种可调整的固定汇率制。在牙买加体系下，浮动汇率成为一种合法化的选择，同时国际货币基金组织也并没有规定各成员必须采取何种汇率制度。这给了各成员极大的自主性，可以根据自己的政策需求和实际经济情况，来选择固定汇率制度或浮动汇率制度，并实行适于自身的相关经济政策。但总的来说，牙买加体系是以浮动汇率制为主体、固定汇率制为补充的混合汇率体系。在该体系下，大多数发达经济体采用了自由浮动汇率制度和有管理的浮动汇率制度，这使得部分发达经济体的货币摆脱了对美元的依赖，能够更加方便协调内外部经济政策和货币流动，便于在通货膨胀和石油价格上涨的时代维护自身的经济稳定；对于广大发展中经济体来说，它们的汇率制度主要是与发达经济体相连，仍实行相对固定的汇率水平，同时也极易受到美元波动的影响，难以摆脱对美元的依赖。[①]

第四，国际货币治理的范围更加广泛。布雷顿森林体系在国际货币治理方面的影响更多地集中在西方资本主义世界中，美国、英国、法国、联邦德国、日本等主要经济体成为布雷顿森林体系下的主导力量，并且国际货币基金组织的相关政策也对这些经济体有一定的偏向性。然

① 董君：《国际货币体系研究变迁、规律与改革》，中国经济出版社，2013，第118—120页。

而，在牙买加体系中，国际货币治理的范围得到进一步扩大，发展中经济体在国际货币治理方面也开始发挥相应的作用。同时，随着冷战的缓和乃至结束，苏联和经济互助委员会（经互会）解体，越来越多的经济体走上改革开放的道路，纷纷寻求加入统一的世界经济体系，这也让牙买加体系所影响的范围和区域不断扩大。① 此外，国际货币基金组织不仅加大了对发展中经济体的援助力度，其所实施的相关措施也更加兼顾发达经济体和发展中经济体的共同发展。

第五，国际收支调节机制的多样化。在布雷顿森林体系中，汇率的固定以及外部经济目标和内部经济目标之间的矛盾，使得各经济体在制定政策时缺乏自由空间，各经济体在面临国际收支失衡的情况时可以采取的措施相对有限。在牙买加体系之下，国际货币基金组织主张通过汇率调整机制、利率调整机制、国际货币基金组织本身的介入、提供贷款、促进国际储备多元化等手段来调节国际收支不平衡的问题。同时，牙买加体系还通过用扩大的国际金融市场、增加的商业信贷以及成员之间国际合作与互信来使得国际收支调节机制更加完善灵活。特别是，在牙买加体系下，各经济体对于制定汇率制度、确定国际储备等有了更丰富的选择，因此，国内经济政策与战略更加自主，能够进一步消除国际收支不平衡的问题。

第三节　牙买加体系的发展与缺陷

随着布雷顿森林体系的崩溃，牙买加体系为世界经济发展以及国际

① 鲁世巍：《美元霸权与国际货币格局》，中国经济出版社，2006，第 42 页。

货币治理提供了一个新的平台，但这一平台却并非原创。具体而言，《史密森协议》是对布雷顿森林体系的改进，而《牙买加协定》本质上又是对《史密森协议》的延续，因此，很多人也会将牙买加体系称为“后布雷顿森林体系”。此外，虽然《牙买加协定》为国际货币体系制定了新的汇率浮动规则，或者说是关于经济体之间更好地平衡盈余或赤字的规则，但在该体系下并没有设置任何有实质权力的执行机构。[①] 事实上，在货币治理方面，牙买加体系下的核心机构仍然是布雷顿森林体系时代所设立的国际货币基金组织，而这也是很多人认为牙买加体系是布雷顿森林体系延续的原因之一。即使如此，牙买加体系下的浮动汇率制仍给全球经济带来新的活力，也给全球经济带来了积极的影响。

一、牙买加体系对全球经济发展的积极影响

牙买加体系改变了国际储备的原有货币结构，使得各经济体间的货币关系更加灵活多样，这在较大程度上解决了之前储备货币供不应求的矛盾。在牙买加体系正常运行之后，1978 年，除黄金之外，各经济体货币储备的总规模增长率为 8%，1979 年的年增长率为 11%，而到了 1980 年，这一指标快速增加至 19%，可见《牙买加协定》对储备多样化的改善力度及其对国际货币储备问题的改善力度。具体来讲，1980 年，全球对于外汇以及与国际货币基金组织有关的资产（包括特别提款权和基金储备头寸）的持有量增长速度分别为 19% 和 18%。这与 1978 年和 1979 年形成鲜明对比，当时外汇持有量的增长速度远远快于

① Jeffrey E. Garten, *Three Days at Camp David: How a Secret Meeting in 1971 Transformed the Global Economy* (New York: Harper, 2021), p. 308.

与国际货币基金组织有关的资产。外汇储备规模的增加很大程度上是由“欧洲货币单位”的持有量增加所引致的，欧洲货币单位的发展使得国际储备结构更加多元化了。[①] 此外，1980 年，全球对特别提款权的持有量增加了 40 亿，而这一数据在 1979 年仅为 10 亿，这种较快的增长部分反映了国际货币基金组织成员从基金借款规模的增加。然而，据统计，到 1980 年底，国际货币基金组织相关资产在全球除黄金之外的总储备中所占的份额为 9%，低于 1973 年的 13%，这说明虽然国际货币基金组织相关资产的使用率不断提升，但国际储备结构的多样化使得其占总储备规模的比重逐渐降低。到了 1983 年，全球对非黄金储备规模增加了 330 亿，其中与国际货币基金组织相关的储备资产增长了 100 亿，增幅约 24%，外汇储备增长了 220 亿，增幅约 8%。[②]

除此之外，牙买加体系多样化的汇率选择符合不同经济体的发展要求，使得经济体更加稳定、经济政策更加具有连续性，经济体发展具有灵活性与独立性。在牙买加体系确立后，各经济体官方干预外汇市场的主要目的是减少短期汇率波动，或“平稳”汇率的中期变动。主要的干预手段，一方面是在本币趋于升值时购买外汇，以缓解本币升值压力，并在本币趋于贬值时出售外汇，以缓解本币贬值压力；另一方面是各经济体在面临货币贬值时减少货币供应量，而在面临货币升值时扩大货币供应量。如果允许货币供应量发生这些变化，将有助于调整因干预措施而导致的潜在不平衡。例如，在 1980 年 8 月至 1981 年 1 月，当美

① 欧洲货币单位，即欧元的前身，创立于 1978 年，是由欧洲共同体各国的货币所组成的“货币篮子”，目的在于促进欧洲这一主体在国际贸易、国际金融、国际投资等领域内的发展，并具有储备和计价等功能。——作者注

② 本段的事实数据来源可参见 International Monetary Fund, *Annul Report 1981* (Washington D. C.: International Monetary Fund, April 30, 1981), p. 64; International Monetary Fund, *Annul Report 1984* (Washington D. C.: September 12, 1984), p. 56。

元对其他货币普遍升值时，美国就将其外汇储备从 54 亿美元增加到 107 亿美元；1980 年，当马克贬值 7%时，联邦德国央行的净外部资产规模减少了 165 亿马克；[①] 同年，在英镑升值 11%的同时，英国的外汇储备也略有增加，因此英镑的实际升值幅度很小。

在牙买加体系下，广大的发展中经济体在自身财政、货币和汇率政策调整和应用方面也获得了相当大的独立性和自由性，经济情况进而得到改善。1983 年，有些发展中经济体通过采取相关政策措施，如大幅贬值汇率、减少财政赤字和信贷扩张速度、改善公共投资的分配、推行全面发展计划等，来恢复适当的利率和价格激励制度。同时，由于同期发达经济体的经济复苏，大多数非石油发展中经济体的经常账户赤字明显减少。但是，虽然一些发展中经济体在减少外部赤字方面取得了进展，但其主要是依靠进口限制、削减经济体内部需求、削减经济体内部投资等方式来实现这一目标，因此，这些经济体在未来仍需要更多的激励措施将经济资源转向出口部门，通过促进出口来改善国际收支情况。总体来看，汇率的灵活性，加之取消对经济体内部价格的控制和执行适当的财政和货币政策，可以促进发展中经济体和发达经济体进行有效的外部调整。

同时，牙买加体系下多元化的国际收支调节渠道，使得国际收支的调节更为有效与及时，这一点可以从 1978—1980 年发达经济体的经常账户状况中看出。1978 年，美国的经常账户赤字规模约为 100 亿美元，而联邦德国和日本的经常账户盈余规模合计超过 300 亿美元。但在仅仅两年后的 1980 年，美国经常账户就出现了 100 亿美元的盈余，而另外

① 包括外汇净借款，因此提供了比单独使用外汇储备更全面的干预措施。——作者注

两个国家的经常账户赤字总额接近190亿美元。在同一时期，法国和意大利的经常账户则从盈余变为赤字，加拿大的经常账户赤字规模大幅减少，英国的经常账户盈余规模则增加了一倍以上。对于非石油发展中经济体来说，其经常账户赤字规模从1976—1978年的平均330亿美元增加到1980年的820亿美元。这些国家的经验表明，汇率变化确实有助于纠正经常账户失衡的问题，促进国际收支平衡。此外，石油出口国的经常账户也发生了巨大的变化，这些国家盈余规模自1976年至1978年的年均250亿美元增加到1979年的680亿美元，到1980年，这一规模更是达到1 120亿美元。但石油出口国经常账户的变动主要是由于国际石油价格波动导致的。

二、牙买加体系的内在缺陷

牙买加体系的形成使人类社会的货币摆脱了黄金的束缚。而随着美元与黄金的“脱锚”以及美元在国际货币金字塔中位置的进一步提升，国际货币体系从布雷顿森林体系下的“黄金—美元本位制”转变为“美元本位制”。美元不再与黄金具有法定联系，美元发行的基础也从黄金含量变为美国的法权和信用，同时美元与其他主权货币一样，本质上都是主权信用货币，因此这也说明国际货币体系进入信用货币时代。[①] 一直到现在，世界仍然处于牙买加体系之中。

在货币本位制中，不仅美元与黄金实现了“脱锚”，其他主权货币与美元之间也实现了“脱锚”，即国际货币体系从固定汇率转变为固定

① 黄泽民：《牙买加货币体系演变的前景》，《华东师范大学学报（哲学社会科学版）》2021年第5期。

汇率与浮动汇率并存的制度之下。在牙买加体系设立之初，尤其是在20世纪70年代之前，以新自由主义学派为主的大部分经济学家都对浮动汇率抱有很大的期望，如诺贝尔经济学奖得主弗里德曼就认为，浮动汇率可以使本国经济绝缘于外部的冲击，在浮动汇率下可以通过汇率的变化避免随时出现国际收支的失衡。[①]

虽然牙买加体系确实给世界提供了一个相对自由的国际货币市场，也给了各经济体相对灵活的政策操作空间，但必须承认的是，这种多元、自由的国际货币体系让世界市场一直处于波动之中。也可以说，在牙买加体系下最大的规则就是没有规则。[②] 如果在像布雷顿森林体系一样的固定汇率制下，国际金融和货币危机是偶然的、局部的，那么在牙买加体系下，危机就变为经常的、全面的和影响深远的。[③] 因为，尽管主权货币作为全球储备克服了金本位的某些缺陷，但也给美国以外的其他经济体带来了诸如巨大的结构性外源风险等弊端。[④] 而这些弊端给世界经济发展以及国际货币治理带来诸多问题。换句话说，《牙买加协定》的提出确实确认了布雷顿森林体系的终结，但牙买加体系的建立并不意味着新的国际货币体系的开始，其未能解决稳定的货币制度所必需的清偿能力、国际收支调节和信心问题。[⑤]

其一，牙买加体系并未真正解决“特里芬难题”，只是其表现形式

① 张卉妍：《世界金融五百年》，中国华侨出版社，2018，第256—257页。

② 陈雨露、杨栋：《世界金融大历史3000年——从古希腊城邦经济到华尔街金钱游戏》，新北：读书共和国出版集团，2019，第348页。

③ 张卉妍：《世界金融五百年》，中国华侨出版社，2018，第257页。

④ 翟东升：《货币、权力与人：全球货币与金融体系的民本主义政治经济学》，中国社会科学出版社，2020，第147页。

⑤ 殷德生：《权力、相互依赖与国际货币合作——基于国际货币体系史的考察》，《世界经济与政治》2011年第8期。

发生了改变。在牙买加体系下，货币与黄金不再关联，货币的印发量也不再受到单位货币含金量的限制，汇率也可以根据实际情况进行相应的调整，国际清偿能力得到大幅度提升。表面看来，美元貌似摆脱了作为世界货币的义务，“特里芬难题”也貌似被解决了。但事实上，“特里芬难题”依旧存在于牙买加体系中，只是相比于布雷顿森林体系，其表现形式发生了改变。具体来说，在牙买加体系下，美元是国际货币本位制的核心，当全球流动性不足时，美国可以通过保持国际收支逆差来向整个国际社会提供流动性，并从中收取铸币税收益。[①] 但对于其他以美元作为主要外汇储备的经济体来说，虽然可以通过贸易方式获得美元外汇，但随着美元流动性的扩大，这些经济体势必面临外汇资产贬值的风险。相反，当全球出现美元过剩问题时，一方面，美国可以采用紧缩性的货币政策来调整美元汇率，但这会影响到美国国内的经济发展；另一方面，在浮动汇率制下，美国可以直接将美元汇率调低，并不需要采取其他的政策措施，反而相对较低的汇率可以促进美国对外出口。但对于其他以美元作为主要外汇储备的经济体来说，后者会直接令自己所持有的外汇资产价值降低，给储备资产带来严重的损失，且本币兑美元汇率的相对上升会不利于出口。总的来说，美元依然占据主导地位，而依靠主权国家货币来充当国际清偿能力的货币体系必然会再次陷入“特里芬难题”。在这种情况下，美国享有货币国际化好处的时候，却不承担义务，同时，国际货币体系也缺乏对它的约束。

其二，在牙买加体系下，汇率波动概率和波动幅度加大，浮动汇率体系并不稳定。虽然牙买加体系克服了布雷顿森林体系中的部分问题，

---

① 李翀：《超主权国际货币构建方案研究》，《学术研究》2014 年第 2 期。

为国际货币体系提供了一个调节机制，解决了固定汇率难以持续的难题，但浮动汇率制下的全球汇率体系也变得不再稳定。例如，单纯从汇率波动角度来看，1980 年和 1981 年上半年，世界主要发达经济体货币的有效汇率都发生了异常大的变化，某些经济体间的双边汇率变化甚至更大。其间，日元的实际汇率就上升约 22%，美元的实际汇率上升约 16%（1980 年至 1982 年，美元的汇率上升速度进一步加快，名义汇率上升 29%，实际汇率上升 28%[①]）。与之相反，马克的有效汇率下降 13%，即对美元贬值 27%，对日元贬值 32%。可见，相比于布雷顿森林体系，牙买加体系下各经济体之间的货币关系变得更加不稳定，波动幅度也大，国际收支失衡问题也逐渐凸显。

其三，在牙买加体系下，不确定的汇率波动导致国际商品流动成本增加，并助长了外汇投机行为的发生。初看之下，浮动汇率似乎是市场逻辑在货币领域的自然延伸，即供给和需求的博弈与竞争使价格发挥资源配置的最优化功能，最终它们将使汇率稳定在均衡价格附近，但对于一个公平、有效而统一的全球大市场而言，浮动汇率其实是一种阻碍和抑制因素。[②] 在第一章中曾提到，虽然维持国际固定汇率制的难度较大，但稳定的货币关系和汇率环境有利于国际贸易的长久发展。因此，汇率的波动以及体系的不稳定确实会令国际贸易和国际投资的发展面临更大的风险。对于参与国际交易活动的微观企业来说，不得不通过购买相关保险或能起到对冲作用的金融衍生产品来应对汇率波动的问题，这无疑会增加正常国际商品流动过程中的成本和费用，在一定程度上降低

---

① 巴里·埃森格林：《资本全球化：一部国际货币体系史（第三版）》，麻勇爱译，机械工业出版社，2020，第 140 页。

② 翟东升：《货币、权力与人：全球货币与金融体系的民本主义政治经济学》，中国社会科学出版社，2020，第 154 页。

了社会福利。同时，在浮动汇率制下，各经济体货币都处于随时变化的过程中，汇率的波动为外汇套利行为提供了机会，汇率体系的动荡也助长了外汇投机风潮的发生，并使之成为20世纪90年代以来频繁发生的表现为货币危机形式的金融危机的制度性原因。①

其四，在牙买加体系下，发展中经济体的货币话语权并未得到有效提升，且汇率波动给发展中经济体和世界经济带来了诸多冲击。对于广大的发展中经济体来说，虽然在牙买加体系下汇率可以自由浮动，但考虑到自身因素，许多发展中经济体普遍采取的方法是继续将其货币与世界主要货币挂钩。因此，这些发展中经济体货币汇率的稳定性往往主要取决于其货币与主要货币之间汇率的稳定性，而并没有增加本币的独立性及话语权。虽然，相比于布雷顿森林体系，牙买加体系为各经济体货币成为世界主要流通货币提供了机遇，但由于“支付惯性”等原因，美元仍是国际货币体系中的主要货币。很多经济体也选择显性或者隐性的钉住美元汇率制度，② 并将美元作为“名义锚”。③ 理论上，这一做法确实可以降低发展中经济体货币兑美元实际汇率的波动性，促进自身经济发展。然而，从现实情况来看，此时的发展中经济体还并未形成可以与金融自由化、经济一体化相匹配的国际资本市场对接机制，因此直接加入国际自由化进程会带来三个问题：一是投机性成分超过投资性的程度；二是金融经济的虚拟化发展到超过真实经济太高的程度；三是自由化发展到发达经济体失控、发展中经济体经济安全受到威胁的程度。④

---

① 李翀：《超主权国际货币构建方案研究》，《学术研究》2014年第2期。

② 也有部分经济体通过与一篮子货币挂钩来减少其汇率的总体波动性。——作者注

③ “钉住‘名义锚’即将本币与汇率较为稳定且具有公信力的国家货币相挂钩，以此将本国经济周期与关键货币国同步，降低本国经济的波动”。参见杨琦、王旭：《汇率理论的演变评述与人民币国际化借鉴》，《学术探索》2015年第12期。

④ 虞群娥：《国际货币体系改革的新制度经济学思考》，《金融研究》2002年第5期。

此外，预期的作用以及资本流动的自我增强趋势使得浮动汇率机制很容易产生“过度调整”的现象。[①] 此时，本就经济基础较为薄弱的发展中经济体若采取不当的货币政策，则极易出现巨大的资产泡沫，进而出现危机。同时，各个经济体使用不同且多样的汇率制度，导致全球汇率体系异常混乱和复杂，且由于各经济体经济周期的不一致，它们为了平衡国际收支而运用政策进行调节，此时，货币汇率波动就会更加频繁，进而增加贸易往来中成本核算的不确定性，也导致世界经济严重波动、制约了世界经济的发展。发展中经济体更是面临着巨大的周期性风险。这也是为什么自牙买加体系建立后，金融危机不断发生的原因之一。[②]

三、国际货币治理格局的变化

从国际货币治理角度来说，在布雷顿森林体系下，黄金赋予美元极高的国际地位，这也使美元拥有了极大的“国际货币权力”。在此基础上，世界形成了国际货币治理的格局。到了牙买加体系时期，国际货币治理格局发生了巨大的变化，其中最主要的改变之一就是黄金不再为国际货币治理提供基础，这无疑让美元的霸权地位受到一定的冲击。美元所拥有的霸权成为“无制度保障的霸权”“垄断地位下降的霸权”“脱离黄金的霸权”。[③] 在这一情况下，随着黄金“脱钩”以及货币选择的多元化，美元在国际货币体系中的绝对地位下降了。这一现象在 20 世

① 翟东升：《货币、权力与人：全球货币与金融体系的民本主义政治经济学》，中国社会科学出版社，2020，第 155 页。

② 蒙代尔的“三元悖论”指的是某经济体不可能同时实现资本的自由流动、固定的汇率制度和独立的货币政策。——作者注

③ 鲁世巍：《美元霸权与国际货币格局》，中国经济出版社，2006，第 42 页。

纪70年代尤为明显。正如在本章第一节中所描述的那样，由于全球性通货膨胀、石油危机、世界经济疲软以及部分经济体实行联合浮动措施等因素，美元在国际货币体系中的位置曾出现动摇。尤其是1977—1980年，美元将失去超级特权的言论一度甚嚣尘上。①

然而，虽然国际货币体系摆脱了黄金所带来的“硬约束”，但美元已经形成的网络外部性仍然在发挥作用，即美元仍在发挥着国际核心货币的职能，国际结算中仍是以美元为主。② 此外，在前期积累的基础上，美国自20世纪80年代以来不断进行产业结构优化与升级，积极发展高新技术产业，使国内经济实力不断提升，成为最具发展前景的经济体之一，并占据着全球经济领头羊的位置。同时，由于国际货币的自然垄断性质，无论对于国家还是企业或个人来说，美元所具有的“国际货币特权”使之成为贸易结算、金融交易和日常使用过程中的主要货币，且难以在短时间内找寻到另一可靠的货币来取代美元，并在经济体金融和国际贸易中发挥相应作用。这种使用方面的“惯性”加之美国的经济发展潜力，让世界上众多经济体即便在浮动汇率体系下仍然选择将自己的货币与美元挂钩，并大量持有美元外汇储备。因此，虽然在布雷顿森林体系崩溃之后，美元的国际地位及其“国际货币权力”一度受到挑战，但在国际货币治理格局中，美国仍可以凭借美元的“相对垄断地位”掌握体系的治理权。有学者就认为，自《牙买加协定》开始，国际货币体系的发展实际上取决于大国经济状况和政策走向，特别是美国的意志。③

---

① 李晓耕：《权力之巅：国际货币体系的政治起源》，社会科学文献出版社，2017，第184页。

② 张兰：《国际货币体系的属性——基于国际货币契约的研究》，《世界经济研究》2010年第1期。

③ 成思危、刘骏民：《国际货币体系的演变逻辑》，《光明日报》2015年8月12日，第015版。

到了20世纪90年代，美元的“国际货币权力”空前强大，此时牙买加体系下的货币制度成为“美元本位制”。基于此，美国在国际货币治理中具有充分的话语权，并且形成了特殊的国际货币与国际贸易的治理格局，即“中心—外围”格局。在这一格局下，美元本位制令美国处于中心位置，而外围则具体分为两个区域，其一是以中、日、韩等亚洲国家组成的贸易账户区，其二是以欧洲、拉丁美洲、大洋洲等地区国家组成的资本账户区。[①] 位于贸易账户区的国家和地区，其主要作用是将大量商品出口至美国，并借助贸易所得购买美国的国债，这样可令在国际流通中的美元返回美国境内，并用于进一步的生产和建设；位于资本账户区的国家和地区，其主要作用是通过国际间接投资的方式购买美国的各类金融资产，如企业债券、上市公司股票或国家债券等，并接受美国的大量国际直接投资。基于此，美国在不断向外输出美元，获得铸币税的同时，还可获得大量外部商品来满足国内需求并稳定物价；位于贸易账户区的国家和地区一方面积累大量美元储备，避免美国经常项目逆差不可持续，另一方面可凭借大量出口拉动国内经济发展；位于资本账户区的国家和地区一方面通过购买金融资产获得收益并获得美国投资所带来的利好，另一方面美国可通过销售金融资产来转移一定风险。[②]

然而，除了美元霸权，在同一时期，其他新兴货币也在不断成长，这使得在牙买加体系中各成员为争夺“国际货币权力”展开了激烈的博弈。然而，货币霸权国家在积极协调各经济体政策以及维护国际秩序

---

① Michael Dooley, David Folkert-Lundan and Peter M. Garber, “An Essay on the Revived Bretton Woods System,” *NBER Working Paper*, no. 9971 (2003).

② 李曼佳：《美元本位制的发展及其对中国的影响》，《山东青年政治学院学报》2011年第6期。

方面发挥了一定的作用，并促进了经济体之间的合作。[①] 同时，国际货币合作不仅是基于对绝对收益的关注，还取决于相对收益如何平衡强势经济体和弱势经济体之间的关系。[②] 牙买加体系建立之后的一次影响深远的合作就是《广场协议》以及之后《卢浮宫协议》的签订。在 20 世纪 80 年代初，随着美国重振国内经济，国内出现通货膨胀，美国采取了大幅提升利率的措施，这令美元快速升值，且进口规模不断扩大，贸易赤字大幅增加。与此同时，由于美国推出了针对苏联的"战略防御计划"，亦称"星球大战计划"，导致军费开支不断扩大，政府的财政赤字也在大幅增加。[③] 此时的美国，面临着双重赤字的压力，若不进行外汇干预，美元具有再次崩溃的可能。因此，1985 年 9 月 22 日，为压低美元汇率，解决日美贸易摩擦，改善美国贸易失衡问题，美国、日本、联邦德国、法国以及英国的财政部部长或财政大臣和中央银行行长在纽约曼哈顿广场酒店举行"G5 峰会"，并签订了《广场协议》。在协议签订之后，五国政府开始联合干预外汇市场，抛售美元，并使美元快速贬值，日元和马克快速升值。[④] 然而，协议的签订虽然令美元对主要货币的汇率降低，但并未有效缓解美国的国际收支失衡问题。因此，为了稳定美元汇率，在两年后的 1987 年 2 月 21 日，美国、英国、法国、

---

① 殷德生：《权力、相互依赖与国际货币合作——基于国际货币体系史的考察》，《世界经济与政治》2011 年第 8 期；罗伯特·基欧汉：《霸权之后：世界政治经济中的合作与纷争》，苏长和、信强、何曜译，上海世纪出版集团，2001，第 36 页。

② 殷德生：《权力、相互依赖与国际货币合作——基于国际货币体系史的考察》，《世界经济与政治》2011 年第 8 期。

③ 板谷敏彦：《世界金融史——泡沫、战争与股票市场》，王宇新译，机械工业出版社，2020，第 206 页。

④《广场协议》签订之后，日元持续升值，对外贸易受到严重影响，经济陷入停滞。同时，《广场协议》也成为之后日本经济泡沫产生的主要原因之一，而后者直接导致了日本经济出现"失落的 20 年"。参见池田信夫：《失去的二十年》，胡文静译，机械工业出版社，2015，第 26 页。

联邦德国、日本、加拿大、意大利的财政部部长或财政大臣和中央银行行长在巴黎卢浮宫举行“G7会议”，并达成《卢浮宫协议》。作为《广场协议》的延伸，《卢浮宫协议》规定，各成员在现行汇率波动至±2.5%的水平时将联手入市干预，波动范围接近±5%时则协商进行强制性政策调整。[①] 可以说，在忽略协议对具体国家经济影响的情况下，《广场协议》和《卢浮宫协议》是牙买加体系中各方为稳定国际货币市场而进行的一次重要合作与尝试。

从博弈方面来看，在牙买加体系下，欧洲和美国是最主要的博弈方，且这种博弈一直持续至今。对于美国来说，其热衷于将风险转移或分散至其他经济体，以保证美元的流动性，并维护自身在国际货币治理中的权利。然而，对于欧洲来说，虽然在第二次世界大战后美国给予其很大的帮助，但随着各成员经济实力的快速恢复，[②] 在国际货币事务方面，欧洲希望可以获得更多的自主权。也就是说，与美国的政策利益不同，欧洲一直想要提高自己的政策独立性。[③] 此外，与美国的汇率政策方向不同，由于欧洲对于外部市场的依赖程度更高，对外贸易占GDP的比重较大，且在20世纪70年代，欧洲内部贸易自由化就已经取得了很大的进展，而稳定和广泛的贸易关系是国际货币体系顺利运行的前提条件。[④] 因此，一个相对稳定的汇率体系和独立的政策主导权对于欧洲各国来说都显得更有意义。这一点无论是在前期的“欧洲蛇形浮动体系”还是之后的“欧洲货币体系”中都可以看出。在欧洲货币体系中，

---

① 任东波、李忠远：《从“广场协议”到“卢浮宫协议”：美国敲打日本的历史透视与启示》，《当代经济研究》2015年第6期。

② 主要指欧洲共同体的成员。——作者注

③ 朱雄兵：《三百年沉浮——国际货币秩序的变迁》，经济管理出版社，2011，第128页。

④ 巴里·埃森格林：《资本全球化：一部国际货币体系史（第三版）》，麻勇爱译，机械工业出版社，2020，第146—147页。

不仅创造了新的货币单位，即欧洲通货单位，确定体系内的中心汇率，还在此基础上形成了欧洲整体对外的汇率波动和调整机制，更是建立了类似于国际货币基金组织的欧洲货币合作基金。可以看出，此时的欧洲已经在货币一体化过程中取得了较大的进展，且在国际货币体系中的位置和影响力也不断提升，对美元的霸权地位造成了影响。而后，1989年的《德洛尔报告》针对形成单一货币和单一市场提出了具有相当远见的看法。[①] 1991 年《马斯特里赫特条约》的签订为深化欧洲货币体系合作，促进欧洲联盟的成立奠定了基础。而随着 1998 年欧洲中央银行的成立以及 1999 年欧元的出现，欧洲和美国之间在国际货币领域内的博弈进一步加剧。时至今日，双方的博弈仍在进行中。可以说，欧洲"去美元化"的过程和欧元的创建本身就是一项政治工具，是统一后的欧洲和美国之间围绕"国际货币权力"展开的竞争和博弈。[②] 可见，在布雷顿森林体系建立开始，主导国际货币体系的美元受到了来自欧元、人民币以及其他崛起的新兴货币的冲击和挑战，这势必影响当今国际货币治理格局的演进。

总的来说，评价国际货币体系是否完善的标准有三个方面，即能否维系公平、能否维系稳定、能否促进世界经济繁荣。[③] 从这个角度来看，牙买加体系并非一套完美的国际货币制度安排。金融危机频发以及发达经济体和发展中经济体之间利益的不公平分配等问题都显示出需要对牙买加体系进行改革。然而，一方面，美国目前仍然是全球最具竞争力的国家，虽然也存在各类问题，但其雄厚的资产、前沿的技术、成熟

---

① 巴里·埃森格林：《资本全球化：一部国际货币体系史（第三版）》，麻勇爱译，机械工业出版社，2020，第 161 页。

② 李晓耕：《权力之巅：国际货币体系的政治起源》，社会科学文献出版社，2017，第 185 页。

③ 成思危、刘骏民：《国际货币体系的演变逻辑》，《光明日报》2015 年 8 月 12 日，第 015 版。

的市场都让美国的国际地位难以受到撼动，而这为美元霸权提供了坚实的基础；另一方面，作为历史的产物，牙买加体系是世界经济发展过程中自主选择的结果，虽然也存在诸多问题，但想要在短期内进行彻底的改革也并非易事。因此，国际货币体系何去何从仍需要各方力量的协商与合作。

第三章
国际货币基金组织的建立与发展

在国际货币体系中，除了进行制度性建设，一个联合机构在维护体系稳定、促进货币流动、协调经济体政策等方面都显得十分重要，而国际货币基金组织就扮演了这一核心角色。国际货币基金组织作为一个全球性的金融机构，与世界银行和世界贸易组织并称为世界经济三大支柱。它成立于 1945 年 12 月 27 日，是第二次世界大战后国际货币体系的核心，也是战后国际政治经济秩序的重要组成部分。国际货币基金组织在加强国际经济与货币合作、稳定国际金融秩序方面等方面发挥着极为重要的作用。

第一节　国际货币基金组织的组织结构

自国际货币基金组织诞生以来，其在国际货币治理体系中一直扮演着核心角色，而相对合理且完整的组织结构为国际货币基金组织在体系中发挥其相应职能提供了重要保障。

一、国际货币基金组织的诞生

从背景方面来说，根据第一章的梳理可以看出，国际货币基金组织是特定历史条件下的产物。传统金本位制度的垮台、1929—1933 年的经济大萧条带来的国际货币关系的混乱迫使国际社会萌生了尽快建立稳定的国际货币制度的想法，1936 年英、美、法三国签订的《三方货币稳定协议》为国家间建立国际合作、谋求货币稳定进行了有力的先期探索。

在第一次世界大战前，世界主要资本主义国家实行金本位制度，金本位意味着黄金是最可靠的保值货币，各国货币都与黄金挂钩。19 世纪末 20 世纪初，金本位制运行顺利，英镑作为国际唯一重要的外汇储备货币不存在信心问题，物价水平具有相当大的灵活性，世界经济处于繁荣、稳定的状态。但是，国际性的金本位制度实行时间并不长，第一次世界大战后的 10 年中，金本位由于黄金不足、分配失衡等种种困难而运行不灵，国际金融货币制度处于极端不稳定的状况且日益严重。到了 1929 年经济大危机爆发，主要资本主义国家间矛盾加深，贸易战、货币战愈演愈烈，各国无法维持金融货币稳定，即便是能节约黄金使用的金汇兑本位制，仍然逃脱不了崩溃的命运。国际金本位的垮台，造成国际货币关系一片混乱，对 1929 年经济大萧条起到了负面影响。国际社会普遍意识到应尽快创立一个稳定的国际货币制度的重要性，并要以这一货币制度为基础，建立能够获得广泛认可的国际贸易和国际金融的行为准则。

为了恢复秩序，英、法、美三国于 1936 年 9 月达成了《三方货币稳定协议》，三国同意维持各自货币的汇率水平。尽可能不再实行货币贬值，承诺共同合作来保持货币关系的稳定。同年10月，英、法、美三国又签订了相互间自由兑换黄金的《三国黄金协定》。尽管由于各种矛盾，这些协定未能得到实际履行，但在某些方面（如制止外汇倾销），三国建立的货币协定收到了一些效果。这些协定也为对战后国际货币制度的建立积累了可供借鉴的经验。

鉴于战前金本位制崩溃后国际货币体系的长期混乱及其严重后果，英、美等国家早在第二次世界大战结束之前就开始探讨战后经济合作计划，它们认为这种经济混乱局面是一战后有缺陷的经济安排所造成的，准备汲取历史经验教训，重建战后金融货币体系。

首先发起这一活动的是美国，战争期间美国政府就提出了关于战后国际货币金融体系的怀特计划。与此同时，英国并不甘心轻易失去其昔日国际霸主地位，并从其本国利益出发，提出了凯恩斯计划。

无论是怀特计划还是凯恩斯计划，都是美国、英国对战后国际经济、金融秩序的规划，也是大国争夺金融霸权的缩影。① 由于美国经济实力远超英国，怀特计划最终压过凯恩斯计划，奠定了国际货币基金组织的发展方向。

1944年7月1日，布雷顿森林会议通过了《国际货币基金协定》，会议不仅确定了汇率相关的原则和规定，还明确了国际货币基金组织的职责。例如，如果成员想调整一个百分点以上的汇率，必须征得国际货币基金组织的同意；如果一国需要硬通货，也可以从国际货币基金组织借贷；等等。1945年12月27日，29个国家的代表在美国华盛顿举行

① 王德迅、张金杰：《国际货币基金组织》，社会科学文献出版社，2004，第6页。

仪式，正式签署了《国际货币基金协定》，这也标志着国际货币基金组织的正式成立。由于签字国家总份额超过65%的法定要求，协议即日起正式生效。从此，一个以美元为中心的国际货币体系开始形成，这意味着美国开始接替英国成为资本主义世界政治与经济的新盟主。尽管国际货币基金组织是少数发达经济体操纵国际金融体系彼此妥协的结果，但不可否认的是，它对于战后国际金融秩序的稳定，以及经济的恢复与发展起到了积极作用。

二、国际货币基金组织内部机构和人事管理

关于国际货币基金组织的结构，《国际货币基金协定》第十二条第一节规定："基金组织应设理事会、执行董事会、总裁及工作人员。"如图 3-1 所示，基金组织除理事会、执行董事会、总裁之外，还设有一系列业务部门。

（一）理事会[①]

理事会是基金组织的最高决策机构。它由每个成员的一名理事和一名副理事组成。这些理事和副理事由成员任命，通常是一国的财政部部长、财政大臣或中央银行行长。理事和副理事平常在各自国家工作，只有年会和临时委员会开会时才会聚到一起，他们的任期没有期限，可以一直干到新的任命为止。

① 关于对理事会的规定，参见《国际货币基金协定（第一部分）》，中华人民共和国商务部网站，http://www.mofcom.gov.cn/aarticle/zhongyts/ci/200207/20020700032512.html。

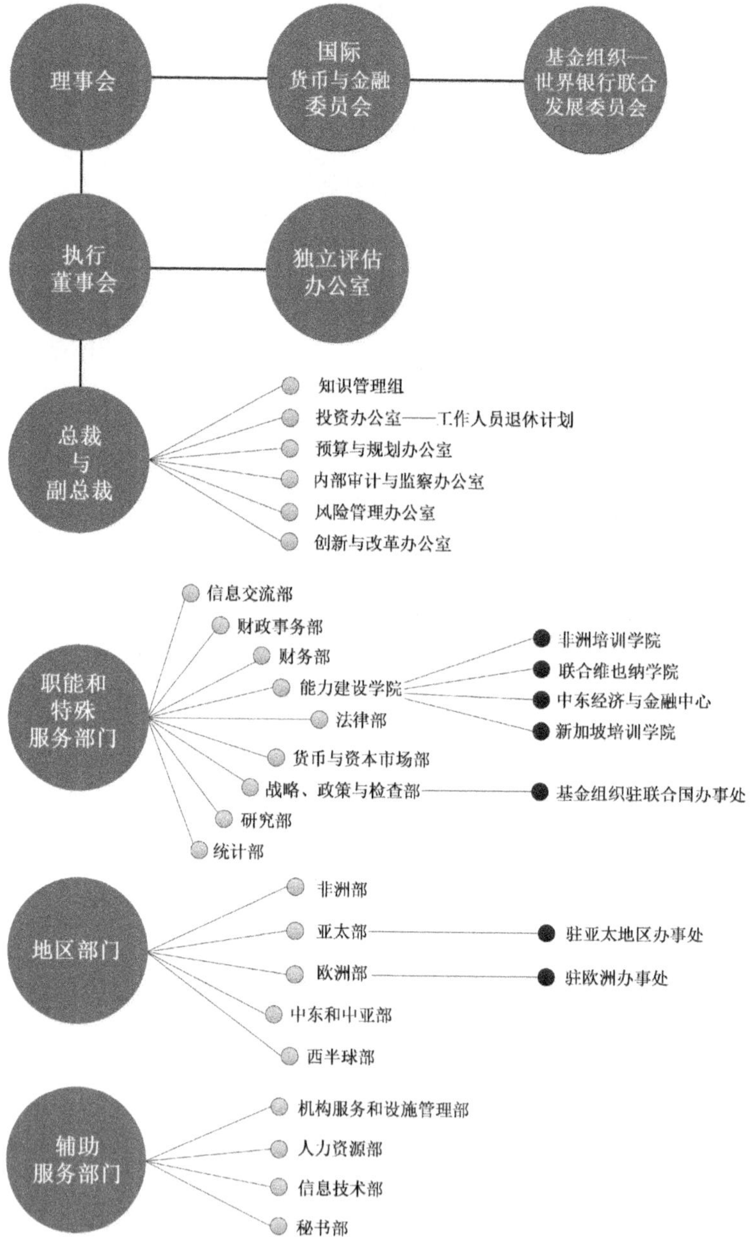

图 3-1 国际货币基金组织结构图（截至 2021 年 4 月 22 日）

资料来源：国际货币基金组织网站，https://www.imf.org/en/About/Organization-Chart。

按照基金组织协定，理事会拥有若干权力，凡协定没有直接授权执行董事会或总裁的一切权力均属于理事会。理事会将对国际货币基金组织的事务进行检查，批准年度报告和基金账目，而基金账目则要事先经过审计师核实。理事会拥有与《国际货币基金协定》解释有关的问题的最终裁决权。国际货币基金组织从理事会中选举理事会主席，理事会负责每两年选举一次执行董事。尽管理事会将其大部分权力授予基金组织执行董事会和临时委员会（由于未能获得协议条款规定的85%多数同意，理事会常委会未能以永久的形式设立，故此仍然是临时委员会），但它保留以下权力，即批准增加份额、分配特别提款权、接受新成员、强制取缔成员资格，以及修订《国际货币基金协定》和《附录》。

理事会可以召开会议，但这至少需要有15个成员提出要求，或者提出请求的理事代表1/4以上的投票权。如无特殊情况，理事会要在每年的9月或10月举行年会来讨论机构的工作。1945—1952年，基金组织与世界银行理事会的年会是分别举行的，但自1953年以来，年会联合举行。年会通常是连续两年在华盛顿举行，第三年在另一成员处举行。除了总结世界经济和贸易发展状况以及两机构的工作状况，年会期间还可能对董事会提交的决议，如对吸收新成员的决议进行表决等。在非年会期间，如果理事会遇有重要大问题需要决策时，可以通过远程投票方式（通过邮递、电子邮件、传真，或基金组织的安全网上投票系统）加以解决。除非基金组织《国际货币基金协定》另有规定，否则，所有决定都是基于多数票做出。

理事会还下设国际货币与金融委员会以及基金组织—世界银行联合发展委员会。

国际货币与金融委员会的前身是理事会国际货币事务临时委员会。[①] 理事会国际货币事务临时委员会成立于 1974 年 10 月，当时，专门负责研究国际货币制度改革并提出有关建议的“二十国委员会”召开会议，认为随着国际货币体系的发展演变，有必要建立一个常设性机构取代“二十国委员会”，在此背景下，“理事会国际货币事务临时委员会”成立。

1999 年，国际货币基金组织决定将理事会国际货币事务临时委员会改称为“国际货币与金融委员会”。目前，国际货币与金融委员会由 24 位委员组成，即由任命或选举董事的国家或国家集团各派一名成员组成。委员会的首要任务是“讨论国际货币与金融体系的管理以及对《协定条款》的任何拟议修正案或影响全球经济的任何其他共同关注的事项”。[②] 此外，委员会可以对国际收支的有效调整、国际制度手段的管理、特别提款权的分配和使用等问题提出建议。尽管临时委员会原来只是理事会下的咨询性组织，但是它实际上已经发展成为基金组织具有决策权力的最重要的机构。

通常，国际货币与金融委员会每年召开两次会议，分别在春季和秋季。在两次会议上，根据管理和调整国际货币体系的各项事宜，国际货币与金融委员会向理事会提出咨询意见并进行汇报。此外，国际货币与金融委员会还会向理事会提出修改《国际货币基金协定》的相关意见。

1974 年 10 月，“二十国委员会”进一步成立发展委员会，即“世界银行和基金组织理事会关于向发展中经济体转移实际资源的部长级联

① 这在第二章中已有所提及。——作者注

② 参见国际货币基金组织网站，https://www.imf.org/en/About/Factsheets/Sheets/2022/How-the-IMF-makes-decisions。

合委员会”。发展委员会的设立宗旨是对向发展中国家转移实际资源的问题进行研究，并提出建议，密切注意不发达国家的问题和受国际收支困难影响最严重的发展中国家的问题。基金组织—世界银行联合发展委员会是一个联合委员会，由25位成员组成（通常是财政部或发展部部长），它代表基金组织和世界银行的全体成员，主要是作为一个论坛促进各成员对关键的发展问题达成共识。基金组织—世界银行联合发展委员会一般与临时委员会同时召开会议。在会议上，基金组织—世界银行联合发展委员会就向发展中国家转移实际资源的所有问题向国际货币基金组织理事会和世界银行汇报，同时也会提出委员会自己的意见。

（二）执行董事会[①]

执行董事会是国际货币基金组织的常设决策机构。在理事会授权的范围内，执行董事会负责处理国际货币基金组织的日常事务。目前国际货币基金组织的执行董事共24人。2016年之前，份额最大的5个成员（当前为美国、日本、德国、法国和英国）有权任命执行董事，其余19名执行董事由成员选举产生。2016年1月26日执行董事会改革修订案生效之后，从2016年定期选举开始，24位执行董事都将选举产生，并于2016年11月1日就任。

执行董事会讨论基金组织工作的所有方面，从基金组织工作人员对成员经济健康状况的年度检查，到与全球经济有关的政策问题。具体而言，它的职权主要有：接受理事会委托定期处理各种政策和行政事务，

① 关于对执行董事会的规定，参见《国际货币基金协定（第一部分）》，中华人民共和国商务部网站，http://www.mofcom.gov.cn/aarticle/zhongyts/ci/200207/20020700032512.html。

向理事会提交年度报告，并随时对成员经济方面的重大问题，特别是有关国际金融方面的问题进行全面研究；每星期至少召开三次正式会议，履行《国际货币基金协定》指定的和理事会赋予它的职权；当董事会需要就有关问题进行投票表决时，执行董事按其所代表的国家或选区的投票权进行投票。执行董事会通常根据协商一致原则做出决定，但有时也进行正式投票。每个成员的投票权等于其基本票（所有成员平均分配）加上其基于份额的投票权。因此，成员的份额决定其投票权。

此外，在执行董事会下面，还设有地区部、其他职能及特殊服务部。其中，五个地区部包括非洲部、亚太部、欧洲部、中东和中亚部、西半球部，根据各所属地区经济发展与政策状况，这些地区部向执行董事会提供咨询与建议，负责国际货币基金组织在该地区资金的使用与评估。

（三）总裁与副总裁

总裁作为基金组织行政人员的首脑，负责在执行董事会的指示下处理基金组织的日常业务。总裁由一位第一副总裁和三位副总裁协助，总裁负责任命副总裁。在进行决策表决时，总裁通常没有投票权，除非在双方票数相等时，总裁可以投决定票。在出席理事会时，董事也没有投票权。作为国际货币基金组织的理事或执行董事的人，都不能兼任总裁。总裁由执行董事会任命，任期 5 年，可以连任。过去一直是由基金组织执行董事会的 24 名成员遴选总裁，自 2011 年遴选以来，基金组织理事也可以提交候选人提名。传统上，国际货币基金组织的总裁都是由欧洲人担任，但副总裁一职一直由美国人担任。

自国际货币基金组织成立至今，先后有 12 人担任总裁。其中五位来自法国，两位来自瑞典，其余五位分别来自比利时、荷兰、德国、西班牙和保加利亚。表面上，国际货币基金组织总裁由执行董事会推选产生，但实际上，总裁人选由基金组织最大股东的政府秘密决定。[①] 这是因为，国际货币基金组织推选总裁的程序是在组织内部董事会内投票，选票的分量是由成员向基金组织提供的资本份额决定，且资本份额达到并超过15%的国家对投票结果具有否决权。因此，总裁的最终当选总是由美、日、欧这些西方国家和地区互相协商产生，换言之，美、日、欧等西方国家和地区掌握着新总裁的最终决定权。

在执行董事会的监督下，国际货币基金组织的工作人员由总裁任命、组织和辞退。对于基金组织工作人员的任命，《国际货币基金协定》第十二条第四节（d）规定："总裁任命工作人员时，最重要的是确保工作人员具有最高水平的效率和技术能力，并应适当注意尽可能在最广泛地区录用人员的重要性。"可见，基金组织在选任工作人员时注重人员的工作效率和工作能力，同时考虑到了地区和国家的代表性。国际货币基金组织的工作人员必须只对国际货币基金组织负责。

在招聘工作人员的时候，国际货币基金组织不仅会录用一批志愿在基金组织长期工作的国际公职人员，还会根据国际劳动市场的变化，结合短期工作重点，雇用短期工作人员，临时聘用一批能够解决现实问题的专业人员。而对于一些高度专业化的工作，例如特定服务性工作、经济、金融及技术性工作，国际货币基金组织会根据客观需要进行商业化运作。甚至在必要的时候会采用外包的方式，以更加灵活有效地运用基

① 王德迅、张金杰：《国际货币基金组织》，社会科学文献出版社，2004，第 69 页。

金组织的物质和人力资源，提高工作效率。[①]

三、国际货币基金组织职能部门情况

国际货币基金组织的职能部门主要包括地区部门、职能和特殊服务部门以及辅助服务部门。

（一）职能和特殊服务部门

职能和特殊服务部门主要包括信息交流部、财务部、财政事务部、能力建设学院、法律部、货币与资本市场部、统计部、研究部以及战略、政策与检查部。

信息交流部是国际货币基金组织的对外宣传机构，负责基金组织非统计刊物的编辑、印刷和分销，向新闻界与公众提供信息服务，与非政府组织和议会团体保持接触，为管理者起草讲话稿等。信息交流部通常以通俗易懂的方式，向公众宣传国际货币基金组织的政策和业务。国际货币基金组织的各地区机构与其他的国际和地区机构保持尽可能多的密切接触，交换彼此的信息。

财务部会根据行政与资本的预算控制国际货币基金组织的开支，维持基金组织的账户和财务记录。财务部还负责制定基金组织的财务政策及其实施，执行和控制普通账户、特别提款权账户和管理账户的财务操作。

---

① 王德迅、张金杰：《国际货币基金组织》，社会科学文献出版社，2004，第 70 页。

财政事务部负责与所有成员公共财政有关的活动。该部门负责开展对财政问题的调查和政策研究，并研究收入分配和贫困、社会保障体系、公共开支政策和环境问题。

能力建设学院是国际货币基金组织就金融规划与政策、对外政策、国际收支方法、国民账户以及政府金融统计和公共财政政策等，向成员(尤其是发展中经济体）的官员提供培训的机构。

法律部负责提供立法改革方面的技术援助，负责答复成员当局和国际组织提出的关于国际货币基金组织法律规定的问题，并就国际货币基金组织在汇兑措施和限制方面的管辖权做出法律结论。同时，在法律诉讼和仲裁案件中，法律部充当国际货币基金组织的法律顾问。

货币与资本市场部的主要职责，是就金融体系的健全性（包括谨慎管理、监督和系统性重组）、中央银行的货币与汇率政策和工具、资本流动和汇兑措施及制度等事务，向成员和地区部门提供分析和技术支持。

统计部负责管理国别、地区以及全球经济和金融统计数据的数据库，并通过审查国别数据，辅助国际货币基金组织行使监督职能。同时，统计部还向成员提供技术援助和培训，帮助建立统计制度，负责出版国际货币基金组织的统计刊物。

负责与国际货币基金组织工作有关领域研究的是研究部。它与国际货币基金组织的其他部门合作，共同制定对成员的政策建议。它还负责协调编写半年度的《世界经济展望》和年度《国际资本市场》报告，负责向七国集团、亚太区域经合组织等提交报告，为执行董事会关于世界经济和市场发展研讨会提交分析报告，等等。

在国际货币基金组织内部机构中，关于贷款机制及其政策方面，战略、政策与检查部发挥着中心的作用。通过对成员及政策工作的检查，战略、政策与检查部要确保实行双边和多边的监督，检查与评估那些受到国际货币基金组织资金支持的成员的经济规划，检查与评估包括透明度和危机防范在内的关键领域中的政策实施。

（二）地区部门

国际货币基金组织有五个地区部门，分别是非洲部、亚太部、欧洲部、中东和中亚部以及西半球部。管理层和执行董事会可以就相关成员的经济发展和政策向地区部进行咨询。地区部的工作人员负责制定国际货币基金组织的融资安排，支持成员经济改革规划，并就成员执行基金组织安排的活动或项目进行检查。地区部还会联合其他有关职能部门向成员提供政策建议和技术援助，并与主管地区的多边机构和区域性组织保持联系。在职能部门工作人员的配合下，地区部通过与成员直接联系，开展国际货币基金组织大部分的监督工作。①

（三）辅助服务部门

辅助服务部门主要包含人力资源部、机构服务和设施管理部、信息技术部和秘书部。

人力资源部的工作宗旨，就是要为国际货币基金组织的其他部门制订人力资源计划，并提供人力资源建设的帮助。2000 年，人力资源部

① 王德迅、张金杰：《国际货币基金组织》，社会科学文献出版社，2004，第 64 页。

曾对自身的工作进行广泛评估，对部门进行重组，形成了新的人力资源战略。

机构服务和设施管理部的服务范围较广，包括基础设施和设施管理、语言服务（口译和翻译）、图书馆管理、信息和数据服务、采购和第三方风险管理、安保和运输等。其目标是在所有工作领域做到可靠、高效和灵活。目前机构服务和设施管理部处于国际货币基金组织现代化转型和可持续发展过程中的前沿位置，为国际货币基金组织提供高效服务和设施。

信息技术部旨在为国际货币基金组织提供信息技术支持，以保障国际货币基金组织的信息安全，保护其免受网络威胁，并促进信息技术的现代化变革与转型，从而满足国际货币基金组织不断变化的战略需求。同时信息技术部也积极配合国际货币基金组织其他部门，不断提高工作效率。

秘书部负责协助国际货币基金组织的各管理机构进行工作并提供各种与秘书工作相关的服务。特别是秘书部要协助管理层的工作，协调执行董事会和其他官方机构的工作计划，其中包括安排执行董事会会议日程等方面的工作。此外，作为秘书部，它要负责安排国际货币基金组织的年会，负责与世界银行的相关部门进行联系与合作。

第二节　国际货币基金组织的宗旨与职能

国际货币基金组织作为国际货币治理体系的核心机构，其运行的基础是《国际货币基金协定》，其宗旨和各项职能可以看作对国际货币基金组织运行的具体指导，而基金组织内部的各类规则和惯例则始终贯穿于基金组织运行过程中的各项环节。

一、国际货币基金组织的宗旨

国际货币基金组织的宗旨是对成员的汇率进行监督，确保国际体系的有效运作。根据《国际货币基金协定》，“国际货币基金组织的宗旨主要有：第一，通过设置一常设机构，便于国际货币问题的商讨与协作，以促进国际货币合作；第二，便利国际贸易的扩大与平衡发展，以促进和维护高水平的就业和实际收入，以及所有会员国生产资源的发展，作为经济政策的首要目标；第三，促进汇价的稳定，维持会员国间有秩序的外汇安排，并避免竞争性的外汇贬值；第四，协助建立会员国间经常性交易的多边支付制度，并消除妨碍世界贸易发展的外汇管制；第五，在充分保障下，以基金的资金暂时供给会员国，使有信心利用此机会调整其国际收支的不平衡，而不致采取有害于本国的或国际的繁荣的措施；第六，依据以上目标，缩短会员国国际收支不平衡的时间，并减轻其程度”。[①]

《国际货币基金协定》规定的宗旨将指导基金组织的各项政策和决定。

上述六条是自国际货币基金组织成立以来一直遵守的宗旨。尽管基金组织已经对协定做了多次修改，但是这些宗旨却一直成为不变的工作原则。由此可见，虽然世界政治和经济格局发生了巨大的变化，但国际

① 国际货币基金组织的宗旨可参见《国际货币基金协定（第一部分）》，中华人民共和国商务部网站，http://www.mofcom.gov.cn/aarticle/zhongyts/ci/200207/20020700032512.html。

货币合作的重要性并未因此弱化。随着新成员的增加，说明随着国际经济关系的发展，经济、贸易、投资往来及相互依赖性增加，这种国际货币、汇率政策的合作和协调更为重要。

根据上述宗旨，基金组织制定了成员必须遵守的行为准则。它要求成员稳定汇率，维持有序的汇兑安排，避免竞争性通货贬值，建立自由的国际支付体系。遵守这些准则的目的是实现充分就业和最大限度地开发生产性资源。如果成员在国际金融关系中能够信守准则，这将促进国际贸易和投资的增长，而这又是成员实现充分就业和经济发展这一更高目标的重要条件，这就将各成员的内外目标统一起来。而如果成员的经济状况基本健康，汇率基本稳定，没有实行外汇管制且货币可以自由兑换，那么当成员遇到暂时性的国际收支困难时，国际货币基金组织应该给予其资金上的援助，帮助成员度过困难时期，使成员尽可能不采取直接的外汇管制或易货贸易的下策，避免其破坏自由贸易的正常运转。

二、国际货币基金组织的职能

根据上述对基金组织宗旨的分析，可以将基金组织的职能归结为两个方面：一是制定和实施国际金融和货币事务中的行为准则以行使其管理职能；二是向成员提供资金融通行使其金融职能。具体而言，其职能主要体现在汇兑安排、评估与监督、贷款与援助、能力建设等方面。

（一）汇兑安排①

一经济体的汇兑安排即其所采取的汇率制度。国际货币基金组织的目标是提供一个促进成员之间商品、服务和资本的交换框架，并以此框架来保持经济健康增长，各成员的经济和金融政策均要以此为目的。②因此，《国际货币基金协定》要求各成员做到：制定符合自身状况的经济和金融政策，从而促进经济的稳定增长；努力通过创造有秩序的经济和金融环境，确保货币制度的稳定；在汇率政策方面，成员政府不应操纵汇率。否则，这势必妨碍国际收支的有效调整，并会使某些成员获得不公平的竞争优势。为确保国际货币体系的有效运转，基金组织要对成员的汇率政策及汇兑安排进行监督，在考虑各成员具体情况的前提下，确保成员履行基金协定所规定的义务。

在布雷顿森林体系崩溃之前，基金组织要求成员实行的汇兑安排为金汇兑本位制，即以美元为中心的固定汇率制。在此制度下，所有成员的货币都要确定一个平价，美元与黄金直接挂钩，其他成员的货币通过与美元挂钩而与黄金保持一定的联系，成员只有在国际收支出现基本失衡并与基金组织磋商后，才可改变本国的货币平价。尽管如此，各成员对国际收支的调节主要还是通过内部需求管理政策而不是改变货币平价来实现的。金汇兑本位制的实行有效地维持了各经济体汇率的稳定，但

① 关于对汇兑安排以及成员汇兑义务的规定，参见《国际货币基金协定（第一部分）》，中华人民共和国商务部网站，http://www.mofcom.gov.cn/aarticle/zhongyts/ci/200207/20020700032512.html。

② 中国人民银行国际货币基金处：《国际货币基金组织》，北京工业大学出版社，1994，第17页。

由于各经济体经济发展的不平衡，最终走向崩溃。

此后，根据《国际货币基金协定第二修正案》关于汇兑安排的规定，各成员基本有权自行选择汇兑安排。当前，国际货币基金组织在《汇率安排与汇率管制年度报告（2020）》[*Annual Report on Exchange Arrangements and Exchange Restrictions* (*2020*)] 中将汇率制度分为四大类，分别是硬钉住型的固定汇率制度、软钉住型的固定汇率制度、浮动汇率制度以及其他有管理的安排。[①] 据国际货币基金组织统计，国际货币基金组织成员的法定汇率安排分布如表 3-1 所示。

表 3-1　2012—2020 年国际货币基金组织成员法定汇率安排
（占国际货币基金组织成员的百分比%）

汇率安排（按年份）	2012	2013	2014	2015	2016	2017	2018	2019	2020
硬钉住型的固定汇率制度	13.2	13.1	13.1	12.6	13.0	12.5	12.5	12.5	12.5
无独立法定货币制度	6.8	6.8	6.8	6.8	7.3	6.8	6.8	6.8	6.8
货币局制度	6.3	6.3	6.3	5.8	5.7	5.7	5.7	5.7	5.7
软钉住型的固定汇率制度	39.5	42.9	43.5	47.1	39.6	42.2	46.4	46.4	46.9
传统钉住制度	22.6	23.6	23.0	23.0	22.9	22.4	22.4	21.9	21.4
稳定化安排	8.4	9.9	11.0	11.5	9.4	12.5	14.1	13.0	12.0
爬行钉住制度	1.6	1.0	1.0	1.6	1.6	1.6	1.6	1.6	1.6
类似爬行安排	6.3	7.9	7.9	10.5	5.2	5.2	7.8	9.4	12.0
水平区间钉住制度	0.5	0.5	0.5	0.5	0.5	0.5	0.5	0.5	0.0
浮动汇率制度	34.7	34.0	34.0	35.1	37.0	35.9	34.4	34.4	32.8
普通浮动制度	18.4	18.3	18.8	19.4	20.8	19.8	18.2	18.2	16.7
自由浮动制度	16.3	15.7	15.2	15.7	16.1	16.1	16.1	16.1	16.1
其他									
其他有管理安排	12.6	9.9	9.4	5.2	10.4	9.4	6.8	6.8	7.8

① International Monetary Fund, *Annual Report on Exchange Arrangements and Exchange Restrictions* (Washington D. C.: International Monetary Fund, 2020), p. 1.

资料来源：国际货币基金组织相关年度《汇率安排与汇率管制年度报告》（AREAER 数据库）。

注：1. 国际货币基金组织成员统计截至 2020 年 4 月 30 日，共涉及 189 个成员国以及以下区域：阿鲁巴、库拉索和圣马丁（荷兰属地，由于二者有共同的中央银行，因此将二者进行合并报告）、中国香港；

2. 2012 年的成员并不包括南苏丹，南苏丹在 2012 年 4 月 18 日成为国际货币基金组织成员；

3. 2016 年的成员包括瑙鲁，其在 2016 年 4 月 12 日成为国际货币基金组织成员；

4. 2020 年的成员不包括安道尔，其在 2020 年 10 月 16 日成为国际货币基金组织成员。

从表 3-1 中可以看出：

第一，2012—2020 年，全球采用软钉住制度的成员占比有所上升，总体来说，汇率制度安排的小幅变动主要是为了适应国际贸易和金融的发展的需要。

第二，采用浮动汇率制度的成员在数量上少于钉住汇率制度的成员。浮动的汇率安排进一步区分为普通的浮动制度和自由浮动制度，区别在于后者货币当局仅在极端情况下介入汇率市场，介入的频率低，绝大部分发达经济体都落在这一分类中。

第三，采用软钉住汇率制度的成员数量最多，其分类也更为细致。（1）传统的钉住制度，是指将货币按固定汇率钉住一种主要货币或者是一篮子货币，汇率围绕中心汇率上下幅度不超过 1%。并在必要的时候通过直接和间接的方法干预汇率。一些中东国家，如约旦、也门、沙特阿拉伯、阿联酋的汇率政策属于这一类型。（2）水平区间钉住制度和传统的钉住制度类似，不同的是在这一分类下官方会承诺一个汇率波动区间，并竭力维持汇率在区间内波动，而传统的钉住制度只有历史数据上的钉住表现而非承诺。历史上欧洲诸国曾采用这一机制，但目前只有汤加在这一分类中。（3）稳定化安排指的是，虽然官方没有明确的汇率钉住承诺，但经常以各种方法介入汇市，结果是，其货币对另一种货币或货币篮子保持了明显的稳定走势。国际货币基金组织将伊拉克、新加坡、越南等成员归入这一类。（4）爬行钉住制度指的是，官方明确承诺以爬行的方式钉住单一或一篮子货币，并通过介入汇率市场，确保汇率走势合意。目前只有尼加拉瓜和博茨瓦纳归入这一分类。（5）在类似爬行安排中，汇率走势和爬行钉住的相仿，只是官方并未明确承诺爬行钉住。中国、阿根廷、瑞士均属于这种汇率安排。

一经济体在汇率制度安排上做出选择时，主要根据自身经济特点和宏观经济目标进行取舍和抉择。对汇率制度的选择并不存在普适性的方案，也没有哪种汇率制度可以永远适用于某个经济体。①

（二）评估与监督

基于自身的宗旨，国际货币基金组织对成员进行必要内容的评估与监督，监督成员的经济发展政策与宏观经济稳定的目标是否一致，并就这一内容与成员进行定期讨论评估。这样，在金融风险的萌芽阶段，国际货币基金组织就可以发出信号，帮助成员及早采取纠正性的政策措施。

监督通常被认为是国际货币基金组织最重要的职责。从概念上说，国际货币基金组织的职责，来源于它最初作为布雷顿森林体系中固定但可调整的汇率平价制度的监督者角色。布雷顿森林体系虽然于 20 世纪

① Jeffrey A. Frankel, J. A. "No Single Currency Regime Is Right for All Countries or at All Times," *NBER Working Paper* 7338 (1999).

70年代崩溃了，但国际货币基金组织仍然保留下来。尽管基金组织维护国际货币体系的功能远不如20世纪70年代以前，但是，成员通过定期地增加该组织的资源，扩大国际货币基金组织的资金份额，证明了国际社会对其价值的认同。

基金组织的主要监督工作是监督国际货币体系并监测190个成员的经济和金融政策。基金组织在全球、地区和国家层面开展这一工作，其中一个方面是识别潜在的稳定性风险，提出适当的政策调整建议，以维持经济增长，促进金融和经济稳定。基金组织谨慎开展监督工作，对识别稳定和增长风险、开展可能的补救性政策调整至关重要。基金组织对成员的监督主要通过以下两种方式进行：磋商及多边监督。

磋商是与成员举行的会谈，目的是确保成员对汇率有重要影响的经济政策和结构政策有利于经济的持续、稳定增长和价格稳定。[①] 磋商的具体形式是由基金组织工作人员组成一个磋商团，定期访问成员，收集成员的经济和金融信息。与官方讨论其宏观经济战略和政策，以及经济发展的前景。之所以要进行磋商，是因为成员稳健而持续的国内经济政策有助于国际收支的调节和全球经济的增长与繁荣。

磋商可分为三种：定期磋商、特别磋商和补充磋商。在举行定期磋商时，成员要向基金组织提供监督成员的汇率政策所需要的大部分资料，包括成员近期政策的发展态势、与国际收支有关的所有统计数据、资本流动、国民账户、政府账户、货币与信贷、工资、物价和利率等，使基金组织能及时了解成员的经济状况和政策变化，有助于分析成员的政策。特别磋商的举行与基金组织定期审查世界经济的形势与前景有

① 中国人民银行国际货币基金处：《国际货币基金组织》，北京工业大学出版社，1994，第23页。

关，主要是为了收集和分析那些对世界经济有重大影响的国家的最新经济情况和问题。补充磋商有两种类型。第一种，当总裁认为某一成员汇兑措施的修改、汇率政策的改变、汇率的执行情况等对其他成员可能具有或者已经发生了重大影响时，他可以非正式地、秘密地提出同该成员进行补充磋商。第二种，在磋商的间隔期，总裁考虑了其他成员提出的意见，认为某一成员的汇率政策可能不符合汇率指导原则，从而主动同该成员进行补充性的监督讨论。

基金组织的多边监督是通过执行董事会一年两次对世界经济发展前景的讨论来进行的。关于世界经济前景的讨论是评价成员，尤其是大型发达经济体之间的宏观经济政策关系的基础。基金组织还对地区及全球经济发展趋势开展监测和分析，并定期就这些趋势发布报告。《世界经济展望》提供基金组织经济学家对近期和中期全球经济发展形势的分析，阐述具有紧迫政策意义的问题，并讨论处于全球核心地位的大型经济体带来的全球溢出效应。《全球金融稳定报告》对全球资本市场开展评估，研究了对金融稳定产生潜在风险的金融失衡及脆弱性问题。《财政监测报告》对各成员的中期财政预测予以更新，并评估它们的公共财政状况。基金组织还发布地区经济报告，提供了世界主要地区的详细分析。此外，基金组织还定期检查其监督工作，以根据全球经济的变化对监督工作做出调整。

除了以上两种监督方式，基金组织还通过向成员提供资金、技术援助等手段直接或间接地影响成员的宏观经济政策，使其符合基金组织协定的要求。

（三）贷款与援助

贷款与援助是国际货币基金组织的核心职能之一，其援助对象主要是低收入国家以及陷入危机的成员。

为了加强对低收入成员的支持，2009 年，基金组织改革了贷款工具，以更直接地满足各成员对短期与紧急支持的需求。2015 年，基金组织扩大了向最贫困成员提供的优惠资金。基金组织通过一项战略，长期支持每年约 18 亿美元的优惠贷款活动，部分资金来自黄金出售的利润分配。在基金组织的援助下，许多低收入经济体在实现宏观经济稳定性方面取得了长足的进步。20 世纪 90 年代，绝大多数低收入经济体都面临长期性经济问题，需要进行大幅度和长期的政策调整，往往伴随着债务减免或债务免除。然而，许多低收入经济体目前日益开放、日益融入全球经济。许多低收入经济体正在进入国际资本市场，引入其他经济体投资，培育本经济体私人金融部门。

为了使资金支持更灵活、更符合低收入成员多样化的需求，基金组织于 2010 年设立了减贫与增长信托基金，其中包括三个优惠贷款窗口，如表 3–2 所示。

表 3–2　减贫与增长信托的优惠贷款窗口

名称	作用
展延信贷安排	在中期至长期内提供持续的信贷支持，用于解决持续的国际收支问题
备用信贷安排	向因内外部冲击或政策失误而有实际或潜在短期国际收支和调整需要的低收入成员提供融资；在风险和不确定性加剧期间，备用信贷安排也可在预防性基础上使用

续表

名称	作用
快速信贷安排	向面临紧急国际收支需要的低收入成员提供迅速、无贷款条件限制、单笔、前期支付的资金支持，当再次或持续面临国际收支需要时，可在（有限）期间内多次拨款

资料来源：国际货币基金组织网站，https://www.imf.org/zh/About/Factsheets/IMF-Support-for-Low-Income-Countries。

所有这些安排都可以优惠条件向低收入成员提供满足其不同需要的贷款。2016年底之前，低收入成员在基金组织优惠贷款工具下应付给基金组织的所有利息享受特别免除待遇。快速信贷安排的利率永久设为零，以进一步增强对处于脆弱形势和遭受自然灾害的减贫与增长信托基金中合格国家的支持。[①]

为了获得政策建议和发出信号，各成员可根据政策支持工具申请非资金援助。政策支持工具可以支持那些在批准之时宏观经济形势基本稳定因而不再需要基金组织资金援助的低收入成员，在以后出现资金需求时，可迅速使用备用信贷。

除了援助低收入成员，基金组织还会支持陷入危机的成员。基金组织援助的目的是给陷入危机的成员赢得喘息空间，以便有序实施调整政策，从而恢复经济稳定和可持续增长所需的条件。调整政策因国情而异。例如，主要出口商品价格暴跌的经济体通常需要财政援助，同时有必要采取措施，强化经济并扩大其出口基础。资本大量外流的经济体则需要应对致使投资者丧失信心的根源，例如，利率过低，预算赤字和债务存量增长过快，或者银行系统效率低下或管理不善等。如果没有基金

① "IMF Support for Low-Income Countries," International Monetary Fund, accessed January 5, 2022, https://www.imf.org/zh/About/Factsheets/IMF-Support-for-Low-Income-Countries.

组织提供资金，这些经济体的调整过程将会变得更加艰难曲折。例如，如果投资者拒绝注入新的资金，这些经济体将无计可施，只能被迫做出调整，而调整往往需要经过压缩政府支出、减少进口和限制经济活动等艰难的过程。基金组织提供的资金将有助于这些经济体在考虑周全的前提下开展渐进式的调整。

国际货币基金组织的多种贷款工具满足了不同类型的国际收支需求以及成员的具体国情（见表 3–3）。基金组织所有成员都有资格以非优惠条件使用基金组织在普通资金账户中的资金，但基金组织还通过减贫与增长信托提供优惠资金支持，这种优惠资金支持能更好地适应低收入成员的不同情况和需要。就以往经验而言，针对陷入危机的新兴市场经济体和发达市场经济体，基金组织主要通过备用安排提供援助，从而解决短期或潜在的国际收支问题。备用信贷针对低收入成员发挥类似的作用。中期贷款与相应的中期信贷是基金组织向面临长期国际收支问题的低收入成员给予中期支持的主要工具。

表 3–3　国际货币基金组织贷款工具的使用情况

目的	贷款安排	融资	期限	贷款条件
满足当前、预期或潜在的国际收支需求	备用安排	普通资金账户	最长 3 年，一般为 12—18 个月	事后
	备用信贷	减贫与增长信托	1—2 年	
满足长期的国际收支需求/获得中期援助	中期贷款	普通资金账户	最长 4 年	事后，侧重于结构性改革
	中期信贷	减贫与增长信托	3—4 年，可延长至 5 年	

续表

目的	贷款安排	融资	期限	贷款条件
满足实际和紧急的国际收支需求	快速融资工具	普通资金账户	直接购入	没有由基金组织支持的项目/事后条件，但可能事先采取行动
	快速信贷	减贫与增长信托	直接拨付	
满足当前、预期或潜在的国际收支需求（非常强健的基本面与政策）	灵活信贷额度	普通资金账户	1年或2年	事前（资格标准），对两年安排开展年度审查
满足当前、预期或潜在的国际收支需求（稳健的基本面与政策）	预防性和流动性额度	普通资金账户	6个月（流动性窗口）或1年或2年	事前（资格标准）和事后
非融资/信号工具	政策支持工具	无	1—4年，可延长至5年	事后
	政策协调工具	无	6个月至4年	

资料来源：国际货币基金组织网站，https://www.imf.org/zh/About/Factsheets/IMF-Lending。

为预防或减轻危机，并在风险加剧时提振市场信心，已经采取强有力政策的成员可以利用灵活信贷额度或预防性和流动性额度。因商品价格冲击、自然灾害和国内脆弱性问题而面临国际收支迫切需求的低收入成员，则可通过快速融资工具及相应的快速信贷获得紧急援助。由于成员情况不同，普通资金账户支持的规划预计将在规划期内解决成员的国际收支问题，而减贫与增长信托规划预计将在更长期间内解决国际收支问题。

(四)能力建设

国际货币基金组织的能力建设工作也是其核心职能的一部分，它还包括跟踪全球经济发展以及向面临国际收支危机的成员提供贷款。基金组织的能力建设工作有利于各成员增强经济、促进包容性增长和创造就业。

能力建设工作的侧重点在于建立有效的政策和制度并加强相关人员能力。例如，帮助各成员筹集公共收入、改革银行体系以及改善经济分析和预测。基金组织提供能力建设支持的方式比较多样，例如从基金组织总部派出短期工作人员代表团、在各成员内安排长期常驻顾问、设立全球主题基金等。

国际货币基金组织的能力建设工作是需求驱动的，即成员提出需求。基金组织向所有 190 个成员提供了支持。通过在成员加强人力和制度建设，基金组织帮助政府实施更有效的政策，从而实现更好的经济结果。2016 年，在基金组织全部技术援助中，有一半左右是提供给低收入成员的，而新兴市场和中等收入成员所占比例约为 40%。

能力建设是监督和贷款等基金组织其他核心职能的一个重要补充。例如，通过能力建设与成员政府直接合作，协助改善其政策和程序，这有助于增进该成员对基金组织政策建议的理解，提高这些政策建议的有用性，使国际货币基金组织能够了解关于全球经济创新和风险的最新信息，并有助于解决与危机有关的挑战和溢出效应。此外，国际货币基金组织的监督和贷款工作可确定能力建设活动可以在其成员的哪些领域产生最大影响。例如，国际货币基金组织积极参与提供能力建设服务，以促进普惠型经济增长和普惠金融，并减轻外部脆弱性。

国际货币基金组织的能力建设工作侧重于以下核心能力领域。[①]

第一，财政政策。向各成员政府提供关于如何筹集收入和有效管理支出方面的建议，包括税收和关税政策、预算制定、公共财政管理、国内和国外债务以及社会安全网。这使得各成员政府能够提供更好的公共服务，如学校、道路和医院。

第二，货币和金融部门政策。与各成员中央银行一道努力，对其金融体系（如汇率、通胀和债务政策）和银行监管进行现代化改革。这有助于改善成员的金融稳定，从而促进其内部经济增长和国际贸易。

第三，法律框架。帮助各成员实现其自身法律和治理框架与国际标准的统一，以便其实施稳健的财政和金融改革、抵制腐败以及打击洗钱和恐怖主义融资。

第四，统计标准。帮助各成员编制、管理和报告宏观经济和金融统计数据，以便实现对其经济状况的更准确理解，并促进制定更明智的政策。

此外，基金组织提供广泛的培训课程，包括宏观金融联系、货币和财政政策、国际收支问题、金融市场和机构，以及统计和法律框架。基金组织重新设计了 2017 年度的培训课程和培训内容，目的在于帮助各成员实现宏观经济稳定和可持续增长。基金组织提前一年通过在线课程目录公布课程。除公布课程目录外，基金组织还在网上宣布课程安排，以反映重点的调整和需求的变化。

---

① 以下内容可参见 “IMF Capacity Development,” International Monetary Fund, accessed March 5, 2021, https://www.imf.org/zh/About/Factsheets/imf-capacity-development。

第三节　国际货币基金组织的份额与投票权

国际货币基金组织的份额分配机制和投票表决机制构成了基金组织的决策机制的两方面。份额的多少决定了投票权的大小；而投票权的大小反过来又决定了成员对于重大决议的影响能力。

一、份额与投票权

份额与投票权是各成员通过国际货币基金组织参与世界事务的主要方式，在国际货币治理过程中发挥着重要的作用。从份额与投票权的关系来看，前者是后者的行为基础，后者是前者的权利体现。

（一）份额

份额是每个成员向国际货币基金组织认缴的一定数额的资金，从财务角度看相当于股本。成员的份额由国际货币基金组织的份额公式计算得出，它由成员的国内生产总值、储备余额、平均进口额、出口变化额以及出口占国内生产总值的比例等因素决定。

成员的份额决定了其向基金组织出资的最高限额和投票权，并关系到其可从基金组织获得贷款的限额。当一国加入基金组织时，它被分配一个初始份额，该份额同经济规模与特征相似的现有成员的份额相当。基金组织利用份额公式评估一个成员的相对地位。现行份额公式是以下变量的加权平均值，即 GDP（权重为 50%）、开放度（30%）、经济波动性（15%），以及国际储备（5%）。这里的 GDP 是通过基于市场汇率计算的 GDP（权重为 60%）和基于购买力平价计算的 GDP（权重为 40%）的混合变量计算的。[①] 公式还包括一个“压缩因子”，用来缩小成员计算份额的离散程度。份额以特别提款权计值。基金组织最大的成员是美国，截至 2016 年 9 月 12 日，其份额为 829.9 亿特别提款权（约合 1 160 亿美元），最小的成员是图瓦卢，份额为 250 万特别提款权（约合 350 万美元）。[②]

份额显示了成员在国际货币基金组织中的相对地位，对成员利益关系重大。首先，它决定了成员投票权的大小。成员在国际货币基金组织的投票权基本上与其份额规模直接相关。基金组织每个成员的投票权由基本票加上每 10 万特别提款权的份额增加的一票构成。2008 年的改革将基本票固定为占总投票的 5.502%。目前的基本票数几乎是 2008 年改革实施之前基本票数的 3 倍。其次，它决定了成员可以获得贷款的最高限额。成员可从基金组织获得的融资数额（贷款限额）以其份额为基础。例如，在备用和中期安排下，成员每年可以借入份额 145%以内的资金，累计最多为份额的 435%。然而，特殊情况下的贷款限额可能更高。最后，它决定了一国可获得特别提款权分配的数量，特别提款权的分配一般按照成员在国际货币基金组织中份额的相对比例进行。[③]

基金组织理事会定期（通常每隔 5 年）进行份额总检查。份额的任何变化必须经 85%的总投票权批准，并且，一个成员的份额未经本国

---

① 孙海泳：《亚投行与中美非零和竞争》，《国际融资》2015 年第 5 期。

② “IMF Quotas,” International Monetary Fund, accessed March 4, 2021, https://www.imf.org/zh/About/Factsheets/Sheets/2016/07/14/12/21/IMF-Quotas.

③ Ibid.

同意不得改变。份额总检查解决两个主要问题：总增资规模以及增资在成员之间的分配。首先，份额总检查使基金组织能够从成员的国际收支需要和它满足这些需要的能力两个方面来评估份额的充足性。其次，份额总检查可以增加成员的份额，以反映其在世界经济中相对地位的变化。份额总检查之外的特别增资不经常进行，最近的一个例子是 2008 年改革批准为 54 个成员增资。①

2010 年 12 月 15 日，基金组织最高决策机构理事会完成了第 14 次份额总检查，其中涉及关于基金组织份额和治理改革的意义深远的一揽子改革方案。这项改革方案于 2016 年 1 月 26 日生效，带来了总份额增加 1 倍及份额比重大幅调整，更好地反映了基金组织成员在全球经济中的相对权重的变化。这项改革方案的基础是 2008 年以来实行的、2011 年 3 月 3 日生效的各项改革。这些改革通过特别增加 54 个成员的份额，提高了富有活力的经济体（其中很多是新兴市场国家）的代表权。改革还通过将基本票增加至原来的近 3 倍，提高了低收入成员的发言权和代表权。在 2008 年改革的基础上，第 14 次份额总检查产生了以下结果：份额从约 2 385 亿特别提款权增加一倍到约 4 770 亿特别提款权（按当时汇率约为 6 680 亿美元）；超过 6% 的份额从代表性过高的成员转移到代表性不足的成员；超过 6% 的份额转移到有活力的新兴市场和发展中经济体，份额比重显著调整；最贫穷成员的份额和投票权比重予以维持。②

① "IMF Quotas," International Monetary Fund, accessed March 4, 2021, https://www.imf.org/zh/About/Factsheets/Sheets/2016/07/14/12/21/IMF-Quotas.

② Ibid.

第 15 次份额总检查于 2020 年 2 月 7 日结束，没有增加配额，但为第 16 次检查提供了指导。作为第 16 次检查的一部分，理事会要求执行董事会重新审查配额的充分性，并继续国际货币基金组织治理改革进程，包括使用一个新的公式作为指导，确保配额在国际货币基金组织中的主要作用。这些调整将导致新兴经济体和发展中经济体的份额随着其在世界经济中的相对地位提高而增加，同时可以保护最贫穷成员的发言权和代表权。根据理事会的决议，第 16 次份额总检查将于 2023 年 12 月 15 日前完成。

（二）投票权

与联合国一国一票的原则不同，基金组织成员的投票权是与其份额大小成正比例的。按基金组织规定，每个成员有 250 张基本票。此外，按各成员份额每 10 万特别提款权可增加 1 票，这属于可变的分配票，两者相加，即是该成员的投票数。基本的分配票（基本票）旨在承认各成员的平等性地位，加强经济上较弱小成员的表决地位。可变的分配票旨在承认认缴额的不同，保证那些在国际贸易与金融往来中占较大份额的成员的利益与合作。谁的份额越大，投票权亦越大。

加权投票表决制具有一定的合理性：一方面，它较真实地反映了国际货币基金组织成员之间在经济实力、贡献大小等方面的差异；另一方面，它将各成员的权利同它们对国际货币基金组织的贡献结合起来，有利于保障基金组织的资金来源，增强基金组织的融资能力。但是加权投票制也形成了发达经济体控制和操纵国际货币基金组织的局面。而且由于基本票占总票数的比例本来就小，每次调整份额往往又使加权票大幅增加，基本票的比重日益下降。再加上需要国际货币基金组织理事会多数票尤其特别多数票通过的事项不断增加，这使得《国际货币基金协定》签订时由基本票所体现的平等原则基本上失去了意义。

国际货币基金组织理事会决议的通过遵循多数票原则。多数票包括简单多数（51%）和特别多数（70%）两种。《国际货币基金协定》“在第一次修订后，又在原70%特别多数票制度之外，新增加了85%特别多数票制度”。[①] 要求特别多数的事项包括确定份额规模、特别提款权分配、贷款利率、汇率制度安排、基金黄金储备的处置等重要事项。为牢固控制基金组织的决策权，发达经济体通过对《国际货币基金协定》的修改，不断减少简单多数票表决事项，增加特别多数票通过事项。“1968年第一次修订《国际货币基金协定》后，特别多数票表决事项由原来的9项增至21项；1978年第二次修订时，又增至53项。”[②] 特别多数票决议事项种类的增加，加剧了成员内发达经济体和发展中经济体之间的权利差距，也意味着少数发达经济体对国际货币基金否决权的扩大。例如，虽然美国在国际货币基金组织中的份额已经由战后初期的36.32%下降为如今的17.43%，但是特别多数票的规定使美国在国际货币基金组织中仍然拥有对重大决策的一票否决权。[③] 国际货币基金组织执行董事所属国的份额与投票权参见表3-4。

---

① 徐崇利：《国际货币基金组织运行机制的主要特征及基本走向》，《厦门大学学报（哲学社会科学版）》1999年第2期，第35页。

② 徐崇利：《国际货币基金组织运行机制的主要特征及基本走向》，《厦门大学学报（哲学社会科学版）》1999年第2期，第35页。

③ 黄梅波：《国际货币基金组织的内部决策机制及其改革》，《国际论坛》2006年第1期。

表 3-4　国际货币基金组织执行董事所属国的份额与投票权

成员	份额		投票权		成员	份额		投票权	
	百万特别提款权	百分比（%）	数量	百分比（%）		百万特别提款权	百分比（%）	数量	百分比（%）
美国	82 994.2	17.43	831 401	16.50	印度	13 114.4	2.75	132 603	2.63
日本	30 820.5	6.47	309 664	6.14	瑞士	5 771.1	1.21	59 170	1.17
德国	26 634.4	5.59	267 803	5.31	西班牙	9 535.5	2.00	96 814	1.92
法国	20 155.1	4.23	203 010	4.03	巴西	11 042	2.32	111 879	2.22
英国	20 155.1	4.23	203 010	4.03	韩国	8 582.7	1.80	87 286	1.73
中国	30 482.9	6.40	306 288	6.08	阿根廷	3 187.3	0.67	33 332	0.66
意大利	15 070	3.16	152 159	3.02	丹麦	3 439.4	0.72	35 853	0.71
沙特阿拉伯	9 992.6	2.10	101 385	2.01	伊朗	3 567.1	0.75	37 130	0.74
加拿大	11 023.9	2.31	111 698	2.22	泰国	3 211.9	0.67	33 578	0.67
俄罗斯	12 903.7	2.71	130 496	2.59	埃及	2 037.1	0.43	21 830	0.43
荷兰	87 36.5	1.83	88 824	1.76	塞拉利昂	207.4	0.04	3 533	0.07
比利时	6 410.7	1.35	65 566	1.30	卢旺达	160.2	0.03	3 061	0.06

资料来源：国际货币基金组织网站，https://www.imf.org/en/About/executive-board/members-quotas。

注：统计数据截至 2021 年 11 月。

二、份额与投票权改革

国际货币基金组织份额分配及投票权行使两大机制改革是其决策机制改革的重要组成部分。随着世界经济格局的变化，成员要求其在国际货币基金组织中的地位与其经济地位相称的呼声越来越高，为此，国际货币基金组织份额和投票权改革被提上议事日程。[①] 自 2006 年 9 月起，国际货币基金组织新加坡年会拉开了份额和投票权改革的序幕。特别是 2008 年国际金融危机爆发之后，国际货币基金组织和世界银行的份额与投票权改革再次成为国际社会关注的焦点。2009 年 4 月的二十国集团伦敦峰会首次达成了改革国际金融组织的共识。在其后多次二十国集团峰会的推动下，国际货币基金组织份额和投票权改革不断稳步推进。

（一）改革份额分配机制

对于份额分配机制的改革，关键是要改变份额现有格局，增加发展中经济体的相对比重，以矫正当前内部发达经济体与发展中经济体之间权利的不平衡，在国际货币基金组织内部加强民主，增强机构的合法性与参与度。

首先，扩大基金份额是改革配额分配机制的前提。国际货币基金组织资金实力的多寡直接关系到国际货币基金组织的危机救援能力，并与其维护国际金融稳定的目标直接相关。因此，随着世界国民生产总值、世界贸易和国际资本流动规模的扩大，国际货币基金组织所拥有的资本基础理应得到增加。近年来，增加基金组织份额的呼声仍然很高，但是由于主要发达经济体对此缺乏积极性，因此，发展中经济体增加基金份额的问题没有得到切实的关注。

其次，需要修改份额公式。份额是成员在基金中权利与义务的基础。战后数十年的发展中，国际货币基金组织的成员总数从 40 个增至

① 谢世清：《国际货币基金组织份额与投票权改革》，《国际经济评论》2011 年第 2 期。

2020年以来的190个，国际货币基金组织用于计算成员份额的公式也经历数次修改。虽然修改份额公式的呼声一直很高，但没有一种方案能获得85%的投票权支持。20世纪末，中国、巴西、韩国等发展中经济体在世界总产出和贸易中的份额有了极大的增长，为充分反映这些经济体的经济增长状况，许多成员认为国际货币基金组织应尽快完成修改份额公式的工作。有人提出，份额计算应以GDP数据为准，并且GDP数据应使用经购买力平价而非市场汇率折算过的数据，发展中经济体也曾提出修改份额分配标准，在份额计算公式中考虑人口、发展能力、提供原材料等因素。但是发达经济体却以基金组织的数据是以市场汇率进行统计的为由，反对使用购买力平价数据，其他建议一直未得到发达经济体的认可和支持。在基金组织看来，要制定一个在金融负担分享和公平两方面都很合理的份额公式是很困难的。一方面需要保证份额分配公正合理，提高发展中经济体所持份额的比重；另一方面需要保证发达经济体继续是多数股东，以反映它们在基金组织中的主要债权人的角色。因为如果发展中经济体的份额比例增加过多，可能会大幅减少国际货币基金组织能够提供的清偿能力。具体来说，份额的75%以成员自身货币的形式缴纳，若这部分货币大多是发展中经济体的流通性较弱的货币，则国际货币基金组织的实际可贷款额度必将受到限制。

（二）改革投票表决机制

改革投票表决机制，首先，应当增加基本票在总投票权中所占的比例。在国际货币基金组织投票表决机制中，除按成员所持份额的多少来分配投票权之外，还为每个成员分配了等额的基本投票权，以反映各成员地位平等的原则。但是，“由于持续不断的增资，国际货币基金组织的资金规模不断扩大，但基本投票权却被极大地稀释。国际货币基金组织的基本投票权占总投票权比重已从1945年的11%，下降至2006年的2%。直到2008年的改革方案中提出将基本投票权扩大3倍后，该比重才提升至现在的5.502%，但仍大幅落后于初期水平”。① 可见，基础投票权的作用已相对降低，发展中经济体在国际货币基金组织决策中的影响进一步下降。为保护自身在国际货币基金组织的合法权益，许多发展中经济体提出应增加基本票数量及其在总投票权中所占的比例，至少应使基本票比例回归到1945年的水平。②

其次，提高发展中经济体的投票权。国际货币基金组织的投票权基本上是受份额体制支配的，导致发达经济体在国际货币基金组织投票权分配上占绝对优势，其结果导致国际货币基金组织的所有重大决策包括基金规模、黄金销售、汇率安排、资源分配等事务的最终决定权，都集中到以美欧为代表的发达经济体手中，发展中经济体在国际货币基金组织的决策中基本被边缘化。投票表决机制的改革，目的是矫正当前国际货币基金组织内部发达经济体、发展中经济体之间力量的不平衡，增加成员之间的对话。从当前世界经济发展的形势来看，亚洲、拉美的一些新兴经济体的投票权应上升。东亚经济体近几年已成为无可争议的世界经济增长发动机。中、日、韩和东盟的GDP占全球GDP的比重不断上升。东亚经济体经济实力的明显上升，应该反映到诸如国际货币基金组织投票权再分配上。其他新兴经济体（如巴西、墨西哥）的投票权也

① 黄薇：《国际组织中的权力计算——以IMF份额与投票权改革为例的分析》，《中国社会科学》2016年第12期，第185页。

② 黄梅波：《国际货币基金组织的内部决策机制及其改革》，《国际论坛》2006年第1期。

和其经济实力的不断增强严重脱节。因此，发展中经济体特别是新兴经济体的投票权应根据其经济发展水平进行调整。

最后，废除少数发达经济体事实上的否决权。为提升发展中经济体在国际货币基金组织中的投票权，在调整各成员投票权的同时，还可以考虑修改对特别投票权所要求的多数比例。特别投票权的规定赋予了某发达经济体或发达经济体利益集团的一票否决权，形成其对国际货币基金组织的控制。改变这一局面的一种方法是对一些关键政策问题（如份额增资和修改章程）的特别投票权多数要求从85%减少至四分之三或三分之二。[①] 这样，就不会有一个成员有能力一票否决相关决定，发达经济体对国际货币基金组织决策的影响力会有所下降。[②]

---

① 熊爱宗：《基金组织执董会改革的影响与后续可能进展》，中国社会科学网，中国社科院世经政所全球发展展望研究系列（GDP）讨论稿，2016年1月13日，http://iwep.cssn.cn/xscg/xscg_sp/201601/t20160114_2827070.shtml。

② 熊爱宗：《基金组织执董会改革的影响与后续可能进展》，中国社会科学网，中国社科院世经政所全球发展展望研究系列（GDP）讨论稿，2016年1月13日，http://iwep.cssn.cn/xscg/xscg_sp/201601/t20160114_2827070.shtml。

中　篇

国际金融治理体系发展与演变

第四章
现代银行体系的建立与发展

在国际货币体系发展的同时，国际金融体系也处于不断演进的过程中。国际金融体系不仅和国际货币体系一样，都是世界经济体系中的重要组成部分，与国际货币体系相比，更是处于复杂交织且不断相互影响的过程中。

国际金融体系的起点是单个经济体内部金融体系的形成。而后，随着国际贸易、国际投资等商业行为的蓬勃发展，全球商品、劳务、资本、服务开始快速流动，生产也不断全球化发展，国际分工不断深化。在此背景下，商业活动逐渐跨越国境，发展至国际市场，而金融服务也开始由单一经济体内部向外部逐渐延伸，进而形成国际金融体系。与此同时，构建科学合理的国际金融体系也有利于进一步促进国际贸易和投资的发展，促进全球要素的有效配置，提高世界整体的福利水平。而对于国际金融体系和国际货币体系这两者来说，国际金融体系会通过影响货币流动性的供给形式，直接影响到国际货币体系功能的发挥；[①] 对国际金融的治理方式也会直接影响到对国际货币体系的治理结果。

---

① Ricardo J. Caballero, Emmanuel Farhi and Pierre-Olivier Courinchas, "Financial Crash, Commodity Prices and Global Imbalances," *NBER Working Paper* 14521 (2008)；关建新：《国际货币金融体系变革与中国》，中国发展出版社，2015，第 33 页。

构建国际金融体系离不开银行业的发展与跨境合作。因此，由经济体银行、国际银行类金融机构以及影子银行所组成的现代银行体系成为国际金融体系的构建基础，也是国际金融体系长久发展的重要保障。

第一节　世界银行体系

世界银行集团构成了目前主要的世界银行体系，并为国际金融治理奠定了基础。世界银行集团包括国际复兴开发银行、国际金融公司、国际开发协会、国际投资争端解决中心、多边投资担保机构五个机构。国际复兴开发银行向中等收入国家政府和信誉良好的低收入国家政府提供贷款。国际开发协会向最贫困国家的政府提供无息贷款（也称信贷）和赠款。国际金融公司是专注于私营部门的全球最大发展机构，通过投融资、动员国际金融市场资金以及为企业和政府提供咨询服务，帮助发展中经济体实现可持续增长。多边投资担保机构成立的目的是促进发展中经济体的外国直接投资，以支持经济增长、减少贫困和改善人民生活，通过向投资者和贷款方提供政治风险担保履行其使命。国际投资争端解决中心提供针对国际投资争端的调解和仲裁机制。①

一、世界银行体系下的机构简介

国际复兴开发银行，也称为世界银行，是世界上最大的开发银行，

① “About the World Bank,” The World Bank, https://www.worldbank.org/en/about.

通过向中等收入国家和资信良好的低收入国家提供贷款、担保、风险管理产品和咨询服务，并通过协调各国应对地区性和全球性挑战，支持世界银行集团的使命。①

在第二次世界大战后，人们逐渐意识到和平与繁荣是不可分离的，为避免再次引发军事冲突，布雷顿森林会议得以召开，并讨论如何构建一个战后经济新秩序。在这一背景下，国际复兴开发银行于 1944 年创建，该机构成立的初衷是帮助西欧国家在战后恢复经济，但在 1948 年后，由于欧洲各国开始主要依赖美国的“马歇尔计划”，国际复兴开发银行于是主要转向为发展中经济体提供中长期贷款与投资，促进发展中经济体的经济和社会发展。② 其具体的建设和发展进程详见表 4-1。

表 4-1　国际复兴开发银行（世界银行）建设时间

1943 年 4 月	美、英政府分别提出怀特计划和凯恩斯计划
1943 年 9 月至 10 月	英美双方就国际货币问题在华盛顿举行会谈并成立了一个联合工作小组
1944 年 4 月	起草《关于建立国际货币基金组织的专家联合声明》
1944 年 7 月	布雷顿森林会议催生了国际货币基金组织和国际复兴开发银行
1945 年 12 月	世界银行协议条款生效，国际复兴开发银行正式成立
1946 年 3 月	世界银行和国际货币基金组织理事会举行成立大会
1946 年 6 月	世界银行正式营业
1955 年 3 月	世界银行成立经济发展研究所
1996 年 10 月	重债穷国减债倡议获得批准，可减轻穷国沉重外债负担的综合方法
1999 年 3 月	执行董事会批准综合发展框架（CDF），解决最需要和最危险的人在发展过程中缺乏参与的问题

① “International Bank for Reconstruction and Development,” The World Bank, https://www.shihang.org/zh/who-we-are/ibrd.

② 何曼青、马仁真：《世界银行集团》，社会科学文献出版社，2011，第 2—9 页。

续表

2004 年 1 月	世界银行集团设立低收入国家面临压力信托基金
2010 年 4 月	世界银行发展委员会春季会议通过了发达经济体向发展中经济体转移投票权的改革方案
2018 年 4 月	世界银行集团股东批准了变革性资本计划，将增资以实现发展目标
2018 年 12 月	世界银行集团宣布将投资翻番至 2 000 亿美元左右来实现 2021—2025 年的新气候目标

资料来源：世界银行网站，https://timeline.worldbank.org/#event-bretton-woods-conference-begins。

注：2 000 亿美元中约有一半来自国际复兴开发银行和国际开发协会附属机构作为直接融资，其余投资将来自国际金融公司、多边投资担保机构和世界银行集团作为联合直接融资筹集的私人资本。

国际金融公司是世界银行集团旗下的两大附属机构之一，专注于发展中经济体的私营部门，以多种方式帮助、引领私营部门发展。国际金融公司的宗旨是通过鼓励其会员国，特别是欠发达地区会员国的生产性私人企业的增长来促进经济的发展，并以此补充国际复兴开发银行的各项活动。①

1949 年，美国总统杜鲁门希望通过经济手段扩大美国世界影响力，提出"第四点计划"即"技术援助和开发落后地区计划"，在此背景下，时任国务院助理国务卿纳尔逊·洛克菲勒建议成立国际金融公司，通过私人投资促进其他国家生产性私人企业的增长，通过联合国、世界银行、美国以及广大发展中经济体的不断协商，国际金融公司得以成立。② 其具体的建设和发展进程详见表 4-2。

① "About IFC," International Finance Corporation, https://www.ifc.org/wps/wcm/connect/corp_ext_content/ifc_external_corporate_site/about+ifc_new.

② 何曼青、马仁真：《世界银行集团》，社会科学文献出版社，2011，第 22—26 页。

表 4-2　国际金融公司建设时间

1949 年 1 月	美国杜鲁门总统提出“第四点计划”
1951 年 3 月	洛克菲勒建议成立一个国际金融公司，并将其作为世界银行的附属公司
1951 年 5 月	联合国秘书长任命一个专家小组对洛克菲勒的建议进行研究，世行研究后提出的报告得到西欧银行界的支持
1952 年 6 月	世界银行经济及社会理事会讨论该报告时，广大发展中经济体都表示支持
1954 年	世行再次将报告提交给联合国，美国同意了成立国际金融公司的建议。12 月，联合国决定由世界银行草拟国际金融公司协定
1956 年 7 月	《国际金融公司协定》开始生效，国际金融公司正式成立
2003 年 7 月	商业银行采用国际金融公司模型来遵循赤道原则
2009 年 5 月	国际金融公司成立子公司来管理第三方发展资本

资料来源：何曼青、马仁真：《世界银行集团》，社会科学文献出版社，2011，第 25—29 页。

注：赤道原则是一套在融资过程中用以确定、评估和管理项目所涉及的环境和社会风险的金融行业基准。参见何丹：《赤道原则的演进、影响及中国因应》，《理论月刊》2020 年第 3 期，第 72 页。

国际开发协会与国际金融公司一样，也是世界银行的两大附属机构之一。二者与世界银行集团其他机构以及发展中经济体的政府和私营部门密切配合，致力于减少贫困和建立共同繁荣。在提供贷款援助方面，国际开发协会是国际复兴开发银行在广大贫困国家的补充。国际开发协会旨在帮助世界上最贫穷的国家，为这些国家提供条件优惠的长期贷款，为这些国家在促进经济发展、减少不平等和改善生活条件等项目上提供零利率及低息贷款和赠款来减少贫困，并通过重债穷国减债倡议和多边债务减免倡议为它们提供大量债务减免。①

在第二次世界大战之后，随着众多殖民地宣布独立，这些国家和地区都需要大量资金来发展自身经济，但许多不发达经济体经济基础薄弱，还贷能力差，不符合国际复兴开发银行的借贷条件，于是这些国家和地区需要更为优惠的贷款来发展经济。② 针对该问题，联合国早在1949年就讨论了需要一个新组织，以比国际复兴开发银行更优惠的条件向发展中经济体提供更多融资。③ 国际开发协会的成立是为了响应那些被认为没有足够信用向世界银行集团借款的成员的呼吁，符合条件的国家和地区可以凭借比世界银行所提供的更优惠的贷款条件来获得资金，即获得信贷。国际开发协会的具体建设和发展进程详见表4-3。

表4-3 国际开发协会建设时间

1949年4月	联合国提议新的国际组织提供低息贷款
1951年3月	提交给美国总统杜鲁门的报告提议建立国际开发署
1950年11月	美国总统杜鲁门向根据国会《国际发展法案》授权的国际发展咨询委员会任命了一些专家
1953年3月	联合国任命的委员会编写了一份关于联合国经济发展特别基金的报告
1958年2月	迈克·蒙罗尼提议成立一个国际开发协会
1959年10月	世界银行行长要求起草国际开发协会章程
1960年1月	国际开发协会协议条款草案完成

① "What is IDA?" International Development Association, https://ida.worldbank.org/en/what-is-ida.

② 何曼青、马仁真：《世界银行集团》，社会科学文献出版社，2011，第30—34页。

③ "UN proposes new international organization to offer low-interest loans," The World Bank, accessed April 12, 1949, https://timeline.worldbank.org/?field_timeline_target_id=21&combine=#event-un-proposes-new-international-organization-to-offer-low-interest-loans.

续表

1960 年 9 月	国际开发协会宣告成立
1964 年 9 月	国际复兴开发银行首次将净收入转移至国际开发协会
1987 年 12 月	设立特别援助计划
1989 年 7 月	债务减免机制的指导方针和程序获得批准
1996 年 10 月	重债穷国减债倡议获得批准
2006 年 3 月	多边债务减免倡议获得批准

资料来源：世界银行网站，https://timeline.worldbank.org/#event-bretton-woods-conference-begins。

注：1987 年夏天，世界银行集团行长和国际货币基金组织总裁与发达经济体的代表在巴黎会面，讨论撒哈拉以南非洲低收入、受债务困扰经济体的经济状况。在这次会议上，讨论了一项为期 3 年的债务减免和面向增长的进口融资计划的要素。随后于 1987 年 12 月 3—4 日在巴黎举行的一次会议上，来自 17 个经济体和众多多边机构的代表同意特别援助方案，共同承诺为低收入非洲经济体提供 64 亿美元的优惠、快速支付资金。

国际投资争端解决中心是一个通过调解和仲裁方式，专为解决政府与外国私人投资者之间争端提供便利而设立的机构，其宗旨是在经济体和投资者之间培育一种相互信任的氛围，以鼓励外国私人投资。

在第二次世界大战之后，新独立的发展中经济体纷纷对涉及重要自然资源和国民经济命脉的外资企业实行征税或国有化措施，这引起了发达经济体与发展中经济体之间的矛盾和纠纷。在此过程中，投资方与受资方常常会因投资而发生各种争议，为解决外国投资者与东道国政府之间越来越多的投资争端，世界银行成立了国际投资争端解决中心，意在提供公正的国际法庭，并通过调解或仲裁解决投资争端，鼓励外国私人投资以促进国际资本流动。国际投资争端解决中心的具体建设和发展进程详见表 4-4。

表 4-4　国际投资争端解决中心建设时间

1961 年 9 月	世界银行行长布莱克在世界银行年会上引导世界银行和各经济体讨论投资争端的问题
1962 年	世界银行草拟出《关于解决国家和其他国家国民之间的投资争端公约》（又称《华盛顿公约》）
1965 年	世界银行执行董事会通过公约
1966 年 10 月	公约生效，国际投资争端解决中心正式成立

资料来源：何曼青、马仁真：《世界银行集团》，社会科学文献出版社，2011，第40—41 页。

多边投资担保机构建立的宗旨是向外国私人投资者提供投资担保，补充公共和私人投资保险来源，以应对发展中经济体的非商业风险（包括征收风险、货币转移限制、违约、战争和内乱风险），[①] 促进私人投资者在发展中经济体进行股权投资和其他形式的外国直接投资。不仅如此，多边投资担保机构另一主要职能还在于为发展中经济体提供相应的咨询和技术援助，同时致力于促进成员政府与国际商业界之间的磋商与谈判。

在第二次世界大战之后，为改善发展中经济体的投资环境，促进国际社会资金的流动（尤其是促进资本从发达经济体流向发展中经济体），促进世界经济的恢复与发展，国际社会认为有必要成立一个可以承担非商业风险的多边投资担保机构。而后，世界银行理事会批准《建立多边投资担保机构公约》，亦称《汉城公约》，并开始创建一个新的投资保险附属机构。根据该公约所定义的核心使命，多边投资担保机构应当“在符合发展中经济体生产目的的条件下，促进资本和技术流向发展中经济体”。多边投资担保机构的具体建设与发展进程详见表4-5。

① “What We Do,” Multilateral Investment Guarantee Agency, https://www.miga.org/what-we-do.

表 4-5　多边投资担保机构建设时间

1961 年	经济合作与发展组织成员提出由世行牵头准备设立多边投资担保机构
1962 年	世界银行提出报告《多边投资担保机构的可行性》
1964 年	经济合作与发展组织提出了一个关于筹建“机构”的方案
20 世纪 80 年代	发展中经济体经济每况愈下，严重影响了世界经济的发展，国际社会寻求解决策略
1984 年 10 月	世界银行推出多边投资担保条约草案
1984 年 11 月至 1985 年 6 月	世界银行听取各成员意见，提出了一份正式的“机构”协议方案，提交董事会讨论，董事会讨论并通过了该方案
1985 年 10 月	理事会通过《建立多边投资担保机构公约》
1986 年 9 月	世界银行成立多边投资担保机构的筹备委员会
1988 年 4 月	多边投资担保机构正式成立

资料来源：何曼青、马仁真：《世界银行集团》，社会科学文献出版社，2011，第 44—47 页。

二、世界银行体系在经济危机中的作用

自布雷顿森林体系建立以来，世界经历了近 25 年的经济恢复和发展时期。虽然在这一时期内，“双挂钩制度”所导致的问题逐渐凸显，且最后由于“特里芬难题”导致的全球流动性问题令世界主要经济体纷纷放弃固定汇率制，转而实行浮动汇率制，但总体来说，这些问题并未对世界造成全面的经济危机，更多地体现为大国对自身“国际货币权力”和国际霸权地位的维护以及在此基础上大国间所进行的博弈。除此之外，在这一时期中，世界银行体系仍处于不断建设和完善的过程中，对世界经济的影响与作用尚未真正发挥。

（一）石油危机

20 世纪 70 年代的“石油危机”对世界各经济体，无论是发展中经济体还是发达经济体来说，可以说都造成了相当明显的冲击。全球性的通货膨胀令各经济体都陷入泥潭之中，非石油输出国的大量资本流入石油输出国，从而导致生产成本的增加和生产的停滞；石油输出国虽然获得大量资本，但由于自身不具有完善的生产体系，导致资本利用效率的极大缺失。在这一情况下，世界银行体系积极发挥了资金调动的作用，为陷入泥潭之中的经济体提供资金以摆脱困境。具体来说，根据表 4-6 的数据可以看出，纵观整个 70 年代，世界银行和国际开发协会在几次石油危机之后都大幅增加了对成员的借贷资金。同时，二者还与国际货币基金组织一道，创造新的工具以帮助面临能源紧急情况的经济体恢复和发展自身经济，并摆脱由于能源和通货膨胀所带来的各类经济问题。

表 4-6　20 世纪 70 年代世界银行与国际开发协会贷款情况

国际组织	财年	1971	1972	1973	1974	1975	1976	1977	1978	1979
世界银行	贷款金额（亿美元）	19.21	19.66	20.51	32.18	43.20	49.77	57.59	60.98	69.89
	借款方（个）	42	40	42	49	51	51	54	46	44
国际开发协会	贷款金额（亿美元）	5.84	10.00	13.57	10.95	15.76	16.55	13.08	23.13	30.22
	借款方（个）	34	38	43	41	39	39	36	42	43

数据来源：World Bank, *World Bank Annual Report 1980* (Washington D. C.: The World Bank, 1980), p. 8。

（二）拉丁美洲债务危机

20 世纪 70 年代的“石油危机”造成油价暴涨和流动性过剩，对世界经济造成巨大影响，从 1982 年 8 月墨西哥宣布延期偿还债务开始，随后巴西、委内瑞拉、阿根廷、秘鲁和智利等国也相继发生偿债困难的问题，自此，拉丁美洲的债务危机爆发。在 20 世纪 80 年代，世界银行针对这次危机采取了一系列措施，以恢复和促进拉丁美洲的经济发展。

1984 年，针对拉丁美洲的危机，世界银行增加了其对外贷款的规模，以支持结构性变化，特别针对性增加了对巴西、牙买加和巴拿马的贷款。1985 年，世界银行进一步通过各种措施支持拉丁美洲和加勒比区域经济的复苏，为新项目和正在进行的项目提供更多的贷款。这些贷款不仅提供了及时的财政支持，还解决了相关国家和地区重大的发展政策问题。此外，世界银行还通过加强政策分析以及加强与成员关于经济政策的对话，来支持经济复苏和结构变革的努力。[①] 为了帮助拉丁美洲各国调动更多的外部资源，世界银行不断努力扩大其与商业银行的共同筹资活动。例如，世界银行在 1985 年批准向哥伦比亚提供 3 亿美元的贷款，以支持其政府的贸易调整计划，并重点着手于减少限制出口商获得免税中间商品的可自由支配因素；消除大多数出口限制；用关税逐步取代进口配额以及关税结构的改善。又如，对于智利而言，世界银行说服其商业银行增加风险敞口，不仅增加相应贷款规模，还为智利的部分 B 级贷款提供了后续费用担保，这使得智利在 1985 年和 1986 年的外部

① 世界银行及其成员之间的讨论主要集中在出口促进、定价政策、债务管理、资源调动和公共投资项目的合理化等核心问题上。——作者注

筹资需求得到了满足。[①] 1988 年，世界银行继续对拉丁美洲进行了积极的政策对话，并实施贷款计划。在贷款方面，贷款计划包括了 37 个具体项目，总额为 53 亿美元，比 1987 年的贷款总额高出了 1.12 亿美元，其中约 40%的部分是调整贷款，以促进地区和国家经济稳定、克服经济结构的限制并加快机构改革进程。在这部分调整贷款中，墨西哥和阿根廷是最大的受益者，其次是哥伦比亚。[②] 同时，调整贷款还支持了玻利维亚和厄瓜多尔金融部门的改革。

除此之外，世界银行还在 12 个经济体提供了大量传统的投资项目贷款。巴西是主要的受贷方，其次是墨西哥、阿根廷和哥伦比亚。这部分项目贷款主要支持的领域集中在农业和住房信贷、灌溉、港口、公路和公路设施的开发和维护、教育和人力培训、供电、供水、产业结构调整、住房和城镇发展。在政策对话方面，世界银行在 1988 年增加了对拉丁美洲借款方的经济政策对话，包括稳定和债务管理问题、对债务增长的中长期限制、相关的政策改革与过渡问题，以及关于提高公共部门的效率（特别是关于投资规划、税收和公共企业）、制定贸易政策和监管问题。同时，世界银行还努力为拉丁美洲国家调动更多的外部资源，与其他债权人和捐助者密切合作，特别是通过建立协商和援助小组来解决地区的经济问题。[③] 1989 年，世界银行对拉丁美洲的贷款计划比 1988

① World Bank, *The World Bank Annual Report 1985* (Washington D. C.: The World Bank, 1985), p. 123.

② 调整贷款支持了墨西哥贸易发展以及化肥和农业部门的政策改革；阿根廷的银行业发展；哥伦比亚的电力部门发展。相关数据参见 World Bank, *The World Bank Annual Report 1988* (Washington D. C.: The World Bank, 1988), pp. 108。

③ 加勒比经济发展合作集团在这方面取得了成功。在华盛顿特区举行的第九次加勒比经济发展合作集团会议上，捐助方确认了未来 3 年总计 30 亿美元的财政承诺，以支持加勒比国家的发展项目。该段现实资料参见 World Bank, *The World Bank Annual Report 1988* (Washington D. C.: The World Bank, 1988), pp. 108-109。

年增加了11%，包括总额为58亿美元的43个贷款项目，比1988年的贷款总额高出5.78亿美元。

总体来看，从1985年至1989年，针对拉丁美洲的贷款总额超过180亿美元，每年平均约为45.17亿美元。墨西哥当时是世界银行贷款的最大受贷方，世界银行不仅支持了墨西哥金融体系和工业监管领域的政策改革，还促进了公共企业和部分制造业的重组。[①]

（三）海湾危机

进入20世纪90年代，随着伊拉克入侵科威特，海湾危机爆发。这场危机不仅在政治、军事、社会方面产生了诸多冲突，而且对世界经济也产生了严重的影响。此外，海湾危机所造成的经济影响与70年代的石油危机有所相似，但不同的是，自80年代以来，国际形势发生了重大转变。随着东西方关系走向缓和，各经济体更加重视经济和技术的发展，许多经济体把经济安全置于其安全的首位，在国际关系中，经济竞争日益重于军备竞赛，地缘经济的作用在上升而地缘政治的作用则在下降。[②] 因此，在世界经济合作的不断深化以及各经济体经济关联不断强化的情况下，海湾危机对世界经济造成的影响要比石油危机更加严重。在国际石油经济领域中，国际石油供应逐渐紧张，石油贸易格局发生了重大变化，新的“石油美元”问题开始出现；在国际金融领域中，世界股票急剧下跌，黄金价格剧烈波动，世界信贷危机不断加剧；在国际

① World Bank, *The World Bank Annual Report 1989* (Washington D. C.: The World Bank, 1989), p. 136.

② 何方：《海湾危机对世界经济发展的影响》，《世界知识》1990年第24期。

贸易领域中，世界贸易的速度快速下降，初级产品价格疲软下跌，贸易保护主义不断加强。[①] 对于这些问题，世界银行迅速反应，在帮助设计和管理重建和发展方案、提供技术援助和额外筹资以及与其他多边机构合作制定协调财政资源的适当机制方面发挥了积极作用，以帮助那些受到威胁的成员。

具体来说，世界银行与国际货币基金组织一起，与海湾危机金融协调小组（Gulf Crisis Financial Coordination Group）成员进行了密切磋商，以探讨其可能提供援助的方式，其目标是通过动员援助，对受海湾战争影响的经济体进行紧急恢复和经济重建，并应对中东国家的长期发展需求。世界银行推出“海湾援助计划”（Gulf Assistance Program），且计划在1991年增加10亿美元的国际开发援助贷款，比原有计划增加了3.14亿（特别提款权）。此外，世界银行还提出：第一，在需要时准备紧急援助行动，以帮助各经济体重新安置就业，并改善基础设施和社会服务；第二，计划增加成本分摊限制，使世行能够为正在进行的项目和新项目的成本比例的增加提供资金；第三，在可行和适当的情况下，计划加快支出，推进贷款业务，补充正在进行的业务，并增加可进行结构和部门调整的贷款；第四，在仔细审查个案的基础上，就各经济体如何进一步调整其经济以应付危机和维持其减贫政策提供建议；第五，利用现有的机制，如协商小组和对非洲的特别援助方案，根据需要帮助动员和协调对受影响经济体的支助。[②]

1991年，执行委员会批准了国际发展援助贷款。在1991财政年度

① 马秀卿：《海湾危机对世界经济的影响》，《西亚非洲（双月刊）》1991年第2期。

② 本段所述内容参见 World Bank, *The World Bank Annual Report 1991* (Washington D. C.: The World Bank, 1991), pp. 40-129。

应对海湾危机的国际发展援助计划中，约有 4.75 亿特别提款权，其中约 76%用来协助孟加拉国、印度、巴基斯坦、菲律宾和斯里兰卡。同时，在埃及和也门进行的紧急行动也已获得批准，这些行动旨在为被遣返的工人建立基础设施、社会服务和创造就业方案，该计划的其余部分（大约有 1.5 亿特别提款权）将用于几个非洲国家和一些中美洲低收入国家。同时，世界银行在 1991 财政年度中承诺额外贷款 10 亿美元，主要在东欧和中欧进行调整业务。此外，世界银行在欧洲、中东和北非地区的国家也同时进行投资业务，例如，世界银行在约旦地区计划进行一个小型紧急行动，该行动资助了该国整个应急方案的部分外汇和地方费用，其总费用估计为 2.35 亿美元。对于东欧和中欧地区来说，世界银行的贷款战略旨在通过结构调整贷款以及在优先领域提供外部专业知识和支持机构发展所需的技术援助贷款，支持对改革计划成功至关重要的机构。这些计划使得世界银行在 1991 年对欧洲经济委员会成员的承诺数额迅速增加，达到 29 亿美元；① 在 1992 年向该中东和北非地区提供的贷款总额为 14.82 亿美元。②

（四）亚洲金融危机

在 20 世纪 90 年代，除了海湾地区政治经济局势复杂动荡，亚洲，尤其是东亚和东南亚地区也爆发了严重的经济危机，即亚洲金融危机。自 70 年代以来，随着日本对外直接投资的快速发展，其开始在东亚和

① World Bank, *The World Bank Annual Report 1991* (Washington D. C.: World Bank, 1991), p. 44.
② World Bank, *The World Bank Annual Report 1992* (Washington D. C.: World Bank, 1992), p. 155.

东南亚地区扩展业务规模，并依据“雁阵理论”和“边际产业扩张理论”,[①] 重构其产业链和供应链。亚洲其他经济体经济也因此得以快速发展，尤其是进入90年代，以东亚和东南亚为主的亚洲经济体进入经济高增长期。据统计，从1992年至1995年，印度尼西亚、马来西亚、新加坡、韩国、泰国经济的年增长率超过7%，中国的经济增长率达到两位数；1994年至1995年，马来西亚、菲律宾、泰国的年出口增长率超过了30%；亚洲的资本流入在墨西哥危机之后得到快速的恢复，1996年，韩国、印度尼西亚、泰国和菲律宾的净私人资本流入占GDP的比例分别为5%、6%、9%和10%。[②] 然而，在经济和金融都在向好发展的情况下，危机却突然爆发。1997年，以泰国政府宣布泰铢放弃固定汇率制而实行浮动汇率制为起点，亚洲金融危机爆发，金融危机逐渐传导至印度尼西亚、菲律宾、韩国、缅甸等经济体。随后，在同年的10月，中国香港股市暴跌，这不仅引发了亚洲金融市场的新一轮动荡，而且由于中国香港经济及金融业在世界上的地位和作用，使亚洲金融危机真正成为一场带有地区特征同时又颇具世界性影响的金融危机。[③]

在应对这场危机的过程中，世界银行体系发挥了极大的作用。就世界银行来说，其在帮助3个问题最严重的国家（印度尼西亚、韩国和泰国）摆脱紧迫的金融问题和公司困境方面发挥了积极的作用。具体来说，对印度尼西亚，世界银行提供了一笔总额达10亿美元的贷款，使其在贸易、投资、金融部门、公共财政、社会部门和环境领域开展政策

---

① “雁阵理论”和“边际产业扩张理论”分别是由日本学者赤松要（Akamatsu）和小岛清（Kiyoshi Kojima）分别于1932年和1978年提出的。——作者注

② 巴里·埃森格林：《资本全球化：一部国际货币体系史（第三版）》，麻勇爱译，机械工业出版社，2020，第187页。

③ 邓文奎：《亚洲金融危机鸟瞰》，《中国经济评论》2021年第8期。

改革，提供一笔总额为 2 000 万美元的技术援助贷款，帮助其银行部门改善管理和加强监督。对韩国，世界银行不仅向其提供了一笔总额为 30 亿美元的经济重建贷款，以提高其自身的清偿能力，还为其金融部门、公司管理、竞争政策和劳动力市场的政策变革提供了框架，并提供了一笔总额为 20 亿美元的结构调整贷款以加快相关改革计划。对泰国，世界银行提供了一笔改革财务公司的贷款和一笔用于改革公司部门和金融部门的结构调整贷款，并且帮助泰国建立了一个金融改革机构，以解决关闭财务公司后债权人和存款人遇到的问题，还设立了一家资产管理公司，以便用一种有序且经济上可行的方法收复资产，世界银行还进一步放宽了对外国股权投资加以限制的政策。[①]

在亚洲金融危机时期，世界银行重视用于社会保护的预算支出。在制订和实施社会保护计划时，世界银行进一步加强了对劳动福利计划、社会基金、失业保障和社会保障体系等方面的援助力度，以维护低收入人群的基本权利。如 1998 年，世界银行为印度尼西亚准备的 10 亿美元结构调整贷款就包括了社会保护方面的内容。同年，世界银行还帮助韩国当局改革其养老金制度，并设立了一个现代化的社会安全网，其中一笔 20 亿美元的结构调整贷款包括将失业保险扩大到小企业雇员，另一笔结构调整贷款旨在深化社会安全网的改革。[②]

亚洲金融危机让世界认识到强化各经济体内部金融部门和公司管理的重要性。为避免类似危机再次发生，除了直接受危机影响的经济体，世界银行还向其他经济体提供咨询和技术援助，包括派出经济考察团和

---

① 本段所述内容参见 World Bank, *The World Bank Annual Report 1998* (Washington D. C. : The World Bank, 1998), p. 27。

② World Bank, *The World Bank Annual Report 1998* (Washington D. C. : The World Bank, 1998), p. 28.

举办座谈会及研讨会，以便帮助它们在一个日益全球化的环境中强化其管理经济的决策能力和机构能力。例如，1998 年，世界银行与国际货币基金组织一起，为菲律宾的金融部门制订了改革计划；同年 3 月，亚洲开发银行、日本和菲律宾政府以及世界银行的经济发展学院（The Economic Development Institute）在马尼拉举办亚洲发展论坛，探讨金融危机的根源及影响；世界银行为马来西亚制定了一个全面的“国家经济备忘录”，着重分析马来西亚金融部门的问题；针对越南的问题，世界银行举办了一个关于国有企业私有化的讨论会和一个关于金融危机的座谈会，以帮助当局更好地了解政策选择；世界银行的经济发展学院为中国和柬埔寨分别设立了商业银行培训计划和经济管理计划，以帮助该地区的转轨经济建立合适的体制；世界银行还与中国政府一起，组织了一些考察东亚危机的影响和教训的讨论会，这加快了中国国有银行和国有企业部门改革计划的实施。

（五）全球金融危机

在 1997 年亚洲金融危机之后，世界逐渐进入总体平稳增长阶段。进入 21 世纪，世界经济进一步快速发展，国际贸易和国际投资大幅度增加，国际分工随着全球产业链、价值链的布局和完善而不断深化，整个国际社会的生产效率不断提升。但在此背景下，2008 年，美国房地产市场崩盘，并爆发“次贷危机”。而随着美国公司债券市场和股票市场的接连崩盘，大型货币市场基金跌入谷底，并殃及整个基金市场。①

① 李晓耕：《权力之巅：国际货币体系的政治起源》，社会科学文献出版社，2017，第 181 页。

这引发了全球性的金融危机，各经济体都受到极大的冲击，美元的国际货币地位深受影响。此外，这次危机与以往的危机不同，表现出了新的特征：其一，1929年以来发生的金融危机多爆发于发展中经济体，但此次的危机发源地是全球最发达的经济体，并蔓延至全球各地；其二，以往的金融危机多是由汇率问题所导致的，但在这次危机中，其传导机制是由次级信用的房贷违约率增加，引起相关债券市场和基金市场的亏损，进而影响到大型银行，从而传导至金融市场。[①] 新的特征使得2008年的全球金融危机对世界各经济体的冲击都十分明显，而多年来不断深化的经济体间经济关系使得金融危机的传导速度更快，影响力度更大。

面对此次全球金融危机，世界银行不仅反应迅速，而且在保护最弱势经济体免受危机的短期和长期影响、坚持长期基础设施投资项目、保持私营部门主导的经济增长和创造就业机会的潜力三个方面做出了不懈努力，从而帮助各经济体积极应对危机。[②] 具体来说，为了帮助最贫穷和最弱势经济体应对金融危机，世界银行在2008年12月建立了“危机快速应对基金”。随后，在2009年，世界银行建立了“脆弱性融资基金”，其中包括了“全球粮食危机应对计划”（Global Food Crisis Response Program）和“社会快速应对计划”（Rapid Social Response Program）。同年12月11日，世界银行启动面向最贫穷经济体的危机应对窗口，旨在保护低收入国家免受由于对外贸易、汇款和外国直接投资流量下降而导致的冲击。[③]

世界银行还与各经济体政府合作开发并实施了债务管理框架。2009

① 黄海洲：《全球金融体系——危机与变革》，中信出版社，2019，第3—4页。

② World Bank, *The World Bank Annual Report 2009* (Washington D. C.: The World Bank, 2009), p. 14.

③ Ibid., p. 15.

年，为协调与其他多边开发银行和捐款方政府的关系，世界银行建立了“基础设施恢复和资产”（Infrastructure Recovery and Assets）平台，旨在全球经济下滑的情况下为各经济体提供基本的基础设施融资服务。在债务减免方面，世界银行在金融危机蔓延的背景下继续推进和落实如“重债穷国减债倡议”和“多边债务减免倡议”等债务减免倡议，维持了这些倡议的可持续性。①

此外，在全球金融危机爆发之后，世界银行的工作重点还包括对危机的预警和跟踪、金融部门改革和投资环境改革，以帮助各经济体应对危机。关于危机预警和跟踪，为使各经济体更好更快地应对潜在的危机，世界银行支持有关经济体政府进行金融危机的仿真演习；关于金融部门改革，世界银行积极帮助一些经济体政府设计金融监管体系的改革方案，如与国际货币基金组织一道，在中低收入经济体中开展“金融部门评价项目”（Financial Sector Assessment Programs）；关于投资环境改革，世界银行鼓励并支持发展中经济体改善企业的经营环境，并鼓励大力发展私营部门，从而促进企业监管效率，也为社会就业创造更多机会。②

除了在总体上把控危机应对策略和方式，在地区经济恢复和危机应对方面，世界银行也发挥了积极的作用。具体来说，第一，在非洲地区，世界银行在 2009 年向非洲部分国家提供了快速贷款，如中非共和国、加纳、刚果（金）等，以用于支持基础设施维护和薪水的发放。同时，世界银行还加大了对非洲中等收入国家的支持，通过提供

① World Bank, *The World Bank Annual Report 2009* (Washington D. C.: The World Bank, 2009), p. 3.

② Ibid., p. 18.

咨询服务、使用新的融资工具等方式，帮助这些新兴经济体更好地抵御危机。[①] 第二，在亚洲地区，世界银行为越南政府提供相应的资金贷款，以帮助其实施财政刺激政策，并建设其国内的基础设施；世界银行与亚洲开发银行以及澳大利亚、日本合作，为印度尼西亚制订了一套应急融资计划；[②] 世界银行为印度尼西亚政府提供相应的资金，为重要的社会和基础设施项目融资，以确保其关键的公共服务和投资即便在经济不景气的情况下也得以持续；[③] 在巴基斯坦，世界银行批准了共计5亿美元的贷款，用于支持巴基斯坦政府有关经济恢复和保持稳定的计划；在印度，世界银行批准了共计4亿美元贷款，以帮助印度国内中小企业的生产经营活动。[④] 在欧洲地区，世界银行与欧洲复兴开发银行、欧洲投资银行一道，向该地区的银行部门提供股权融资、债务融资、信贷额度和政治风险保险等方式的资金支持，从而为地区内受全球金融危机冲击的企业提供贷款。[⑤] 在拉丁美洲，世界银行批准了共计140亿美元的专项贷款，以促进卫生和社会服务、公共管理和法律、供水和环境部门等区域内公共部门的发展，[⑥] 同时还提供"延迟提款选择权"，并批准了哥伦比亚、哥斯达黎加、危地马拉、秘鲁和乌拉圭等5个国家的8笔延期支付选择贷款，为这些国家应对金融危机冲击提供了流动资金。[⑦]

---

① World Bank, *The World Bank Annual Report 2009* (Washington D. C.: The World Bank, 2009), p. 30.

② 根据该计划，当印度尼西亚国内经济状况恶化时，即可使用其中的资金，这部分资金中包括了由世行提供的20亿美元，占比最大。——作者注

③ World Bank, *The World Bank Annual Report 2009* (Washington D. C.: The World Bank, 2009), p. 35.

④ Ibid., p. 39.

⑤ Ibid., p. 42.

⑥ 巴西、墨西哥和阿根廷分别是最大的三个借款国。——作者注

⑦ World Bank, *The World Bank Annual Report 2009* (Washington D. C.: The World Bank, 2009), pp. 46-47.

除了提供资金援助，在全球金融危机中，世界银行还继续为受援方提供研究和分析服务，包括对国别和地区的最新经济情况报告等，以帮助受援方精准分析内外部经济情况的发展趋势，并有利于受援方政府制定合理的应对策略。

（六）欧债危机

2009年，在各方的共同努力下，全球金融危机逐渐接近尾声，世界经济开始出现反弹并迎来复苏，但金融危机所造成的影响仍未结束。虽然美国国会通过《美国复苏与再投资法案》，稳定了市场信心，遏制了美国经济继续下滑的趋势，但与此同时，另一场影响巨大的危机正在欧洲发酵。[①] 2009年10月，希腊的新一届政府突然宣布：2009年政府财政赤字和公共债务占GDP的比例预计将分别达到12.7%和113%，远远超过欧盟《稳定与增长公约》所规定的3%和60%的上限。[②] 在此之后，惠誉、标准普尔、穆迪这3大全球信用评级机构纷纷调低了对希腊主权的信用评级，而这直接导致了希腊股票市场的崩盘以及欧元兑美元汇率的大幅下跌。更加严重的是，债务问题并非仅存在于希腊一国之中，在葡萄牙、爱尔兰、西班牙等欧盟国家中，也早已积攒了严重的财务问题。因此，随着希腊主权债务危机的爆发，所造成的影响逐渐传导至其他欧盟国家。2009年，穆迪和惠誉将葡萄牙的主权债务评级设为“负面”；2011年10月7日，惠誉将西班牙的主权评级下调两个等级，

---

① 欧债危机的起源可以追溯到2008年10月的冰岛危机，之后该危机不断深化、演进和升级，并成为欧洲地区的“普遍性”问题。参见张卉妍：《世界金融五百年》，中国华侨出版社，2018，第356页。

② 朱雄兵：《三百年沉浮——国际货币秩序的变迁》，经济管理出版社，2011，第249页。

国际货币基金组织和其他评级机构也对西班牙债务水平和经济发展给出了负面的看法；与此同时，意大利经济逐渐衰退，其债券市场也几近崩盘；法国也面临着被“降级”的风险。[①] 可见，此时的欧洲已经深陷债务危机的泥潭之中。

为了快速帮助该地区各国战胜危机，世界银行提供了创纪录的108亿美元贷款，包括国际复兴开发银行提供的102亿美元贷款和国际开发协会提供的6亿美元信贷和赠款。同时，为应对这次危机，世界银行扩大了与欧盟的合作伙伴关系。2009年2月，世界银行集团、欧洲复兴开发银行和欧洲投资银行共同发起了“国际金融机构联合行动计划”（Joint International Financial Institutions Action Plan），向欧洲地区的银行体系提供支持，并向中东欧的实体经济提供贷款。截至2009年底，该计划已经向该地区的金融部门提供了163亿欧元，用于应对债务危机。世界银行还参加了“维也纳倡议”，旨在促进银行业监管机构、商业银行、欧洲委员会和国际金融机构之间的对话。2010年2月，世界银行与俄罗斯签署了两份新协议，其一是俄罗斯在5年内捐款3 000万美元，用于改善该地区的公共财政管理；其二是建立总规模为90亿美元的“欧亚经济共同体反危机基金”（EURASEC Anti-Crisis Fund），支持亚美尼亚、白俄罗斯、哈萨克斯坦、吉尔吉斯斯坦、俄罗斯和塔吉克斯坦6个成员的教育质量、粮食安全、医疗卫生、传染病控制、能源利用和农业。[②] 世界银行的“社会保障网项目”（Protecting Safety Net Programs）也为欧洲国家应对这次债务危机提供了巨大帮助。其中，世界银行向拉

① 张卉妍：《世界金融五百年》，中国华侨出版社，2018，第356—365页。

② World Bank, *The World Bank Annual Report 2010* (Washington D. C.: The World Bank, 2010), p. 25.

脱维亚、白俄罗斯、波黑、波兰、塞尔维亚分别提供了 1.44 亿美元、2 亿美元、1.11 亿美元、13 亿美元、1 亿美元的发展政策贷款，以帮助这些国家消除由于危机对社会造成的影响，提高社会开支的效率。

除此之外，世界银行还在促进欧洲区域一体化和地区合作、投资能源开发、促进经济可持续增长、促进创新、开展调研活动为资金援助提供依据等方面做出了努力，这都为整个欧洲摆脱债务危机提供了相应的帮助。尤其是在促进创新方面，世界银行向亚美尼亚、波黑、克罗地亚、摩尔多瓦和土耳其国内面临严重信用危机的中小企业提供信用额度，同时强调经济多样化和创新，并为这些国家制定经济复苏战略提供支持。①

（七）新冠肺炎疫情

2019 年底，新冠肺炎疫情的暴发给世界经济带来了全面的冲击。人员流动的停滞、产业链长度的缩短、企业经营利润的降低和风险的增加、财政支出的大幅提升都令各经济体不堪重负。在此情况下，各个国际机构对世界经济都表示出负面预期。2 月，世界贸易组织预期 2020 年第一季度全球贸易同比增速会再次下降，未来几个月全球货物贸易很可能继续疲软；3 月，经济合作与发展组织则将当年全球经济增长预期从 2.9%下调至 2.4%，且该组织更是表示新冠肺炎疫情已成为 2008 年全球金融危机以来世界经济面临的“最大危险”；② 10 月，国际货币基

① World Bank, *The World Bank Annual Report 2010* (Washington D. C.: The World Bank, 2010), pp. 24-25.

② 梁艳芬：《新冠肺炎疫情对世界经济的影响分析》，《国际经济合作》2020 年第 2 期。

金组织预期当年全球经济增长率预计为-4.4%，为第二次世界大战以来的最低增长速度。

具体来看，新冠肺炎疫情给世界经济带来的冲击主要集中在四个方面：[①] 其一，新冠肺炎疫情令世界各个经济体的经济增速陡降，虽然中国在第一轮疫情之后实现了经济的强劲复苏，从而带动整个亚太经济的回暖，但其他经济体（尤其是发达经济体）由于受到多轮疫情的冲击，导致经济复苏缓慢。其二，新冠肺炎疫情暴发后，各经济体纷纷出现物价下跌和失业率上升的现象，尤其失业率上升问题，在部分经济体中尤为严重。例如，美国在2020年2月的全国失业率仅为3.5%，但到了4月，失业率快速飙升至14.7%。其三，新冠肺炎疫情的暴发导致全球贸易和跨境投资活动快速减少，并导致大宗商品价格异动。联合国贸易和发展会议在2020年9月发布的《2020贸易和发展报告》显示，2020年全球商品贸易较2019年下降了1/5，全球外国直接投资较2019年缩减了近40%，这也加剧了全球大宗商品价格的波动。[②] 其四，发达经济体资产价格止跌回升、美元走跌和各经济体债务迅速扩张。仅在2020年3月，美国股市就发生了4次熔断，令人恐慌的气氛蔓延至整个世界，为刺激经济，美国出台了巨额的量化宽松政策，导致美元价格不断走低。而随着全球企业债务、居民债务、政府债务的不断攀升，国际金融协会预测全球债务将在2020年底达到277万亿美元，为GDP的365%。[③] 从现实情况来看，根据国际货币基金组织的统计数据，2020

① 张宇燕：《新冠肺炎疫情与世界经济形势》，《当代世界》2021年第1期。

② 以布伦特原油价格为例，2019年11月，油价为每桶63美元；到2020年4月，价格大幅跌至每桶19美元；2020年12月，价格又上升至每桶49美元。——作者注

③ Rodrigo Campos, "Global Debt to Hit Record $277 Trillion by Year End on Pandemic Spending Splurge: IIF," Reuters, accessed November 18, 2020, https://www.reuters.com/article/us-global-debt-idUSKBN27Y239.

年全球债务规模为226万亿美元，为当年全球GDP的256%。

面对由非经济因素导致的全球性经济危机，世界银行体系在资金援助和医疗援助方面为世界各个经济体都提供了巨大的帮助，以帮助各方共同度过这一危机。

在资金援助方面，自新冠肺炎疫情暴发到2021年7月27日以来，世界银行集团已为抗击疫情提供了超过1 570亿美元的融资。种类如下：国际复兴开发银行为中等收入国家提供了456亿美元的贷款；国际开发协会为最贫困国家提供了533亿美元的赠款和高度优惠贷款，也包括对面临债务困境风险经济体的债务减免；国际金融公司为私营企业和金融机构提供了427亿美元；多边投资担保机构给私营部门投资者和相应贷方提供了76亿美元担保；由受援方实施的信托基金共计79亿美元。事实上，世界银行对于新冠肺炎疫情的响应行动开始于2020年4月，以“战略准备与相应计划”（Strategic Preparedness and Response Program）为开端，该计划使用“全球多阶段规划式方法”（Global Multiphase Programmatic Approach）帮助各经济体获得融资，解决医疗卫生需求。从2020年4月到2021年6月，世界银行共支持了100多个经济体应对疫情。[①] 此外，世界银行集团还与二十国集团一起提出对最贫困国家的“暂停偿债倡议”（Debt Service Suspension Initiative），倡议于2020年5月生效，现已为40多个成员提供了超过50亿美元的债务减免。[②]

在医疗援助方面，2020年10月，随着全球新冠肺炎疫苗开发加快，世界银行集团通过“全球多阶段规划式方法”，在24个月内提供

① World Bank, *The World Bank Annual Report 2020* (Washington D. C.: The World Bank, 2020), p. 85.

② World Bank, *The World Bank Annual Report 2021* (Washington D. C.: The World Bank, 2021), pp. 11-12.

了 120 亿美元，以帮助各经济体采购安全有效的疫苗并进行接种，2021 年 6 月这一金额进一步增加到 200 亿美元。这个灵活的一揽子计划允许各经济体通过“新冠肺炎疫苗实施计划”（COVAX）或其他获批来源采购疫苗，同时还为疫苗施打以及强化卫生系统的相关活动提供资金，例如，购置医疗物资和个人防护设备、建设疫苗冷链、培训卫生人员、建设数据和信息系统以及开展疫苗接种宣传等。通过这一做法，2021 年，世界银行向 53 个成员承诺提供 44 亿美元，以用于疫苗接种工作。① 此外，国际金融公司也提供了 40 亿美元用于扩大发展中经济体的医疗卫生服务，增加疫苗和个人防护设备供应及本地生产，解除医疗物资供给瓶颈。多边投资担保机构则启动了一个支持私营部门投资者和贷款人应对疫情的共计 65 亿美元的基金，并将其工作重点转向采购急需的医疗设备、为中小企业提供运营资本和支持政府的短期资金需求方面。②

第二节　区域开发银行体系

在世界经济发展进程中，除了世界银行体系，由各区域内的开发银行所构成的体系也在其中发挥了重要的作用。而区域开发银行体系的建立也与世界银行体系有着相似的动机。例如，从世界层面来看，国际货币基金组织和世界银行的建立是第二次世界大战之后各经济大国主权实力抗衡与政治经济博弈的结果。从区域层面来看，欧洲投资银行是随着

① World Bank, *The World Bank Annual Report 2021* (Washington D. C.: The World Bank, 2021), p. 5.

② Ibid., pp. 10-12.

欧盟国家政治和经济实力的崛起而产生的，且以在世界地位中占有一席之地；美洲开发银行、亚洲开发银行和非洲开发银行则是在自己所属的区域内，通过联合自己发展梯队中的成员，分别建立相应的发展团队，从而在国际新秩序下提升所属区域的政治经济实力；亚洲投资发展银行的建立突出了发展中经济体在世界权力格局中的作用，扭转超级大国在世界拥有绝对话语权的局面；金砖国家新开发银行的建立则是由于在2008年金融危机爆发之后，国际经济格局又出现了新的变化，金砖五国希望在全球化的背景下体现自己新兴市场的实力。①

一、亚洲地区的银行体系

对于亚洲地区来说，现有的区域银行体系主要由亚洲开发银行和亚洲基础设施投资银行组成。

（一）亚洲开发银行

第二次世界大战结束后，由于美国的援助，日本经济迅速增长，但日本国内的资源匮乏、市场狭小限制了日本经济的进一步发展，同时由于日本在战争中的负面形象难以消除，使得其国际声望和经济实力并不匹配。在这种情况下，为了提高国际话语权，进一步发展经济，日本开始筹建一个由日本主导的亚洲区域性开发银行。1956年，日本财政大臣岩田久藤就建议为东南亚建立一个新的金融机构。1957年，日本首

① 任再萍、张欢：《国际组织运行规则比较分析及对金砖银行运作的启示》，《上海金融》2015年第12期。

相岸信介宣布提议创建一个“亚洲开发基金”，向亚洲发展中经济体提供长期低息贷款，“旨在以东南亚的资源、日本的技术与美国的资金形成‘三位一体’模式，建立起日本主导的地区互补型经济秩序”。[①] 而战后亚洲及太平洋地区的许多经济体由于长期受殖民主义的剥削和压迫，经济极端落后，急需资金来发展经济。因此，在发达经济体和发展中经济体的需求与利益互补的条件下，亚洲开发银行得以建立。[②] 亚洲开发银行建立的具体过程详见表 4-7。

表 4-7　亚洲开发银行的建立与发展

1963 年 3 月	日本提出设立亚洲开发银行的建议
1963 年 8—9 月	联合国亚洲及远东地区经济委员会召开了一次专家小组委员会会议，专家们明确提出建立地区开发银行的建议
1963 年 12 月	在第一届亚洲经济合作部长级会议上，通过了一项关于建立亚洲区域发展银行的建议
1964 年 10 月	亚洲及远东地区经济委员会召集一组专家，开始将这一想法转化为现实
1965 年 3 月	亚洲及远东地区经济委员会成立了一个协商委员会，征求成员的意见，并编写一份建立区域发展银行的协定草案
1965 年 11 月	在第二次亚洲及远东地区经济委员会部长级会议上草案获得通过并签署《建立亚洲开发银行的协定条款》
1966 年 8 月	《建立亚洲开发银行协定》生效
1966 年 11 月	亚洲开发银行成立

① 文阡箫：《亚洲开发基金构想：战后日本构建地区经济秩序的挫败》，《日本问题研究》2019 年第 4 期。

② 黄志勇、邝中、颜洁：《亚洲开发银行的运行分析及其对筹建亚洲基础设施投资银行的启示》，《东南亚纵横》2013 年第 11 期；白钦先、王伟：《各国开发性政策性金融体制比较》，中国金融出版社，2005，第 283—284 页。

续表

1974 年 6 月	成立亚洲发展基金，为亚洲开发银行最贫困的成员提供低息贷款
1988 年 3 月	成立日本特别基金，以加速发展中经济体的经济增长
2000 年 5 月	成立日本扶贫基金，用以资助亚洲开发银行的扶贫项目

资料来源：白钦先、王伟：《各国开发性政策性金融体制比较》，中国金融出版社，2005，第 283—284 页；李铁城：《亚洲开发银行》，CNKI 工具书库，https://gongjushu.cnki.net/RBook/Detail?entryId=R200606223000225 4。

亚洲开发银行是亚洲地区内最大的多边金融机构，其成立的目的是促进亚洲和远东地区的经济发展与合作，加快该地区发展中经济体的经济发展，并通过提供贷款、技术援助、赠款和股权投资等方式，帮助其成员和合作伙伴促进社会和经济发展；通过促进政策对话、提供咨询服务以及利用官方、商业和出口信贷来源的联合融资业务等方式调动金融资源。[①] 可以看出，亚洲开发银行是一个致力于促进亚洲及太平洋地区发展中成员经济和社会发展的区域性政府间金融开发机构。

（二）亚洲基础设施投资银行

随着世界经济一体化，世界各经济体的经济可谓“牵一发而动全身”。2008 年，发源于美国的金融危机逐渐蔓延到全球，极大地冲击了全球资本市场，并引起了一系列其他危机，如欧债危机等，世界各经济体的经济因此走向低迷。可以看出，在当时以美元为主导的国际货币体系以及国际金融治理体系下，世界金融体系并不稳定，这给新兴经济体的发展带来了很大的外部风险。在后金融危机时代，增加基础设施投资

① “About ADB,” Asian Development Bank, https://www.adb.org/who-we-are/about.

对于提振亚太经济具有重要意义，但在全球经济低迷的情况下，国际资金流动性差，多边开发银行并不能为亚洲地区经济增长提供充足的资金。在此背景下，中国在全球治理中发挥了作用，积极参与全球治理改革，倡议设立一个新的多边金融机构以加强防范外部金融风险的影响、促进国际资金流动，加强基础设施建设以促进亚太经济发展。[①] 亚洲基础设施投资银行（简称“亚投行”）由此诞生，其建立和发展的具体过程详见表4-8。

表4-8　亚洲基础设施投资银行的建立与发展

2014年10月	签署关于建立亚洲基础设施投资银行的谅解备忘录
2014年11月	首届首席谈判官会议召开
2015年5月	亚洲基础设施投资银行章程最终定稿
2015年6月	《亚洲基础设施投资银行协定》得以签署
2015年12月	批准亚洲基础设施投资银行章程，亚洲基础设施投资银行正式成立
2016年1月	亚洲基础设施投资银行在北京开始运营

资料来源：亚洲基础设施投资银行网站，https://www.aiib.org/en/about-aiib/who-we-are/timeline/index.html。

亚洲基础设施投资银行的宗旨是通过在基础设施及其他生产性领域的投资，以促进亚洲经济可持续发展。创造财富并改善基础设施互联互通，实现亚洲繁荣和经济发展；亚洲基础设施投资银行还与其他多边和双边开发机构紧密合作，推进区域合作和伙伴关系，共同应对发展挑战。[②]

---

① 庞中英：《亚投行全球治理的中国智慧》，人民出版社，2016，第2—7页。

② “About ADB,” Asian Development Bank, https://www.adb.org/who-we-are/about#history.

（三）金砖国家新开发银行

虽然金砖国家包括了中国、俄罗斯、印度、南非和巴西，涉及亚洲、非洲、欧洲和拉丁美洲，但由于5个国家中拥有较大经济体量的中国和印度均处于亚洲，而俄罗斯也与中国接壤，且金砖国家新开发银行的总部位于上海。因此，将金砖国家新开发银行一并纳入亚洲地区的银行体系。

进入21世纪，以金砖国家为首的广大发展中经济体经济迅速发展，其中中国和印度的经济体量在2020年更是排到世界第2和第6的位置。然而，虽然经济发展规模越来越大，但金砖国家在世界经济中的地位与其在国际金融体系中的影响力并不匹配，这使得金砖国家难以在世界经济和国际金融治理中发挥更大的作用，也难以取得更进一步发展。2008年全球金融危机爆发后，在全球经济受到严重冲击的情况下，金砖国家经济增长速度依然稳定，但当时的多边开发银行难以满足金砖国家经济发展的需求，于是金砖国家新开发银行应运而生。[①] 金砖国家新开发银行建立和发展的具体过程详见表4-9。

表4-9　金砖国家新开发银行的建立与发展

2011年4月	在金砖国家第三次峰会上，五国合作机制成员行共同签署《金砖国家银行合作机制金融合作框架协议》，以加强在结算、贷款和资本市场等方面的合作

① 李金英：《金砖国家新开发银行的发展问题研究》，《内蒙古科技与经济》2019年第7期。

续表

2012 年 2 月	在二十国集团财长及央行行长会议上，金砖五国财长首次提出设立合作开发银行和外汇储备库
2012 年 3 月	金砖国家第四次峰会上，巴西、俄罗斯、印度、中国和南非的领导人考虑设立新的开发银行，并成立联合工作组进行进一步研究
2013 年 3 月	金砖国家第五次峰会上，各方领导人就设立新开发银行的可行性达成一致并做出决定
2014 年 7 月	金砖国家第六次峰会上，各方领导人签署了《建立新开发银行的协议》
2015 年 7 月	金砖国家领导人会晤前夕正式启动金砖国家新开发银行
2016 年 2 月	金砖银行新开发银行与中华人民共和国政府签署总部协议、与上海市人民政府签署谅解备忘录

资料来源：金砖国家新开发银行网站，https://www.ndb.int/about-us/essence/history/。

注：五国合作机制成员行指中国国家开发银行、巴西开发银行、俄罗斯开发与对外经济活动银行、印度进出口银行和南非南部非洲开发银行。

金砖国家新开发银行由中国、巴西、俄罗斯、印度和南非共同出资设立，银行通过贷款、担保、参股等金融工具支持公共或私人项目，为成员和其他发展中经济体的基础设施建设和可持续发展项目提供资金支持。[①] 同时，设立新开发银行的另一目的是在 2008 年全球金融危机之后，缓解金砖国家对美元和欧元的依赖，降低遭受经济危机冲击的风险。

二、亚洲银行体系在危机中的作用

亚洲银行体系的建立为亚洲地区以及其他相关经济体在参与区域

① “About Us,” New Development Bank, https://www.ndb.int/about-us/essence/our-work/.

金融事务方面提供了更多平台。同时，作为国际金融治理体系的一部分，亚洲银行体系在相关区域金融治理方面发挥了重要的作用，尤其是在各类危机出现的时候，亚洲银行体系为世界应对危机提供了巨大的助力。

（一）石油危机

在 20 世纪 70 年代，当世界首次遭受油价冲击时，亚洲开发银行便加大了区域内对能源项目的支持，特别是促进成员内能源开发的项目。通过管理其他组织的资金以及开展联合融资业务，亚洲开发银行不断向上述项目和计划提供额外的资源。通过这些方式，亚洲开发银行帮助成员降低了由危机导致的风险和影响。具体来说，亚洲开发银行于 1970 年在日本发行了价值 1 670 万美元的第一笔亚洲债券；1974 年，亚洲开发银行成立“亚洲开发基金”，为最贫困的成员提供低息贷款；1973 年第一次石油危机之后，亚洲开发银行逐渐与欧佩克成员建立了关系，并于 1974 年在科威特发行了价值约 1 700 万美元的债券；此外，亚洲开发银行还与沙特阿拉伯货币机构、海湾货币委员会和科威特的投资者进行了多次私人配售。[①]

① Asian Development Bank, *ADB Through the Decades: ADB's First Decade (1966–1976)* (updated edition) (Mandaluyong City, Philippines: Asian Development Bank, 2017), pp. 13–28.

（二）亚洲金融危机①

在亚洲金融危机时期，印度尼西亚、泰国和韩国这三个国家所受到的影响最大，除了世界银行和国际货币基金组织，亚洲开发银行也为这三个国家提供了大量的贷款来帮助其渡过危机。

对于印度尼西亚，第一，亚洲开发银行很有针对性地提出“金融治理改革部门发展计划”（Financial Governance Reforms Sector Development Program），其中包括了14亿美元的快速支付政策性贷款、5 000万美元的投资以及5 000万美元的技术援助贷款。第二，亚洲开发银行还提出了“社会保障部门发展计划”（Social Protection Sector Development Program），包括了共计1亿美元的快速支付政策贷款、2亿美元的项目或投资贷款、3笔总计590万美元的技术援助赠款。该计划旨在保证弱势群体在教育与医疗方面继续获得基本的社会服务，并为低收入人群提供关键社会服务的可持续政策改革。第三，由于针对卫生部门的计划对于低收入人群来说仍然存在资金不足的风险，因此亚洲开发银行还提出了一项卫生和营养部门的“部门发展方案”（Sector Development Program），其中包括1亿美元的政策贷款、2亿美元的投资贷款以及300万美元的技术援助赠款，在保健、营养、计划生育和传染病控制方面提供基本服务。第四，亚洲开发银行还提出了一项“社区和地方政府援助部门发展计划”（Community and Local Government Support Sector Development Program），其

① 亚洲金融危机期间的资料与数据参见 Asian Development Bank, *ADB Through the Decades: ADB's Fourth Decade (1997–2006)* (updated edition) (Mandaluyong City, Philippines: Asian Development Bank, 2017), pp. 15–22。

中包括2亿美元的政策性贷款、1.2亿美元的投资贷款和250万美元的技术援助赠款。该计划旨在加强地方区级政府的行政和财政自治权。第五,“电力部门重组计划”(Power Sector Restructuring Program),旨在重组印度尼西亚的电力部门,建立一个有竞争力的电力市场,其中包括3.8亿美元的项目贷款和2 000万美元的技术援助贷款。

对于泰国,第一,亚洲开发银行于1997年12月19日批准了共计3亿美元的“金融市场改革计划贷款”(Financial Market Reform Program Loan)。该项目作为国际货币基金组织协调下的经济和金融恢复方案的一部分,旨在加强市场监管、完善风险管理、促进国内投资、通过促进养老制度和公积金来发展机构资金来源。在该项贷款中,还包括了200万美元的技术援助,涵盖支持养老金和公积金改革、信息披露和合规、资产证券化等内容。第二,亚洲开发银行于1998年3月批准了共计5亿美元的“社会部门项目贷款”(Social Sector Program Loan),以减轻金融危机对泰国社会,特别是对最脆弱群体和失业者的短期不利影响。同时,该项贷款还旨在帮助泰国进行国内经济结构的改革,通过发展人力资源优势来提高泰国经济的竞争力,并提高整个社会的服务水平。第三,1998年3月,亚洲开发银行在泰国的出口融资机制方面也做出了相应的努力,其中包括向泰国进出口银行拨付并由泰国政府提供担保的5 000万美元贷款以及对泰国进出口银行9.5亿美元的信用贷款,后者由泰国政府反担保。这一项目也标志着泰国重返国际资本市场。

对于韩国,第一,亚洲开发银行提出了一项针对金融部门的贷款项目,并于1997年提供了40亿美元的贷款,以改善政府其金融体系,并解决其政策弱点以及国内的结构性问题,加强对金融、非金融机构和金融市场的监管。第二,亚洲开发银行还批准了一项共计1 500万美元的技术援助贷款，该项贷款旨在通过构建金融机构进出市场的基本制度框架和政策、构建与金融机构运营相关的法规和程序、制定相关的金融监管措施来加强韩国金融部门的监管。

（三）全球金融危机[①]

在2008年全球金融危机爆发期间，第一，亚洲开发银行积极地调动外部资源，为地区内成员提供援助。2008年5月，亚洲开发基金第九次增资成功，2009年4月，亚洲开发银行第五次全面增资完成，这为亚洲开发银行迅速反应并帮助受危机影响的发展中经济体提供了充分的资金支持。针对全球金融危机的援助项目主要集中在支持快速支付预算，并支持那些可以创造就业机会和增强商业信心的公共和私人项目。第二，2009年6月，亚洲开发银行花费30亿美元建立了“反周期支持基金”（Countercyclical Support Facility），以帮助中等收入经济体维持其关键性的支出。作为一种短期贷款工具，反周期支持基金是对长期结构性改革的传统项目贷款的补充。截至2009年12月，亚洲开发银行已批准向5个国家（孟加拉国、印度尼西亚、哈萨克斯坦、菲律宾和越南）提供25亿美元的援助。第三，2009年6月，亚洲开发银行额外批准了4亿美元的“亚洲开发基金承诺授权”（Asian Development Fund Commitment Authority），以帮助难以获得优惠资源的经济体。第四，亚洲开发银行在危机期间，还实施了针对私营部门的援助，旨在通过鼓励私人投资和

---

① 全球金融危机期间的资料与数据参见 Asian Development Bank, *ADB Through the Decades: ADB's Fifth Decade (2007-2016)* (updated edition) (Mandaluyong City, Philippines: Asian Development Bank, 2017), p. 24。

促进贸易融资来重建商业信心。2009 年 3 月，亚洲开发银行扩大了其“贸易融资计划”（Trade Finance Program），将其总体风险敞口限额从最初的 1.5 亿美元提高至 10 亿美元，这极大地促进了区域内贸易的发展。根据统计数据，风险敞口的扩大共支撑了 19 亿美元的贸易额，其中大部分贸易都发生在亚洲地区内部。

（四）新冠肺炎疫情

在之前的全球或地区性危机期间，由于亚洲基础设施投资银行以及金砖国家新开发银行尚未建立，因此亚洲开发银行成为那一时期亚洲地区发挥作用最大的多边金融机构。而在新冠肺炎疫情导致的全球和区域性经济问题中，后两者也在危机应对和区域治理方面发挥了重要作用。

对于亚洲开发银行来说，第一，2020 年 3 月，针对新冠肺炎疫情的传播，亚洲开发银行宣布了一项共计 65 亿美元的“初始响应计划”（Initial Response Package），以满足成员中的发展中经济体在应对新冠肺炎疫情时的资金需求。之后，亚洲开发银行在 4 月又进一步将该计划的资金规模扩大到 200 亿美元，并简化其运营的措施和过程，以实现更快、更灵活的交付。[①] 第二，2020 年 11 月，亚洲开发银行宣布提供 2 030万美元的额外技术援助，以帮助在亚太地区建立一个能够高效公平地分发疫苗的系统。[②] 此外，2020 年 12 月，亚洲开发银行启动了一

① “COVID-19 (Coronavirus): ADB's Response,” Asian Development Bank, https://www.adb.org/what-we-do/covid19-coronavirus.

② NeilHickey, “ADB Allocates $20 Million to Help Developing Members Access Vaccines for COVID-19,”Asian Development Bank, November 17, 2020, https://www.adb.org/news/adb-allocates-20-million-help-developing-members-access-vaccines-covid-19.

项共计 90 亿美元的疫苗计划，即“亚太疫苗获取机制”（Asia Pacific Vaccine Access Facility），在保证效率和公平的前提下，为其成员中的发展中经济体提供资金支持，同时也提供有效且安全的疫苗。[①]

对于亚洲基础设施投资银行来说，第一，2020 年 4 月，亚洲基础设施投资银行创建了一个“新冠肺炎危机恢复机制”（COVID-19 Crisis Recovery Facility），以支持亚投行的成员和客户减轻由于新冠肺炎疫情所带来的经济、金融和公共卫生压力。第二，考虑到随着新冠肺炎疫情的逐渐蔓延，中低收入成员的脆弱性更加突出，因此，亚洲基础设施投资银行于 2020 年 5 月在危机恢复机制下建立了“特别基金窗口”（Special Fund Window），为低收入成员中具有合格主权信用背书的融资项目提供利率回购，从而增加对该部分成员的资金支持。第三，亚洲基础设施投资银行承诺，从 2020 年 4 月至 2022 年 4 月，将批准向任何由新冠肺炎疫情而导致面临（或可能面临）严重不利影响的成员的公共或私营部门提供高达 130 亿美元的信贷融资。[②] 第四，2020 年 4 月，亚洲基础设施投资银行设置了 50 亿美元的 COVID-19 危机恢复基金。截至 2021 年 3 月，共有 27 个项目得以批准，总金额超过 78 亿美元，并帮助 20 个成员应对危机。[③] 第五，除了通过金融渠道，亚洲基础设施投资银行还积极通过捐赠等方式帮助成员应对危机。2020 年 2 月，亚洲

① Graham Dwyer, “$9 Billion ADB Facility to Help Developing Member Countries Access and Distribute,” Asian Development Bank, December 11, 2020, https://www.adb.org/news/9-billion-adb-facility-help-members-access-and-distribute-covid-19-vaccines.

② “COVID-19 Crisis Recovery Facility,” Asian Infrastructure Investment Bank, https://www.aiib.org/en/policies-strategies/COVID-19-Crisis-Recovery-Facility/index.html.

③ “AIIB Financing Supports Members' Pandemic Response with Vaccine Access,” Asian Infrastructure Investment Bank, accessed March 25, 2021, https://www.aiib.org/en/news-events/news/2021/AIIB-Financing-Supports-Members-Pandemic-Response-with-Vaccine-Access.html.

基础设施投资银行就捐赠 100 万美元为中国购买医疗设备以应对新冠肺炎疫情。此外，亚洲基础设施投资银行还在全球范围采购医疗物资，包括 5.1 万个医用口罩、4.6 万件防护服、1.7 万条手术围裙、2.1 万箱手术手套等。[①]

除了上述努力，亚洲基础设施投资银行根据地区内各成员不同的情况，针对性地制订了相应的帮扶计划，以助力各成员积极应对新冠肺炎疫情所带来的影响，具体如表 4-10 所示。

表 4-10　2020 年亚洲基础设施投资银行针对新冠肺炎疫情的部分贷款援助

4 月 7 日	亚洲基础设施投资银行向中国提供一项 24.85 亿元人民币（约合 3.55 亿美元）的主权支持贷款
5 月 21 日	亚洲基础设施投资银行与亚洲开发银行共同出资，向孟加拉国提供 2.5 亿美元的贷款
5 月 29 日	亚洲基础设施投资银行向菲律宾提供 750 万美元贷款
6 月 17 日	亚洲基础设施投资银行向印度提供 750 万美元的贷款
6 月 19 日	亚洲基础设施投资银行向蒙古国提供 1 亿美元贷款
6 月 23 日	亚洲基础设施投资银行为印度尼西亚的两个项目提供总额为 10 亿美元的贷款，以支持印度尼西亚政府加强该国社会安全网、加强卫生应对以及遏制新冠肺炎疫情
7 月 1 日	亚洲基础设施投资银行向马尔代夫提供 730 万美元的贷款
7 月 3 日	亚洲基础设施投资银行向土耳其两家开发银行提供总额为 5 亿美元的贷款
7 月 6 日	亚洲基础设施投资银行为哈萨克斯坦提供 6.618 亿欧元（约合 7.5 亿美元）贷款

① "AIIB Donates USD1M to Help China Fight COVID-19," Asian Infrastructure Investment Bank, accessed February 24, 2020, https://www.aiib.org/en/news-events/news/2020/AIIB-Donates-USD1M-to-Help-China-Fight-COVID-19.html.

续表

7月17日	亚洲基础设施投资银行向越南繁荣股份制商业银行提供1亿美元贷款，将帮助后者扩大对私营部门（包括中小企业）的贷款，以帮助维持因疫情而中断的商业活动
7月21日	亚洲基础设施投资银行向格鲁吉亚提供4 500万欧元（约合5 000万美元）的贷款
7月22日	亚洲基础设施投资银行向巴基斯坦提供2.5亿美元的贷款
8月14日	亚洲基础设施投资银行向斐济提供一项5 000万美元的贷款，是由亚洲开发银行共同资助的“私营部门主导的持续增长改革计划”（Sustained Private Sector-Led Growth Reform Program）的一部分
8月18日	亚洲基础设施投资银行批准向乌兹别克斯坦提供1亿美元的贷款
8月28日	亚洲基础设施投资银行向孟加拉国提供1亿美元贷款

资料来源：作者根据亚洲基础设施投资银行网站2020年针对新冠肺炎疫情的部分贷款援助资料整理制作，参见 https://www.aiib.org/en/news-events/media-center/news/index.html。

对于金砖国家新开发银行来说，[①] 该行于2020年3月批准向中国提供70亿元人民币的应急援助贷款，并于4月在中国发行价值人民币50亿元的抗击新冠肺炎疫情债券。同月，新开发银行理事会在第五次年会上发表了一份关于应对新冠肺炎疫情的声明，并建立紧急援助设施以满足成员的需求（其中包括向印度发放10亿美元紧急援助贷款）。2020年6月，批准了《新冠肺炎快速应急政策》，批准在国际资本市场发行15亿美元的新冠肺炎疫情应急债券，同时向南非政府提供了10亿美元的新冠肺炎疫情紧急援助贷款。2020年9月，新开发银行批准向巴西政府提供10亿美元的新冠肺炎疫情紧急援助贷款。12月，新开发银行

① 金砖国家新开发银行的相关资料与数据参见 New Development Bank, *NDB Annual Report 2020: Meeting Ever-evolving Development Challenges* (Shanghai: New Development Bank, 2020), pp. 18-22。

发行了20亿美元债券，并分别向巴西和印度提供10亿美元的新冠肺炎疫情经济复苏贷款。

2020年，金砖国家新开发银行总共批准了19个新项目，总价值为103亿美元，其中包括大量的新冠肺炎疫情应对方案。截至2020年底，新开发银行的投资规模达到244亿美元。[①] 此外，为了应对2020年的全球金融波动，新开发银行全年都保持了相当可观的流动性；为了支持其资金需求，还首次以美元的形式进入国际资本市场，并在中国本土市场发行了以人民币计价的抗击新冠肺炎疫情债券。

三、非洲地区的银行体系

对于非洲地区来说，虽然相较于世界其他地区，其经济发展水平总体较为落后，金融发展和开放程度相对较低，但地区内也已建立起区域性的银行体系，其中发挥主要作用的是非洲开发银行集团。

在第二次世界大战之后，广大的非洲殖民地相继获得独立，但殖民时期的各种问题导致这些国家的经济基础薄弱，它们急需大量资金发展经济。然而，由于经济实力较弱的原因，非洲国家在国际上缺少应有的话语权，在世界银行中，非洲国家的投票权也较低。当时世界银行所提供的资金援助主要面对的是西欧等发达经济体，直至成立国际开发协会以后，这些贫困国家才可以更优惠的方式获取援助款项。但是，总体来说，世界银行向非洲国家提供的资金对于当地经济发展来说依旧有限，因此，非洲各国迫切希望可以建立一个属于非洲的金融机构来为非洲的

---

① New Development Bank, *NDB Annual Report 2020: Meeting Ever-evolving Development Challenges* (Shanghai: New Development Bank, 2020), p. 3.

经济发展服务。1964 年 9 月，非洲开发银行集团正式成立。

非洲开发银行集团建立的宗旨是为了促进非洲大陆的经济和社会发展，制定总体发展战略，促进非洲经济的一体化。非洲开发银行集团的总体目标是促进其区域成员的可持续经济发展和社会进步，从而为减贫做出贡献。它由三部分组成：非洲开发银行、非洲开发基金、尼日利亚信托基金。其中非洲开发银行是非洲开发银行集团的母机构，非洲开发基金和尼日利亚信托基金是非洲开发银行集团的两个特许融资窗口。[①]非洲开发银行集团的建立和发展过程详见表 4-11。

表 4-11 非洲开发银行集团的发展历程

1958 年 4 月	联合国经济及社会理事会成立了联合国非洲经济委员会
1960 年 6 月	第二次非洲独立国家会议通过了《关于推进非洲统一的决议》和《关于建立非洲经济合作组织的决议》
1963 年 8 月	在苏丹喀土穆签署《建立非洲开发银行协定》
1964 年 9 月	《建立非洲开发银行协定》生效，非洲开发银行成立
1965 年 3 月	非洲开发银行总部在科特迪瓦首都阿比让开业
1966 年 7 月	非洲开发银行开始运营
1972 年 11 月	非洲开发基金成立
1976 年 2 月	尼日利亚信托基金成立
1982 年 12 月	在 1977 年理事会原则上批准接纳非区域经济体为非洲开发银行成员后，非区域经济体开始加入非洲开发银行

资料来源：非洲开发银行集团网站，https://www.afdb.org/en/about-us/corporate-information/history。

① "History," African Development Bank Group, https://www.afdb.org/en/about-us/corporate-information/history.

四、非洲银行体系在危机中的作用

非洲银行体系的建立为非洲地区以及其他相关经济体在参与区域金融事务方面提供了良好的平台。同时，在区域金融治理进程中，尤其是在面对重大危机时，非洲银行体系贡献了巨大的力量以维护区域发展的稳定。

（一）埃博拉疫情[①]

2014年，西非暴发大规模埃博拉疫情，几内亚、利比里亚、塞拉利昂等国家纷纷遭受疫情的严重冲击。同时，由应对埃博拉疫情而导致的财政支出骤增让非洲国家经济雪上加霜。为了应对危机，非洲开发银行集团做出了积极的努力。第一，非洲开发银行集团提供2.23亿美元的资金援助，并于2015年4月中旬承诺再追加3亿美元，以帮助西非3个受埃博拉疫情影响较重的国家（几内亚、利比里亚和塞拉利昂）继续抗击埃博拉疫情并在疫情得到控制后重振经济。除此之外，非洲开发银行集团还向非洲其他受埃博拉疫情影响的国家提供了贷款以帮助相关国家摆脱疫情和恢复经济。第二，非洲开发银行集团通过提供抗击埃博拉病毒的基本药物和设备以及为当地卫生人员提供紧急培训，协助世界卫生组织应对这次危机。同时，非洲开发银行集团还与非洲联盟和西非国家经济共同体联合资助在当地部署的外国医疗队，以帮助遏制这一疫

① "Ebola," African Development Bank Group, https://www.afdb.org/fr/topics-and-sectors/topics/ebola.

情。第三，除了在应对埃博拉疫情方面做出巨大努力，非洲开发银行集团还为后疫情阶段筹备了两项计划，旨在加强非洲地区国家的卫生系统以及帮助恢复社会服务的可用性。其一是建立非洲疾病预防控制中心；其二是实施埃博拉疫情后的生计恢复项目（见表 4-12）。

表 4-12　非洲开发银行对区域内各国的援助情况

时间	国家	援助
2014 年 4 月 23 日	几内亚及其邻国	300 万美元项目
2014 年 8 月 18 日	西非国家经济共同体	5 600 万美元项目
2014 年 8 月 18 日	几内亚	100 万美元紧急行动
2014 年 8 月 18 日	利比里亚	100 万美元紧急行动
2014 年 8 月 18 日	塞拉利昂	100 万美元紧急行动
2014 年 8 月 18 日	尼日利亚	100 万美元紧急行动
2014 年 9 月 22 日	刚果（金）	100 万美元紧急行动
2014 年 10 月 1 日	科特迪瓦、几内亚、利比里亚和塞拉利昂	1. 5 亿美元预算支助
2014 年 10 月 1 日	几内亚	770 万美元的技术援助

资料来源：African Development Bank, “Ebola Project Brief, ”April 15, 2015, pp. 1-2。

（二）新冠肺炎疫情

在新冠肺炎疫情期间，非洲开发银行集团无论在整体地区层面还是各个国家层面上，都付出了巨大的力量。具体来说，在地区层面上，[①] 非洲开发银行于 2020 年 3 月 27 日通过发行债券筹集了 30

① 本段所涉及资料与数据参见 “COVID-19 and Beyond,” African Development Bank Group, https: //www. afdb. org/en/news-events/resilientafrica2021-covid-19-and-beyond。

亿美元，以用于帮助减轻新冠肺炎疫情对非洲的经济和社会影响；2020年4月1日，非洲开发银行向世界卫生组织提供200万美元的紧急援助，以加强其帮助非洲国家遏制疫情并降低疫情对非洲地区的影响；2020年4月8日，非洲开发银行推出疫情应对机制，包括使用100亿美元的资金以遏制新冠肺炎疫情；2020年4月10日，非洲开发银行董事会批准对拉佐利特非洲医疗基金（Razorite Healthcare Africa Fund）进行1 000万美元的股权投资，以帮助改善整个非洲大陆的医疗基础设施；2020年4月21日，非洲开发银行集团推出"疫情快速响应机制"，帮助非洲各国从对外贸易、医疗卫生、财政支出等多个角度全面地应对新冠肺炎疫情所带来的影响和冲击。

在国家层面，自新冠肺炎疫情暴发以来，非洲开发银行集团为众多非洲国家在金融、卫生、紧急援助等方面提供了相应的支持，为区域内各国抗击疫情并促进经济恢复提供了重要帮助。非洲开发银行集团对区域内各国的援助情况，参见表4-13。

表4-13　新冠肺炎疫情以来非洲开发银行集团对区域内各国的援助情况

2020年5月15日	非洲开发银行批准一笔1 370万美元的贷款，以用于加强津巴布韦的卫生系统
2020年5月22日	非洲开发银行批准了一笔1.88亿欧元的贷款，以支持肯尼亚政府应对新冠肺炎疫情并减轻疫情对经济、健康和社会的影响；批准向毛里求斯共和国提供1.88亿欧元的贷款，以资助其"国家预算支持计划"，应对新冠肺炎疫情
2020年5月27日	非洲开发银行批准向埃及提供50万美元的紧急援助赠款，以提供粮食救济
2020年5月28日	非洲开发银行批准向佛得角提供3 000万欧元的贷款，以帮助该国抗击新冠肺炎疫情并减轻经济影响

续表

2020年5月29日	非洲开发银行批准一项紧急项目，以支持3个低收入西非国家经济共同体成员——冈比亚、马里和尼日尔——以加强其卫生系统建设
2020年5月30日	非洲开发银行批准向塞内加尔提供8 800万欧元的援助贷款，以支持其国内的“COVID-19经济和社会复原计划”
2020年6月3日	非洲开发银行批准1.355亿美元的资金，以支持中部非洲经济和货币共同体抗击新冠肺炎疫情
2020年6月5日	非洲开发银行批准了一笔2.885亿美元的贷款，以帮助尼日利亚应对新冠肺炎疫情并减轻其对民众和企业的影响
2020年6月8日	非洲开发银行批准向科特迪瓦提供7 500万欧元的新冠肺炎疫情应对贷款
2020年6月9日	非洲开发银行批准来自非洲开发基金的2 000万美元赠款资金，用于遏制新冠肺炎疫情对毛里塔尼亚、马里、布基纳法索、尼日尔和乍得的冲击
2020年6月17日	非洲开发银行批准一笔2.25亿欧元的贷款，用于资助埃及的“电力和绿色增长支持计划”；批准向南苏丹提供300万美元的赠款，以支持其对新冠肺炎疫情的紧急响应并加强该国的卫生系统
2020年6月23日	非洲开发银行批准向喀麦隆提供8 800万欧元贷款，作为直接预算支持；批准重新分配300万美元的贷款资源，帮助多哥购买农业原材料，以在新冠肺炎疫情之后加强其国内粮食安全；批准向塞舌尔共和国提供1 000万美元贷款，旨在稳定塞舌尔的宏观经济，加强卫生系统以及保障生计和社会安全网络
2020年6月25日	非洲发展基金批准近890万美元的赠款资金，以支持6个南部非洲发展共同体成员对新冠肺炎疫情的控制
2020年6月26日	非洲开发银行批准向加蓬政府提供1.005亿欧元贷款
2020年6月30日	非洲发展基金批准总额为952万美元的赠款，以帮助东非、东北非以及科摩罗应对新冠肺炎疫情
2020年7月9日	非洲开发银行批准借助特别救济基金向利比亚拨款480 000美元，用于采购急需的个人防护设备以及新冠肺炎疫情治疗

续表

2020年7月22日	非洲开发银行批准向南非政府提供约2.88亿美元的贷款
2020年7月23日	非洲发展基金批准向马拉维、马达加斯加、莫桑比克和圣多美提供1.004亿美元的多国新冠肺炎疫情响应支持
2020年7月24日	非洲开发银行批准以直接预算支持的形式向冈比亚、利比里亚和塞拉利昂提供5 325万美元的多国赠款，帮助其抗击新冠肺炎疫情；非洲发展基金批准分别向加纳、乌干达、卢旺达、索马里、吉布提提供6 900万美元、3 160万美元、9 767.5万美元、2 510万美元、4 116万美元的赠款或贷款，以支持这些国家积极应对新冠肺炎疫情，并减轻新冠肺炎疫情对经济社会的影响
2020年10月19日	非洲发展基金批准向坦桑尼亚提供3 600万美元的贷款，以资助该国应对新冠肺炎疫情
2020年11月19日	非洲发展基金批准向苏丹提供2 823.3万美元的赠款，以支持该国应对新冠肺炎疫情
2020年12月18日	非洲发展基金批准向几内亚比绍共和国提供980万美元的赠款，用于其国家“控制支持项目”，旨在控制新冠肺炎疫情的传播
2021年6月3日	非洲开发银行批准向莫桑比克提供160万美元的赠款，用于购买紧急卫生材料
2021年9月9日	非洲开发银行批准向博茨瓦纳提供1.37亿美元的贷款，以支持其从新冠肺炎疫情中恢复，包括提高支出效率、创造就业机会和推动包容性增长

资料来源：非洲开发银行集团网站，https://www.afdb.org/en/news-keywords/covid-19。

注：非洲开发银行的“电力和绿色增长支持计划”资助款项，旨在促进埃及在积极应对新冠肺炎疫情的前提下完善其国内电力基础设施建设，这有利于推进埃及在后疫情时代的经济恢复。

五、美洲地区的银行体系

对于美洲地区来说，区域内银行体系由美洲开发银行为主导，并由中美洲经济一体化银行、拉丁美洲开发银行、加勒比开发银行共同构成。

（一）美洲开发银行

美洲开发银行是世界上历史最久、规模最大的区域性多边开发金融机构，其建立的起点最早可追溯至19世纪。早在1890年的第一次泛美会议上，拉美国家就提议建立一个“国际性的泛美银行”，但美国的反对导致该提议迟迟无法实现。[①] 第二次世界大战之后，虽然美国总统杜鲁门在1949年提出“第四点计划”，即针对亚非拉的发展中落后国家和地区实施技术援助和资本输出。然而，1954—1957年，拉美国家曾多次提出要建立泛美银行，但依旧被美国强硬拒绝。不仅如此，为了扶持亲美力量，美国大肆干涉拉美国家内政，这导致20世纪50年代，拉美地区爆发了反美浪潮。为改善同拉美的关系和谋求在西半球的利益，美国不得不做出让步，同意建立美洲开发银行。[②] 由此，美洲开发银行得以在1959年正式成立。

美洲开发银行，亦称泛美开发银行，其致力于改善拉丁美洲人民的生活，帮助改善健康和教育，并推进基础设施建设，其目标是以可持

① 吴国平、裘浩楼：《美洲开发银行与拉美的经济发展》，《拉丁美洲丛刊》1983年第3期。
② 黄红珠：《美洲开发银行参与拉美经济发展》，《拉丁美洲研究》1992年第1期。

续、友好的方式实现发展。[①] 同时，美洲开发银行会集中各成员的力量，对拉丁美洲国家的经济、社会发展计划提供资金和技术援助，并协助它们单独和集体为加速经济发展和社会进步做出贡献。[②] 美洲开发银行建立与发展的具体过程详见表4-14。

表4-14 美洲开发银行的建立与发展历程

1959年4月	美洲国家组织的21个成员在华盛顿举行会议，签订建立美洲开发银行的协议
1959年12月	协议生效，美洲开发银行成立，章程规定只有美洲国家组织的成员方可加入
1960年10月	美洲开发银行正式开始运作
1972年5月	修改协议，允许其他经济体加入

资料来源：廖跃文：《地区开发银行：概况、问题、对策》，《国际资料信息》1995年第2期，第11—16页；徐世澄：《美洲开发银行》，CNKI工具书库，https://gongjushu.cnki.net/RBook/Detail?entryId=R2006062230001402。

（二）中美洲经济一体化银行

自19世纪摆脱西班牙殖民以来，中美洲就开始寻求共同合作与发展。早在20世纪50年代，中美洲国家就开始探索如何实现经济的一体化，成为最早展开区域经济合作的地区之一。1951年10月4日，哥斯达黎加、萨尔瓦多、尼加拉瓜、危地马拉、洪都拉斯5个国家联合签订了《中美洲国家组织宪章》，这也标志着“中美洲国家组织”正式成

① “About Us,” Inter-American Development Bank, https://www.iadb.org/en/about-us/overview.

② 《美洲开发银行（Inter-American Development Bank—IDB）》，中华人民共和国外交部，http://www1.fmprc.gov.cn/wjb_673085/zzjg_673183/ldmzs_673663/dqzz_673667/mzkfyh_673809/gk_673811/，访问日期：2022年5月21日。

立。进入20世纪60年代，中美洲区域经济合作取得重大进展。1960年，《中美洲经济一体化总协定》得以签署；1962年，中美洲共同市场成立。然而，由于之后地区政局动荡不断，中美洲经济一体化进程频频受阻。

中美洲经济一体化银行就是在这一背景下建立起来的，或者说，中美洲经济一体化银行是中美洲经济一体化发展的产物。在《中美洲经济一体化总协定》的基础上，中美洲经济一体化银行于1960年12月成立并于1961年5月开始运营。作为中美洲的次区域性开发银行，中美洲经济一体化银行的目标是促进包括创始成员和非创始成员在内的中美洲地区经济一体化和经济社会平衡发展，参与并符合所有成员的利益。[①] 其宗旨为促进这个地区成员的经济发展，推动经济一体化；协调成员经济均衡增长；发展中美洲共同市场的贸易；支持中美洲的自由贸易；扩大农业活动，以建立地区供应体系。[②] 中美洲经济一体化银行建立和发展的具体过程详见表4-15。

表4-15　中美洲经济一体化银行的建立与发展历程

1958年6月	危地马拉、洪都拉斯、萨尔瓦多、尼加拉瓜签署了《中美洲自由贸易和经济一体化多边条约》
1960年12月	《中美洲经济一体化总协定》（亦称《马那瓜条约》）得以签署
1961年5月	《中美洲经济一体化总协定》生效，中美洲经济一体化银行成立

资料来源：方幼封：《中美洲一体化的发展轨迹及其前进中的困难》，《复旦学报（社会科学版）》1995年第4期，第22页；中美洲经济一体化银行网站，https://www.bcie.org/en/about-us/general-information。

① "General Information," Central American Bank for Economic Integration, https://www.bcie.org/en/about-us/general-information.

② 杨永泉、夏德富：《国际组织手册》，中国对外翻译出版公司，1988，https://gongjushu.cnki.net/RBook/Detail?entryId=R200807050000034。

（三）拉丁美洲开发银行

进入20世纪60年代，随着拉丁美洲经济一体化需求的提升，拉丁美洲各国不断寻求更大范围内的共同开发合作与发展。1966年8月，哥伦比亚、智利、委内瑞拉、厄瓜多尔、秘鲁5个国家在哥伦比亚首都波哥大签署了《波哥大宣言》。1967年，为解决地区合作问题，上述5个国家共同成立了“安第斯联合委员会”，并制定了拉丁美洲开发银行的基本原则。1969年，秘鲁、玻利维亚、厄瓜多尔、哥伦比亚、智利5国在波哥大进一步签署了《卡塔赫纳协定》，标志着“安第斯共同体”的成立。在此基础上，1970年，安第斯开发银行在委内瑞拉的加拉加斯开设了总部，并正式开始运营。2010年，安第斯开发银行正式改名为“拉丁美洲开发银行”。

拉丁美洲开发银行是目前拉丁美洲规模最大、成员最多的开发银行。[①] 该银行致力于改善所有拉丁美洲人的生活质量，通过向其股东国的公共和私营部门的客户提供多种金融服务，促进可持续发展和区域一体化；通过信贷、不可退还的资源以及支持拉丁美洲公共和私营部门项目的技术和财务结构来促进可持续发展模式。[②] 拉丁美洲开发银行建立和发展的具体过程详见表4-16。

---

① 王帅：《拉美地区多边开发银行“蓝海”将至》，《银行家》2017年第12期。

② 《拉美开发银行（Banco de Desarrollo de América Latina-CAF）》，中华人民共和国外交部，https://www.mfa.gov.cn/web/gjhdq_676201/gjhdqzz_681964/lmkfyh_690724/jbqk_690726/; "About CAF," Development Bank of Latin America, https://www.caf.com/en/about-caf/; Development Bank of Latin America, *Agreement Establishing* (Caracas, Bolivarian Republic of Venezuela: Development Bank of Latin America, 2020), p. 9。

表 4-16　拉丁美洲开发银行的建立与发展历程

1968 年 2 月	成员政府在圣卡洛斯宫签署了建立协议
1969 年 5 月	《卡塔赫纳协定》得以签署，该协定为安第斯次区域组织建立了政治框架
1970 年 6 月	拉丁美洲开发银行正式开始运营

资料来源：拉丁美洲开发银行网站，https://www.caf.com/en/about-caf/。

（四）加勒比开发银行

第二次世界大战后，第三世界国家和地区纷纷独立，为打破国际经济旧秩序以及发展民族经济，广泛开展了多种形式的经济一体化运动，加勒比地区也不例外。加勒比开发银行就是在加勒比地区经济一体化的发展过程中形成的。[①] 1968 年 5 月，安提瓜和巴布达、巴巴多斯、圭亚那共同建立了“加勒比自由贸易协会”，这也标志着加勒比地区的经济一体化全面展开。在此基础上，进一步形成了加勒比自由贸易区。这不仅促进区域内商品和劳动力的自由流动，进而促进成员的经济发展，还不断协调成员间的经济合作，帮助较不发达成员振兴经济。1969 年 10 月，在加拿大、英国、美国等非加勒比地区经济体的资助下，16 个加勒比地区国家在牙买加首都金斯敦签署协议，成立加勒比开发银行，并于 1970 年 1 月正式运营，为地区内经济贸易合作提供金融支持。

加勒比开发银行是一个区域性金融机构，几乎囊括了所有加勒比地区国家，为其经济和社会发展计划提供流动性充沛、资本强劲的贷款支

① 对加勒比开发银行建立背景的描述参见江时学：《加勒比地区的经济一体化历程》，《拉丁美洲丛刊》1983 年第 6 期。

持。[1] 该银行成立的目的是协调加勒比成员的经济增长和发展，促进它们之间的经济合作和一体化，同时也特别关注该地区欠发达成员的需求。[2] 加勒比开发银行建立和发展的具体过程详见表 4-17。

表 4-17　加勒比开发银行的建立与发展历程

1966 年	加拿大与英联邦加勒比会议通过一项提议，即进行调查并着手建立一个金融机构为英联邦加勒比国家和地区服务的可能性
1967 年 7 月	一个专家小组提交的报告建议建立一个初始资本为 5 000 万美元的加勒比开发银行
1967 年 8 月	在圭亚那乔治敦的一次官员会议上审议并接受了这份报告，并成立了一个委员会来准备协议草案并最终确定银行成立的细节
1968 年	提交协议草案，并在部长级会议后通过
1969 年 10 月	在牙买加金斯敦签署协议
1970 年 1 月	协议生效，加勒比开发银行成立

资料来源：加勒比开发银行网站，https://www.caribank.org/bank-history。

六、美洲银行体系在危机中的作用

上述区域性金融机构形成了美洲银行体系，其不仅促进了区域内各经济体之间的经济合作，为美洲经济发展提供资金支持，还在各类危机中发挥着重要的作用，帮助区域积极应对危机。

---

① 王帅：《拉美地区多边开发银行“蓝海”将至》，《银行家》2017 年第 12 期。

② “Bank History,” Caribbean Development Bank, https://www.caribank.org/bank-history.

(一) 拉丁美洲债务危机

1982 年，拉美债务危机发生后，区域内发展中经济体、国际金融组织和商业银行做出了共同的努力来缓和债务危机。除此之外，作为区域内的多边银行机构，自 1983 年至 1989 年，美洲开发银行不断发挥自己的资金配置和协调作用，积极地参与到帮助地区内各国应对危机的过程中。具体详见表 4-18。

表 4-18　1983—1989 年美洲开发银行实施的危机应对措施

1983 年	(1) 为应当债务危机，美洲开发银行增加 150 亿美元的股本以及 7.03 亿美元的特别行动基金；(2) 批准向成员提供 30.45 亿美元贷款；(3) 批准向成员提供 5 400 万美元的赠款与有偿还技术合作；(4) 针对各成员低收入群体，批准小型项目融资共计 882 万美元，且到 1983 年底，该计划总批准金额已上升到 4 440 万美元
1986 年	(1) 提供超过 30 亿美元的港口建设贷款，以帮助刺激拉丁美洲的经济和社会发展；(2) 批准 303.7 亿美元的贷款，以用于拉丁美洲经济和社会发展；(3) 成立美洲投资公司，以促进地区内资本流动和私营部门发展；(4) 向成员批准了 2 020 万美元的拨款与有偿还技术合作，且累计总额增加到 5.615 亿美元；(5) 针对少数或无法获得传统信贷的低收入群体的小型项目融资，批准了 450 万美元
1987 年	(1) 提供 23.61 亿美元的贷款支持，以促进拉丁美洲的经济和社会发展，主要集中在能源、运输基础设施、公共卫生以及农业部门；(2) 支付 19.19 亿美元的已批准贷款；(3) 批准 4 680 万美元的拨款与有偿还技术合作；(4) 针对小型项目融资，批准了 850 万美元
1989 年	(1) 批准 36 笔贷款，总计 26.18 亿美元，以支持拉丁美洲的经济和社会发展，并支付了 25.49 亿美元；(2) 批准 6 100 万美元拨款与有偿还技术合作；(3) 向非借款成员批准 9.494 亿美元的拨款，用于货物和服务交易

资料来源：Inter-American Development Bank, *Inter-American Development Bank Annual Report 1983*; *Inter-American Development Bank Annual Report 1986*; *Inter-American Development*

Bank Annual Report 1987; *Inter-American Development Bank Annual Report 1989*。

注：截至 1986 年底，美洲开发银行的累计贷款总额达到 354 亿美元，这些贷款资助的项目估计投资总额超过 1 100 亿美元。

除了美洲开发银行，拉丁美洲开发银行也提供了相应的援助措施，以配合其他国际或区域金融机构共同应对债务危机。[①] 具体来说，1980 年，拉丁美洲开发银行向哥伦比亚的金属加工行业提供了 9 500 美元的无偿技术援助。1981 年，为扩大玻利维亚大豆、棉花等产品的生产以及原油的开采，拉丁美洲开发银行提供了 100 万美元的贷款。之后，从 1982 年至 1983 年，拉丁美洲开发银行共批准了 37 项贷款，其中专项贷款 13 项、技术合作贷款 24 项，共计 11 699 万美元。1984 年，为改善物质和社会基础设施，拉丁美洲开发银行首次为综合发展和农村计划提供资金，共计 389 万美元，以扩大成员的农业生产规模，提升农业生产力。1986 年，拉丁美洲开发银行首次批准了公路运输基础设施整合项目，即资助建设奇莫雷—雅卡帕尼高速公路；同时，为了支持沿线次区域的发展，银行的信贷和技术合作批准金额增加至 1.71 亿美元。1989 年，拉丁美洲开发银行针对地区内的天然气管道项目提供 950 万美元的融资贷款，旨在将天然气输送到哥伦比亚北部地区的中小城市。

（二）全球金融危机

2008 年，面对来势汹汹的金融危机，美洲开发银行集团将贷款、信用担保和赠款批准额度增加了约四分之一，达到创纪录的 122 亿美

① 本段关于拉丁美洲开发银行在拉丁美洲债务危机中的相关措施参见 Development Bank of Latin America, *50 AÑOS EN EL CAMINO A LA PROSPERIDAD* (Caracas, Bolivarian Republic of Venezuela: Development Bank of Latin America, June 2020), pp. 37-53。

元，以帮助拉丁美洲度过全球金融危机。① 除此之外，美洲开发银行采取了几个步骤来更快地响应危机。第一，设立5亿美元的信贷额度，帮助地区内各成员减轻由食品成本上涨而导致的物价问题。第二，2008年10月，美洲开发银行设立了共计60亿美元的贷款项目，为那些受全球金融危机影响但难以进入国际信贷市场进行借贷的成员提供资金。第三，批准了1.66亿美元的贷款和赠款给专注于小微企业的多边投资基金，批准了5.53亿美元的业务款项给专门为中小企业融资的美洲投资公司。第四，在可持续能源和气候变化倡议、水和卫生倡议以及针对多数人的就业机会3个关键项目增加贷款和赠款数量；同时，创建“水与卫生合作基金”，在4年内向拉丁美洲国家提供15亿美元的赠款。第五，设立贸易援助战略基金和收购基金，分别为减少贸易壁垒和改善供水与卫生设施的项目提供赠款。②

（三）新冠肺炎疫情

在面对新冠肺炎疫情时，美洲银行体系充分发挥了提供融资以及配置地区内资源的作用，提高了整个地区应对疫情的效率。

首先，作为美洲银行体系的主导，美洲开发银行在应对疫情方面积极采取了诸多措施，且主要在四个领域内为地区国家提供支持。③ 第

① “IDB and other Multilaterals launch liquidity facilities for Latin America and the Caribbean,”Inter-American Development Bank, accessed October 13, 2008, https://www.iadb.org/en/news/idb-and-other-multilaterals-launch-liquidity-facilities-latin-america-and-caribbean.

② “IDB Boosts 2008 Approvals in Effort to Ease Impact of Financial Crisis,” Inter-American Development Bank, accessed December 29, 2008, https://www.iadb.org/en/news/news-releases/2008-12-29/idb-boosts-2008-approvals-in-effort-to-ease-impact-of-financial-crisis%2C5090.html.

③ 本段所使用的相关案例资料参见美洲开发银行网站，https://www.iadb.org/en/new。

一，美洲开发银行在即时公共卫生应对措施方面给地区内各国提供了支持，以帮助遏制新冠病毒的传播并减轻其影响，并提供资源以加强公共医疗保健系统并购买物资和设备。例如，2020 年 5 月，美洲开发银行向加勒比公共卫生署批准了 75 万美元的赠款，以协调区域卫生机制应对疫情；2020 年 11 月，批准一项 5 000 万美元的贷款，用于加勒比国家应对疫情以及疫情后的社会经济复苏；2020 年 12 月，针对拉丁美洲的新冠疫苗融资筹集 10 亿美元；2021 年 10 月，向玻利维亚提供的 5 亿美元贷款，旨在支持政府通过提供现金转移支付，以帮助受疫情影响最严重的民众。第二，在构建弱势群体安全网络方面，美洲开发银行通过各类转移支付手段来保护受疫情影响最严重的部门和人群的收入。例如，2020 年 6 月，美洲开发银行批准向伯利兹提供 1 200 万美元的贷款，以支持伯利兹政府实施失业救济计划；2020 年 12 月，向圭亚那提供一笔 3 040 万美元的贷款，以帮助其稳定疫情中弱势群体的最低生活质量，并保护人力资本；2021 年 7 月，向厄瓜多尔提供 3 亿美元的项目贷款，以支持其应对疫情。第三，美洲开发银行通过融资计划和短期流动性担保、外贸融资和担保、贷款重组等手段为地区内国家提供在经济生产力和就业方面的支持。例如，2020 年 9 月，美洲开发银行向巴西提供 7.5 亿美元贷款，加强对 11 000 多家中小微企业的信贷额度，以支持这些企业应对疫情并增加巴西国内的就业；2021 年 5 月，向巴拿马提供一笔 1.5 亿美元的贷款，以支持其国内中小型企业在疫情期间的可持续性，并通过提供融资渠道来促进就业。第四，美洲开发银行为地区内各国财政也提供了相应的支持。例如，2020 年 7 月，美洲开发银行向特立尼达和多巴哥提供 1 亿美元贷款，在公共卫生和疫情应对方面为其政府提供资金支持，帮助两国渡过财政危机，并为后期的经济复苏提供基础。2020 年 12 月，向哥伦比亚提供一项 1.618 亿美元的贷款，以保持其社会保障体系的可持续性。

其次，面对新冠肺炎疫情，中美洲经济一体化银行积极响应世界银行，为地区内的国家提供针对性的紧急援助。[①] 例如，2020 年 8 月，中美洲经济一体化银行宣布创建 19.6 亿美元的“新冠肺炎疫情和经济紧急支持与准备计划”，为危地马拉、萨尔瓦多、洪都拉斯、尼加拉瓜、哥斯达黎加、巴拿马、多米尼加、伯利兹、哥伦比亚、阿根廷等国提供医疗用品；同月，向尼加拉瓜受新冠肺炎疫情影响的中小微企业提供 5 000万美元的资金支持，重新激活当地经济，并向中美洲一体化体系中的 8 个国家批准 4 亿美元资金支持，以帮助这些国家采购疫苗；2020 年 9 月，首次向尼加拉瓜支付了 900 万美元，以帮助其经济发展[②]；2021 年 11 月，为加强阿根廷的公共卫生应对能力，中美洲经济一体化银行在“监狱单位和边境卫生基础设施加强计划”下支付了 3 760 万美元，该计划总融资额为 5 000 万美元，已为阿根廷全国 30 个监狱中心和 13 个边境哨所购买和安装卫生模块及其各自的设备，使 260 万人受益，包括囚犯、监狱系统工作人员和边境过往人员。

再次，在应对新冠肺炎疫情过程中，拉丁美洲开发银行一方面积极动用各类资源，为地区内各国提供充分的援助和资金支持。[③] 例如，2020 年 3 月，拉丁美洲开发银行向其股东提供高达 25 亿美元的逆周期紧急信贷额度和快速支付工具，从而支持和补充各国政府财政；2020

---

① 本段所使用的相关案例资料参见中美洲经济一体化银行网站，https://www.bcie.org/en/news-and-media/news/article。

② 通过中美洲经济一体化银行的援助，自 2020 年 3 月 11 日起，尼加拉瓜共复工 21 家企业，维持 869 个工作岗位，并重新聘用 32.7%的下岗人员。——作者注

③ 本段所使用的相关案例资料参见拉丁美洲开发银行网站，https://www.caf.com/en/currently/news/。

年4月，分别向乌拉圭捐赠40万美元、向特立尼达和多巴哥提供5 000万美元的贷款、向巴拿马提供5 000万美元的贷款；2020年7月，向巴巴多斯提供1亿美元贷款，以减轻疫情对经济、金融、社会以及人民生活质量的影响；2020年8月，向巴西提供3.5亿美元的贷款，以帮助其应对由于疫情引发的社会、经济和金融问题。另一方面，拉丁美洲开发银行还积极与其他多边机构进行合作，并助力地区在后疫情时代的经济复苏。例如，2020年3月，世界银行、美洲开发银行和拉丁美洲开发银行共同承诺为南美国家提供资金、技术合作资源、专业知识和灵活的应急工具；2022年2月，拉丁美洲开发银行发行了总额为6.5亿美元的5年期债券，以支持拉美经济社会复苏。

最后，为应对新冠肺炎疫情，加勒比开发银行批准了一项多管齐下的财务计划来帮助各成员，其中包括1.4亿美元的政策性贷款、向7个成员提供总额为6 700万美元的紧急贷款、向14个成员提供300万美元目的是为一线工作人员购买个人防护设备。① 同时，加勒比开发银行还分别给安提瓜和巴布达、伯利兹、多米尼克、格林纳达、圣卢西亚、圣文森特和格林纳丁斯、苏里南分别提供了1 300万美元、1 500万美元、250万美元、590万美元、1 080万美元、1 130万美元、820万美元的紧急贷款。② 除此之外，加勒比开发银行也积极与地区内其他组织合作。例如，③ 加勒比开发银行积极与加勒比公共卫生署、加勒比灾害应急管理署（Caribbean Disaster Emergency Management Agency，CDEMA）和泛

① “CDB's Response to the COVID-19 Pandemic,” Caribbean Development Bank, https://www.caribank.org/cdbs-response-covid-19-pandemic.

② “CDB's COVID-19 Response Exceeds US $190 Million in 2020,” Caribbean Development Bank, accessed February 26, 2021, https://www.caribank.org/newsroom/news-and-events/cdbs-covid-19-response-exceeds-us190-million-2020-0.

③ Ibid.

美卫生组织（Pan American Health Organization，PAHO）合作，并提供300万美元，用于为14个国家的医护人员采购个人防护设备；同时还与加勒比出口发展署（Caribbean Export，CE）合作，提供60万美元的紧急响应贷款，以帮助以出口为导向的中小微企业；2020年12月，加勒比开发银行与美洲开发银行签署5 000万美元的贷款协议，以支持东加勒比国家组织（Organization of Eastern Caribbean States，OECS）成员的疫情应对项目，确保受影响公民的生活质量和健康水平，同时为中小微企业提供支持。

七、欧洲地区的银行体系

对于欧洲地区来说，由于其经济一体化水平较高，已经形成了较为成熟的区域性银行体系。欧洲的区域性银行体系主要由欧洲复兴开发银行、欧洲投资银行和欧洲中央银行组成。

（一）欧洲复兴开发银行

在1989年东欧剧变后，捷克、波兰、匈牙利等众多东欧国家陷入了严重的经济和债务危机。如何为东欧国家提供资金援助以帮助其渡过危机，避免整个欧洲受到影响成为当时欧洲各国所关心的问题。出于政治和经济上的考虑，当时担任欧洲共同体理事会主席的法国总统弗朗索瓦·密特朗于1989年12月9日在斯特拉斯堡召开的欧洲共同体首脑会议上建议由欧洲共同体牵头成立一家“地区性开发银行”，以协调欧洲共同体内部和其他西方国家对东欧国家的援助行动。[①] 在美国、日本等国家的支持和参与下，欧洲复兴开发银行随即诞生。

欧洲复兴开发银行建立的宗旨在于通过提供项目贷款与股权投资、组织银团贷款及提供贸易项目担保等方式，帮助中东欧国家从计划经济向市场经济过渡，致力于这些国家的发展开放和可持续的市场经济。虽然欧洲复兴开发银行建立的目的是帮助中东欧国家发展经济，但由于最初的参与成员不仅有欧洲各国，还包括了美国、日本、加拿大、澳大利亚等国家，因此其表现出了多国合资银行的特征。[②] 欧洲复兴开发银行建立和发展的具体过程详见表 4-19。

表 4-19　欧洲复兴开发银行的建立过程

1989 年 10 月	法国总统弗朗索瓦·密特朗首次提出建立欧洲开发银行的想法
1990 年 5 月	《建立欧洲复兴开发银行协定》得以签署
1991 年 3 月	《建立欧洲复兴开发银行协定》生效
1991 年 4 月	欧洲复兴开发银行开始运营

资料来源：欧洲复兴开发银行网站，https://www.ebrd.com/ebrd-timeline。

（二）欧洲投资银行

第二次世界大战之后，在美国的援助下，欧洲各国经济逐渐恢复，生产力大幅度提高，欧洲各国之间的经济联系越来越密切。此时，欧洲地区需要一个区域性的机构来处理与协调国与国之间的经济关系。除此之外，在美苏冷战背景下，保持欧洲的自主与独立、提高国际地位是欧

① 陈朝高：《欧洲复兴和开发银行介绍》，《国际研究参考》1992 年第 5 期。

② 陈朝高：《欧洲复兴和开发银行介绍》，《国际研究参考》1992 年第 5 期。

洲各国的共同愿望，且当时欧洲国家也有经济实力来抗衡美苏两国，于是欧洲各国开始走联合以求自保与自强。1957 年 3 月 25 日，法国、联邦德国、意大利、荷兰、比利时和卢森堡六国政府首脑和外长，在罗马签订了《建立欧洲经济共同体条约》，亦称《罗马条约》，从而共同建立一个欧洲经济一体化市场。而为了合理调配地区和国际资金，促进欧洲各国的共同发展，欧洲共同体成员进一步联合建立了欧洲投资银行。

欧洲投资银行在 1958 年 1 月 1 日正式运营。作为欧洲地区的主要贷款机构，其在建立之初的业务重点是对共同体内落后地区兴建的项目、对有助于促进工业现代化和结构改革的计划和有利于共同体或几个成员的项目提供长期贷款或保证，也对共同体以外的地区输出资本。[①] 作为世界上最大的多边金融机构和气候融资提供者之一，欧洲投资银行的工作不仅在于和其他欧盟机构密切合作，促进欧洲一体化，促进欧盟发展，还侧重于气候和环境、发展、创新和技能、中小企业、基础设施和凝聚力等关键领域。[②] 欧洲投资银行建立和发展的具体过程详见表 4 -20。

表 4-20　欧洲投资银行的建立过程

1956 年 6 月至 1957 年 3 月	6 个欧洲国家的代表计划制订建立欧洲经济共同体的条约
1957 年 3 月	《建立欧洲经济共同体条约》得以签署
1958 年 1 月	《建立欧洲经济共同体条约》生效

① 黄达、刘鸿儒、张肖等：《中国金融百科全书》，经济管理出版社，1990。

② "EIB at a Glance," European Investment Bank, https://www.eib.org/en/about/at-a-glance/index.htm.

续表

1958 年 3 月	欧洲投资银行开始营业
1994 年 6 月	成立欧洲投资基金，专注于中小型企业和风险资本投资
2000 年 6 月	成立欧洲投资银行集团，欧洲投资银行为欧洲投资基金的大股东，欧洲投资基金是为集团提供风险资本的专业部门
2014 年 11 月	欧盟委员会和欧洲投资银行推出欧洲战略投资基金

资料来源：欧洲投资银行网站，https://www.eib.org/en/about/key-figures/timeline/index.htm。

（三）欧洲中央银行

欧洲经济共同体成立之后，除了推进商品市场和要素市场的一体化，也在不断尝试和推进区域内的货币一体化，从而真正达到经济一体化。在货币一体化进程中，各国不仅需要不断放松资本管制，更是要在蛇形浮动体系之后建立一个新的区域货币体系，并需要一个新的区域性金融机构来统合各成员的中央银行，从而在货币体系中发挥关键作用。因此，在《德洛尔报告》中，德洛尔委员会建议将“国际货币权力”彻底集中化，并建立的一个新的机构，即欧洲中央银行。[①] 而《马斯特里赫特条约》及其附件《欧洲中央银行体系法令》更是为欧洲中央银行的建立奠定了基础。[②]

作为世界上第一个管理超国家货币的中央银行，欧洲中央银行的主要职能是“保持物价稳定”。同时，在保证独立性的基础上，控制通货膨胀、保证银行体系安全稳定、发行欧元、保持金融基础设施的平稳运

① 巴里·埃森格林：《资本全球化：一部国际货币体系史（第三版）》，麻勇爱译，机械工业出版社，2020，第 162 页。

② 郭洪俊：《欧洲中央银行的独立性问题》，《国际金融研究》1998 年第 8 期。

行以及维护金融稳定。[①] 欧洲中央银行建立和发展的具体过程详见表 4 -21。

表 4-21　欧洲中央银行的建立与发展过程

1969 年 12 月	欧共体各成员首脑在海牙召开会议，首次提出建设“欧洲经济与货币联盟”的正式目标。会后组建了一个专家咨询小组，组长由卢森堡首相皮埃尔・维尔纳担任
1970 年 10 月	专家咨询小组向欧共体部长理事会提交《维尔纳报告》（又称《关于分阶段实施经济与货币联盟的报告》），报告提出了建立欧洲中央银行的设想，分三个阶段建成经济与货币联盟，但最终失败
1989 年 4 月	德洛尔委员会提出《德洛尔报告》（又称《欧洲共同体经济和货币联盟的报告》），报告重新提出分三个阶段建设欧洲经济与货币联盟
1991 年 12 月	在第 46 届欧洲共同体首脑会议上达成《马斯特里赫特条约》（即《欧洲联盟条约》）
1992 年 2 月	《马斯特里赫特条约》得以签署
1994 年 1 月	欧洲货币管理局成立
1995 年 12 月	欧洲理事会同意将引入的欧洲货币单位命名为“欧元”
1997 年 6 月	欧洲理事会通过了《稳定与增长公约》，补充和明确经济与货币联盟条约规定
1998 年 6 月	欧洲中央银行成立（取代欧洲货币局）
1998 年 7 月	欧洲中央银行正式开始运营
1999 年 1 月	实施单一的货币政策，正式启动并引入欧元为记账货币
2002 年 1 月	发行欧元现金，引入欧元现金转换

资料来源：欧洲中央银行网站，https: //www. ecb. europa. eu/ecb/history/emu/html/index.en. html。

① “About,” European Central Bank, https: //www. ecb. europa. eu/ecb/html/index. en. html.

八、欧洲银行体系在危机中的作用

欧洲作为目前经济一体化水平最高的地区，区域性银行体系发展较为完善，这不仅促进了欧洲地区经济的快速发展，也为危机之下的欧洲各国提供了良好的依托，以应对各类风险。

（一）东欧剧变后的欧洲危机

在东欧剧变之后，苏联的解体给整个欧洲经济带来了严重的影响。例如，芬兰等严重依赖出口的经济体受到沉重打击；众多东欧国家在经济转轨过程中出现资金不足的问题；德国虽然实现经济和货币的统一，但由于大量的财政赤字产生以及资本流动规模的快速扩大，整个欧洲的利率大幅上涨；美元对马克等欧洲汇率机制下的货币贬值，令欧洲的国际竞争力大幅降低。[①] 这使得整个欧洲大陆陷入了自第二次世界大战以来最严重的危机之中。在这一背景下，欧洲复兴开发银行成立。

不同于一般的开发银行，欧洲复兴开发银行是世界上唯一的一家转轨银行，具有明显的政治色彩，只向那些承诺采取多党民主制度的国家提供援助。[②] 欧洲复兴开发银行以帮助中东欧国家从计划经济向市场经济过渡为主要目标，协助受援成员实施结构和部门经济改革，包括权力下放和私有化。其业务集中在帮助这些国家实现价格自由化，为财产权

① 巴里·埃森格林：《资本全球化：一部国际货币体系史（第三版）》，麻勇爱译，机械工业出版社，2020，第 164 页。

② 谢世清：《ECB、EIB 和 EBRD 之比较研究》，《金融与经济》2012 年第 6 期。

等权利提供明确的法律保护，而且对银行系统等关系国计民生的产业进行相应的改革。[①] 具体来说，欧洲复兴开发银行通过下列措施帮助东欧国家经济充分融入国际经济：（1）通过私人和其他感兴趣的投资者，促进建立、改善和扩大生产性、竞争性和私营部门的活动，特别是中小型企业；（2）动员国内外资本和有经验的管理；（3）促进生产性投资，包括在服务和金融部门，以及必要的相关基础设施，以支持私营和企业倡议，从而协助创造有竞争力的环境和提高生产力、生活水平和劳动条件；（4）促进无害环境和可持续发展；（5）刺激和鼓励资本市场的发展；（6）支持涉及多个受援国的健全和经济上可行的项目。[②]

（二）欧洲主权债务危机

欧洲复兴开发银行在帮助其业务所在国应对和计划从金融危机中持续复苏方面发挥了关键作用。在2008—2009年全球金融危机之后，欧洲复兴开发银行努力维持地区的资金流动，阻止跨境银行集团撤出，并支持关键项目的长期发展。

在2009年的信贷紧缩中，欧洲复兴开发银行的直接反应是将其投资水平提高50%以上，并在随后的几年中保持了创纪录的投资水平。持有陷入困境的银行的股权、通过外国银行子公司为中小企业融资以及扩大以当地货币提供的贷款都是欧洲复兴开发银行成功支持该地区经济的一部分。作为应对全球经济危机对该地区影响的共同努力的一部分，欧

① 谢世清：《ECB、EIB 和 EBRD 之比较研究》，《金融与经济》2012年第6期。

② European Bank for Reconstruction and Development, *The Agreement Establishing the European Bank for Reconstruction and Development* (London: European Bank for Reconstruction and Development, September 2013), pp. 4-5.

洲复兴开发银行向东欧 8 个联合信贷集团（UniCredit）子公司进行总价值 4.324 亿欧元的投资。其目的是通过联合信贷集团子公司提供中长期债务融资，以支持中小企业、租赁融资和能源效率项目。[①] 同时，欧洲复兴开发银行与世界银行集团和欧洲投资银行一道，于 2009 年制订了一项联合行动计划，为东欧银行提供了超过 330 亿欧元的资金，以向企业转贷。此外，在 2009 年，欧洲复兴开发银行参与提出一项“维也纳倡议”，该倡议最初旨在防止跨境银行集团大规模撤离，防止危机蔓延至中东欧国家。随后，该倡议进一步演变为帮助中东欧各国管理该地区的去杠杆化进程并解决高水平的不良贷款问题。2012 年 11 月，欧洲复兴开发银行进一步提出“国际金融机构中欧和东南欧增长联合行动计划”，通过促进地区内的联合行动与合作来带动经济发展。

（三）新冠肺炎疫情

首先，对于欧洲复兴开发银行来说，其在 2020 年 3 月制订了相应方案，帮助欧洲经济体应对新冠肺炎疫情并为疫情后的经济社会复苏做准备。具体来说，欧洲复兴开发银行的政策举措分为三个主要领域：通过担保交易和破产改革来支持国际金融机构和各国央行的新融资和联合融资；从短期举措来看，通过在线咨询信息平台和数字化支持帮助中小企业应对疫情造成的财务和运营困境；从中长期举措来看，加强（预）

---

① “Unicredit Bank (f. ATF Bank Kyrgyzstan SME/MSE credit line),” European Bank for Reconstruction and Development, https://www.ebrd.com/work-with-us/projects/psd/unicredit-bank-f-atfbank-kyrgyzstan-smemse-credit-line.html.

破产重组程序并提高破产和执行程序的效率。[①] 此外，欧洲复兴开发银行的“贸易便利化计划”成为应对危机的主要工具之一。[②] 2020 年，该计划支持的对外贸易融资总额超过 33 亿欧元，从而通过支持国际贸易成功地维持了当地经济。不仅如此，欧洲复兴开发银行还通过该计划加强了关键商品的贸易活动，包括医疗产品、能源、食品等。2020 年，该计划促成了 80 多项涉及药品、医疗用品、医疗设备和个人防护产品贸易的交易，总交易额近 6 000 万欧元。

其次，对于欧洲投资银行来说，自新冠肺炎疫情暴发以来，欧洲投资银行和欧洲投资基金已批准向受危机、公共卫生和疫苗交付影响较大的企业提供超过 560 亿欧元的定向支持，其中 6 亿欧元用于世界卫生组织的“新冠肺炎疫苗实施计划”。此外，在 2020 年，欧洲投资银行集团创建了一个 250 亿欧元的“欧洲保障基金”以应对疫情，通过筹资扩大对实体经济中的中小企业和其他机构的支持。[③] 在医疗技术方面，欧洲投资银行向德国 CureVac 公司、德国 Atriva Therapeutics 公司、波兰医疗技术公司 Scope Fluidics 分别提供 7 500 万欧元、2 400 万欧元、1 000万欧元的贷款，以支持这些开发新冠肺炎疫苗以及传染病诊断设备领域的创新企业；同时也向以色列生物医学公司 Pluristem 投资 5 000 万欧元，以帮助其开发治疗新冠肺炎的方法；欧洲投资银行还承诺提供

---

① “The EBRD and the Coronavirus Pandemic,” European Bank for Reconstruction and Development, https://www.ebrd.com/what-we-do/coronavirus.

② 本段关于“贸易便利化计划”的相关内容参见“Trade Facilitation Programme: Overview,” European Bank for Reconstruction and Development, https://www.ebrd.com/work-with-us/trade-facilitation-programme.html。

③ “Coronavirus Outbreak: EIB Group's Response,” European Investment Bank, https://www.eib.org/en/about/initiatives/covid-19-response/index.htm.

17 亿欧元，以促进西巴尔干地区社会和经济的复苏。[①]

最后，对于欧洲中央银行来说，自新冠肺炎疫情暴发以来，其主要采取了 6 大方面的措施来支持欧元区经济：（1）帮助经济吸收当前危机的冲击。欧洲中央银行实施 7 500 亿欧元的“疫情紧急购买计划”，旨在降低借贷成本并增加欧元区的贷款，帮助公民、公司和政府获得渡过危机所需的资金。（2）保持借贷可承担。欧洲中央银行将主要利率保持在历史低位，降低借贷成本，以支持公司和公民的支出和投资。（3）支持企业和家庭获得信贷。欧洲中央银行通过放宽对银行抵押品的标准以及暂时扩大银行可以用作抵押品的资产清单来增加银行可以借款的金额，并让企业和家庭更容易借款。（4）确保疫情在短期内不会阻碍贷款。欧洲中央银行通过以优惠利率提供即时借贷选择，帮助有偿付能力的银行解决任何临时融资问题，这种支持有助于银行继续向有需要的公民和公司提供贷款。（5）提高银行放贷能力。欧洲中央银行暂时降低对于银行资本规模的要求，且在监管时间表、期限和程序方面给予银行更大的灵活性。（6）通过国际合作维护金融稳定。欧洲中央银行重新启动了货币互换机制，并加强了与全球中央银行的现有货币互换额度，以应对当前的困难局面。[②]

---

① European Investment Bank, *The EIB: One Year into the COVID-19 Pandemic* (Luxembourg: European Investment Bank, May 9, 2021, pp. 1-3.

② 欧洲中央银行在新冠肺炎疫情期间采取的措施参见“Our Response to the Coronavirus Pandemic,” European Central Bank, https://www.ecb.europa.eu/home/search/coronavirus/html/index.en.html; “ECB Announces € 750 Billion Pandemic Emergency Purchase Programme (PEPP),” European Central Bank, accessed March 18, 2020, https://www.ecb.europa.eu/press/pr/date/2020/html/ecb.pr200318_1~3949d6f266.en.html; “ECB Announces Package of Temporary Collateral Easing Measures,” European Central Bank, accessed April 7, 2020, https://www.ecb.europa.eu/press/pr/date/2020/html/ecb.pr200407~2472a8ccda.en.html。

第三节　影子银行体系

影子银行的产生最早可追溯到20世纪60年代到70年代的美国。影子银行虽然起源于20世纪，但直到2007年这一概念才被正式提出。2007年，经济学家保罗·麦卡利在美联储年度会议上首次提出影子银行的概念，他认为影子银行“在阴影之下运行”，具有一般商业银行的一些功能，涉及杠杆和期限转换等中介活动，但是不受或者受到少量监管。[①]“2010年5月，美国金融危机调查委员会在一份报告中将影子银行定义为：传统商业银行体系之外的‘类银行’的金融活动，即从储蓄人或投资者手中获取资金并最终向借款方融资；其中大多数金融活动不受监管或仅受少量监管”。[②] 国际货币基金组织也提出“非银行信用中介”的概念来表示影子银行体系。2011年，金融稳定委员会在其报告中，在广义上，将影子银行系统定义为涉及常规银行系统以外的实体和活动的信贷中介系统；在狭义上，将影子银行系统定义为涉及常规银行系统以外的实体和活动，并且还会引起系统性风险（包括流动性和期限转换、杠杆和有问题的信贷风险转移）或者套利风险的信贷中介系统。[③] 中国对影子银行界定有以下标准：一是金融信用中介活动处于银行监管体系之外，信贷发放标准显著低于银行授信；二是业务结构复

① Paul McCulley, "The Shadow Banking System and Hyman Minsky's Economic Journey," PIMCO, *Global Central Bank Focus,* May 2009.

② 王达：《论美国影子银行体系的发展、运作、影响及监管》，《国际金融研究》2012年第1期。

③ Financial Stability Board, *Shadow Banking: Scoping the Issues (A Background Note of the Financial Stability Board)* (Basel: Financial Stability Board, April 12, 2011), pp. 2-3.

杂、层层嵌套和杠杆过高；三是信息披露不完整，透明度低；四是集中兑付压力大，金融体系关联性和风险传染性高。[①]

按照金融稳定委员会的定义，影子银行是指游离于银行监管体系之外、可能引发系统性风险和监管套利等问题的信用中介体系（包括各类相关机构和业务活动）。影子银行引发系统性风险的因素主要包括四个方面——期限错配、流动性转换、信用转换和高杠杆。在布雷顿森林体系崩溃之后，美国国内面临严重的通货膨胀，为应对这一问题，美国联邦储备委员会通过紧缩银根的方式促使利率不断上升。然而，自1929年经济大萧条后，美国对金融管制的力度不断加强，在美国联邦储备委员会颁布的一系列金融管理条例中，包含了对存款利率进行管制的“Q条例”，[②] 该条例限制了利率上限。因此，在利率提升之后，银行和其他金融机构产生了“脱媒危机”，[③] 银行存款项目对投资者吸引力下降，于是银行和其他金融机构积极地通过金融创新避开金融管制，影子银行由此产生。不过，此时影子银行系统主要通过财务杠杆实现流动性转换、期限转换和信用中介等功能，没有引起过多重视。[④] 总体来说，这一阶段推动影子银行发展的动力主要来源于政府对加强流动性的需求以及金融产品的创新。

---

① 中国银保监会政策研究局课题组、中国银保监会统计信息与风险监测部课题组：《中国影子银行报告》，《金融监管研究》2020年第11期。

② Q条例，指1933年美国实行的一项规定，对活期、定期和储蓄存款利率进行了管制。——作者注

③ 脱媒，指金融的非中介化，银行等金融机构的中介作用降低。脱媒危机，指在通货膨胀条件下，市场利率猛升，存款利率因有最高限制而较市场利率为低，当存款者发现购买票据和有价证券能获得更高收益时，便纷纷提款在金融市场购买有价证券，结果大量存款从银行流出，个别银行因此亏损甚至倒闭。——作者注

④ 张海云、郑春艳、张煜：《影子银行对商业银行未来发展的影响》，《区域金融研究》2013年第7期。

到了20世纪80年代至90年代，作为影子银行体系核心的资产证券化不断发展，特别是住房抵押贷款证券化在美国引起热潮，为影子银行体系发展带来机遇。住房按揭贷款证券化使得缺乏流动性的住房按揭贷款以预期的未来现金流为支持进行重组，经过金融机构发行资产支持证券募集资金，最后偿还购买发起人基础资产的价款。由此信贷关系也逐渐复杂化，由传统银行信贷逐渐走向“在影子中”的证券化信贷。

进入21世纪，金融产品高度衍生化，技术革命和利率市场化令金融市场竞争日益激烈，银行准入条件放宽，信贷规模不断增大。在此背景下，影子银行所带来的风险也逐渐暴露出来。2008年美国次贷危机爆发引起了各界人士对影子银行体系的广泛关注和深入研究。这次全球金融危机爆发的一个重大诱因就是从影子银行体系中滋生的危机。影子银行体系虽然为企业贷款搭建平台，促进资金融通，大大加强了流动性，但是由于其大多不服务于优质的、回报率高的、流动性强的投资，因此许多金融衍生产品选择以次级贷款作为载体，而这一做法带来了大量风险。面对影子银行体系的发展问题，各界人士不断讨论应对方案，并将影子银行体系逐渐纳入监管范围。随着金融创新以及金融市场的进一步发展，影子银行体系对国际金融体系和国际货币体系无疑也产生重要的影响。

一、影子银行的内涵与特征

影子银行游离于常规金融体系之外，但是又具有银行特征。影子银行系统主体非常广泛，许多金融机构都拥有影子银行特征，如证券化工具、货币市场基金、资产支持票据、金融租赁公司、投资银行等。目前，国际上对影子银行的认知主要参考美国的金融实践，并将其划分为体系化影子银行和个体化影子银行两个大类。其中，由于住房抵押贷款证券化的流程安排在总体上发挥了类似商业银行存贷款业务的信用中介功能，因此，将住房抵押贷款证券化归为体系化影子银行。同时，将在业务运作过程中独自发挥类似商业银行存贷款业务的信用中介功能的一些金融机构或业务形式归为个体化影子银行。[①] 按照金融稳定委员会的标准，从经济功能来看，影子银行可以分为五类：第一，易受挤兑影响的集合投资工具如货币市场基金、固定收益基金、对冲基金等；第二，依赖短期融资提供贷款的非银行金融实体如金融租赁公司、消费金融公司、汽车金融公司等；第三，依赖短期融资或客户资产抵押融资的交易中介服务机构如证券公司等；第四，为信用创造提供便利的实体融资担保公司、信用保险或信用增级公司等；第五，基于证券化的信用工具资产支持证券等。[②]

由于影子银行体系与一般商业银行体系有较为明显的区别，因此影子银行体系表现出其独有的六个特点：第一，在业务模式方面，一般商业银行体系业务模式采用零售模式，对象大多是一般居民和企业，而影子银行融资通常是采取在批发融资市场进行的批发模式；[③] 第二，在信息中介模式方面，通常商业银行体系通过“吸收存款，发放持有贷款”的“发行—持有”模式经营，而影子银行体系通常要经过一系列融资和资产证券化过程，形成信贷的“发放—分销”模式；第三，在产品设计方面，影子银行体系产品设计更为复杂，透明度更低，金融创新大

---

① 孟翔韬：《影子银行监管研究》，法律出版社，2021，第 31—32 页。

② Financial Stability Board, *Global Shadow Banking Monitoring Report 2016* (Basel: Financial Stability Board, May 10, 2017), p. 43.

③ 巴曙松：《加强对影子银行系统的监管》，《中国金融》2009 年第 14 期。

大促进了影子银行体系产品制度模式设计和金融衍生；第四，在杠杆率方面，影子银行体系杠杆率明显较一般商业银行体系杠杆率更高，据统计，一般商业银行杠杆率在10倍左右，而影子银行体系中的投资银行杠杆率平均为20到25倍；[①] 第五，在风险程度方面，影子银行体系因自身隐蔽性交易，金融传染性高和外在特点受监管和受政府保障都较弱等使影子银行体系产生较一般商业银行体系更大的风险；第六，在监管程度方面，影子银行受监管程度更弱，例如，一般商业银行储备或预留头寸的最低限度是由监管当局来确定，而影子银行在这一方面则主要通过协商来决定。

然而，需要注意的是，虽然影子银行体系是“平行银行系统”，但其与一般商业银行体系具有较强的关联性和相互依存性。传统商业银行为影子银行的信用中介业务提供了最初的产品，即各种抵押贷款，同时也为影子银行提供了流动性和信用支持。[②] 可以说，影子银行体系与商业银行体系相互渗透、高度关联，在融资结构、资金流向和资产运用方面不断趋同。[③]

从全球范围来看，影子银行体系的主要组成部分为欧美影子银行，中国影子银行虽然在近年来得到一定程度的发展，但并未发展出类似抵押贷款证券化的形式。因此，从学术角度来看，仍然应当以欧美影子银行为主要研究对象，而欧美影子银行在其运行过程中也表现出相应的特征。

欧美影子银行体系所在金融市场发达程度高。首先，欧美金融市场

---

① David Greenlaw, Jan Hatzius, Anil K. Kashyap, and Hyun Song Shin, “Leveraged Losses: Lessons from the Mortgage Market Meltdown,” Proceedings of the U. S. Monetary Policy Forum, 2008, p. 37.

② 关建新：《国际货币金融体系变革与中国》，中国发展出版社，2015，第63页。

③ 阎庆民、李建华：《中国影子银行监管研究》，中国人民大学出版社，2014，第6—18页。

立法较为完备。例如在美国，1922年就成立了期货市场的第一部立法——《谷物期货法》，这部法规也成为当今期货监管核心。在20世纪30年代，为了整顿金融，罗斯福总统颁布以《格拉斯—斯蒂格尔法案》（亦称为《1933年银行法》）和《证券交易法》为代表的法案。之后，从30年代一直到90年代，美国完成了对银行、非银行金融市场及工具、金融控股公司的一系列立法，影子银行体系有法可依、功能定位明确、相对规范化和透明，银行业的外部竞争也相对有序、明确。[①]其次，欧美对于金融监管历史长久，监管体系较为发达，监管也非常及时。欧美金融监管由完善的立法、金融指标和要素的及时测定、危机快速反应和研究保障。例如在金融危机后，欧美金融监管积极改革，针对系统性风险，美国推出《多德—弗兰克法案》，而欧盟2010年的《另类投资基金经理指令》则将影子银行体系监管纳入原有的监管体系中。之后，欧盟成立“欧洲系统性风险委员会”，意在加强对高风险机构和衍生品监管，减少系统性风险，维持金融稳定。最后，欧美依靠资本市场自身发挥调节作用，市场创新活跃，宽松的市场环境为影子银行体系成熟提供较好的外部环境。金融机构间的职能相互融合交叉，经营范围扩大，金融产品在市场化发达的条件下创新和衍生都相对自由，影子银行体系发展速度非常快，规模巨大，已经超过了传统商业银行体系规模。

欧美影子银行是证券化的影子银行。首先，欧美影子银行获利来自货币市场的短期融资和基础资产价格变化，通过金融交易业务获利。体系中以抵押担保为主要形式，进行了多次证券化过程。其次，证券化是

① 陆晓明：《中美影子银行系统比较分析和启示》，《国际金融研究》2014年第1期。

提升资金流动性和扩大虚拟经济供给的过程，因此，欧美影子银行体系不仅创造信用，还服务于金融供给的效率问题。再次，影子银行体系绕过了原先银行体系的监管，一定程度上用证券化手段代替过去一般商业银行功能。最后，政府主导的银行业“有序脱媒”也一定程度推动了欧美影子银行的证券化，减少企业融资成本，提升经济效率。但是，证券化也进一步导致了欧美影子银行系统期限错配、流动性错配、产品过度衍生问题的出现。

欧美影子银行体系风险程度较高。影子银行体系本身就具有风险性和脆弱性，是由影子银行系统运作本质决定的，而欧美影子银行体系的一些特性更是会增加体系的风险。首先，欧美影子银行体系杠杆率较高。在欧美较为宽松自由的金融市场环境下，影子银行的趋利性驱使影子银行愿意提高杠杆率，投入少量资本获得高额回报率。同时，大量银行机构和非银金融机构加入影子银行体系，担任影子银行体系的信用中介。基于此，在影子银行信用链条中，金融衍生过程抵押过程无疑都在“加杠杆”，这会产生过度虚拟化、金融产品异化的问题，并最终呈现出高风险高杠杆的特征。其次，欧美影子银行体系的证券化同样也会带来风险。由于欧美影子银行体系的融资资金来源不稳定，多表现出流动性高、期限较短的体征，而投资实体需要资金的期限较长、安全性较差，因此易造成期限错配。此外，由于影子银行所依赖的货币市场短期融资容易受到市场波动的影响，因此证券化带来的隐蔽性风险使得监管监测的难度大大加深。这种以证券化为核心的融资模式虽然在经济繁荣、市场充分发挥作用时期对经济有良好促进作用，却无法掩盖它的高风险性，一旦危机爆发，经济将面临巨大损失。最后，欧美影子银行产品复杂，体系的风险传染性强。影子银行体系的参与者涉及面非常广，不仅涉及商业银行、保险、信托等行业，还涉及不同贷款者投资者，还有一系列与之相关的实体。此外，由于金融业务具有跨行业、跨市场交叉的特征，因此其风险不仅会在金融市场内部和不同市场之间传导，还会与其他经济实体之间互相传导。同时，复杂的产品设计也扩大了体系的参与者，对监管带来不小的挑战。

二、影子银行体系在国际金融体系中的作用与影响

影子银行体系作为国际金融领域的重要组成部分，近年来一直推动着国际金融体系的发展。其作用与影响主要体现在货币政策、体系稳定和体系构建三个大的方面。

（一）关于影子银行体系对货币政策的影响

各经济体货币政策实施已经成为现行国际货币体系中的重要一环，影子银行体系的发展对各经济体货币政策的实施效力会带来影响，进而影响国际货币体系的运作。货币政策的实施一般是各经济体央行作用于商业银行体系中，但影子银行体系信用的创造机制可能会使货币政策失效。具体来说，影子银行体系会干扰宏观指标的测算，如货币供应量、信贷总量等。

同时，影子银行体系也会影响货币政策的传导。首先，在利率传导机制方面，就传统的利率调控而言，中央银行会通过调控利率来影响整体经济走向。但是，影子银行系统可能会扰乱传统市场秩序，因为影子银行体系服务对象很多是信用较差的中小企业，融资风险较高。为弥补

风险溢价，影子银行体系一般会制定较高的利率，且该利率受官方利率政策的影响较小，因而影响了货币市场价格机制，不利于官方的意图传导。其次，影子银行由于对传统商业银行有一定的替代性，可以为市场提供大量流动性，增加了政府实施货币政策的难度。在传统信贷传导中，中央银行主要通过调控商业银行信贷规模便可对整体可贷资金规模进行一定调控，但是影子银行体系则令融资脱媒。例如，当中央银行预期货币政策达到紧缩的效果而使得流动性降低时，影子银行体系的信用创造机制却为融资困难的企业提供除传统商业银行信贷以外的另一融资渠道，于是这些企业绕开了政府的信贷规模调控，并使得政府的货币乘数难以准确预测，货币政策也无法达到预期效果。最后，影子银行体系大大扩展了国际金融市场的广度。由于金融衍生品规模的不断扩大和种类的不断丰富，令市场中的价格波动更加剧烈，这也使得货币政策调控更为复杂。此外，影子银行体系的发展推动国际上对货币政策最终目标的关注的改变。例如，在2008年全球金融危机后，国际社会对中央银行过分强调单一钉住居民消费价格指数提出疑问，认为资产价格至少应成为货币政策重要的关注指标，而影子银行创造各类金融资产的价格理应成为中央银行关注的重点。[①]

（二）影子银行体系对国际金融体系稳定性的影响

影子银行体系虽然为国际金融体系带来了活力、创新和机遇，但是也随之带来了诸多风险，这些风险若未能提前有效监管将会影响国际金

① 李波、伍戈：《影子银行的信用创造功能及其对货币政策的挑战》，《金融研究》2011年第12期。

融体系的稳定。

其一是影子银行体系期限错配的风险。影子银行的负债方以短期融资为主，在货币市场批发融资，而资产方期限则较长，以中长期投资为主，这就造成了在影子银行体系中负债和资产流动性错配严重，影子银行的资产组成从高流动性向低流动性转换。如果资金募集不及时，长期资产就无法立即变现，这极容易导致资金链的断裂，出现严重的流动性危机。此外，由于影子银行系统中的各行业是相互联系的，期限错配带来的流动性风险会迅速扩散蔓延，造成国际货币体系的系统性风险。

其二是影子银行体系的高杠杆率带来的风险。影子银行的金融创新和信用创造机制所产生的金融衍生和信用增级与担保不断抬高杠杆率。具体来说，过度的杠杆操作不仅可能使得信用过度扩张、债务违约风险不断增加，若一旦崩溃还可能会带来恐慌性的“挤兑”。导致高杠杆率产生的另一个原因是影子银行体系常常游离于传统的监管体系之外，不受监管，杠杆的抬高程度并没有限制，这使得高杠杆率所带来的隐蔽性风险难以得到监管的监测，且在现行的国际货币体系中，由于各经济体之间的经济和金融联系日益紧密，因此这一风险会被进一步放大。不仅如此，去杠杆化的风险也不容小觑。一方面，去杠杆需要时间的积累，而在去杠杆化的过程中信贷市场面临巨大压力，例如在 2008 年全球金融危机之后，美国政府就使用大量资金帮扶和救援的方式来实现去杠杆化；另一方面，去杠杆过程中还需要应对国际体系中经济增速减缓和通货紧缩等阻碍和风险。

其三是影子银行体系的流动性创造会加剧国际金融体系中国际资本

的流动性过剩问题。[1] 国际资本的流动性过剩会造成一系列国际贸易失衡、国际金融动荡等问题，而这些都不利于国际金融体系的稳定。

（三）影子银行体系对推动现行国际金融体系构建的重要作用

影子银行体系已经在国际经济社会中扮演着重要角色，并在完善监管、促进国际资本流动、国际金融体系市场化方面不断推进现行国际金融体系的构建和完善。

在完善监管方面，在影子银行体系暴露出缺乏监管的问题后，为了完善国际金融体系的监管，以巴塞尔协议为代表的新监管措施都对影子银行体系实施一定的监测和监管。同时，在新协议的制定过程中，可以通过引入最低保证金要求来限制金融机构利用杠杆融资的金额，从而填补国际规则中关于影子银行监管的空白。[2] 此外，巴塞尔银行监管委员会（亦称“巴塞尔委员会”）和金融稳定委员会对国际流动性测定标准进行调整并对影子银行体系每年进行规模和风险的测定与研究。据此，金融稳定委员会每年会发布《非银行金融中介业务全球监测报告》，[3] 对全球影子银行的动态信息及时追踪和监控。影子银行体系的监管措施和方案是在2008年全球金融危机之后逐渐发展的，虽然在互联网时代下，国际金融继续发展创新，以影子银行系统为主的金融变革不断发生，而现行的国际金融体系对影子银行系统的监管也在不断健全

① 前文已探讨过资本过剩的问题，不再赘述。——作者注

② 引入最低保证金要求一定程度上可以解决融资活动无限加大杠杆这一问题。参见朱颖颖：《影子银行监管的逻辑与路径：国内监管与跨境监管并重》，《浙江学刊》2021年第6期。

③ 由于“影子银行”的表述容易使公众产生负面解读，所以金融稳定委员会在2018年宣布使用“非银行金融中介”（Non-bank Financial Intermediation）来描述影子银行。

与完备，向着安全性的目标迈进。同时，对影子银行的全球监管合作在很大程度上减少了监管套利的情况发生。

在促进国际资本流动方面。首先，由于资产抵押债券可以跨境出售，因此单一经济体的金融机构在购买债券时有了更多的选择，加之在影子银行运作过程中，海外担保等也发挥了巨大作用，所以影子银行体系的发展无疑会促进国际资本流动。其次，在影子银行体系推动国际资本流动中，资本主要流入方是以美国为代表的西方发达经济体，因此这在一定程度上促进国际金融体系形成以发达经济体为主导的格局。再次，影子银行体系减少了现有制度下对企业融资的限制，推动了廉价信贷、信贷全民化的发展。不同期限和风险产品相互搭配为投资融资者带来更多产品优化组合的选择。最后，影子银行体系提供融资的门槛较低，信息具有便捷性，因此能缓解企业融资困难，改善企业境况，推动经济金融投资环境的优化以及国际资本的有效流动。同时，企业的贷款经过影子银行运作可以转换成高流动性的证券，也为金融市场带来更多流动性。

在推动国际金融体系市场化建设方面。一方面，影子银行体系的发展不仅为金融市场带来更多的主体，还采用了市场化的价格决定模式，令影子银行贷款利率变动更为接近市场利率，从而推动国际金融体系的利率市场化进程。在此过程中，市场主体的资金供需变动体现在影子银行贷款利率波动中，而利率的变动也会反过来影响影子银行投融资企业的成本和融资结构，并进一步通过在其他实体和行业中的传导，促进整体金融体系的利率市场化发展。随着国际货币体系利率市场化水平的提升，资源得以合理配置，资金利用效率提高，相应成本降低，并且减少了宏观政策调控的时滞问题。另一方面，影子银行体系为投资者提供更多投资机会与投资工具，发挥了类似商业银行的专业投资管理能力，引导社会资金投向合理的领域，在更为市场化的资金运作链条中，资金实现更为市场化的配置，[①] 有效减少投融资信息不对称风险，提升资金效率。

① 巴曙松：《应从金融结构演进角度客观评估影子银行》，《经济纵横》2013 年第 4 期。

第五章
金融全球化与国际金融监管

国际金融体系的建立是实现国际金融有效治理的先决条件，而建立国际金融体系则需要金融的全球化发展。可以说，国际金融体系演化的历史，就是金融全球化不断深化的历史，即金融全球化对国际金融体系发展起到了推动作用。在此推动下，国际金融体系的范围不断延伸、各经济体联系更加紧密、国际金融的复杂程度也日益加深。[①] 这给经济体之间的合作以及世界政治经济的繁荣发展带来了机遇和动力。随着资本转移门槛的降低，生产要素在全球范围内得到更加有效的配置，各经济体的经济以及世界经济都得到大幅度提升。但与此同时，资本的自由流动以及金融监管力度的下降也给全球金融和经济的稳定带来了一定的冲击。随着与国际金融相关的问题不断发生，以及由此导致的全球经济波动不断加剧，如何在现有权力格局下对国际金融实施合理的监管以及有效的治理，以及如何极大程度降低这些问题给世界各经济体带来的影响等，都成为世界面临的重点议题。

① 关建新：《国际货币金融体系变革与中国》，中国发展出版社，2015，第 33—34 页。

第一节　金融全球化

自工业革命以来，社会生产力得到大幅度提升，国际分工不断深化，并表现出“产业间分工—产业内分工—产品内分工”的转移趋势，且这一趋势在第二次世界大战结束之后随着科学技术的提升而变得更加明显，产品的生产环节也越发复杂。在此过程中，各经济体之间的贸易与投资合作规模不断扩大，合作程度也在不断加深，即经济实现了全球化发展。此时，各经济体市场开始对外开放，且随着国际贸易与投资的扩张，交易不再被限定在单一经济体境内，资本的跨境自由流动也越发频繁，不断占有和创造剩余价值，[①] 即逐渐实现资本全球化，跨境借贷行为、跨境并购行为、跨境直接或间接投资行为大幅扩张。根据国际清算银行的统计数据，1990—2002 年，国际银行贷款总额、国际债券发行总额、国际股权发行总额分别增长了 1.2 倍、4.8 倍和 6 倍。[②] 而作为资本全球化的支柱，世界对金融全球化发展的要求也越来越高。可见，自由化成为金融国际化和全球化的前提条件。

此外，对比经济全球化和金融全球化，不难发现，经济全球化包含了金融全球化，且后者是前者的重要组成部分，[③] 金融全球化也是经济

① 根据《资本论》的描述，资本的职能不仅是占有剩余价值或剩余产品，而且要创造剩余价值或剩余产品。参见卡尔·马克思：《资本论（第二卷）》，中共中央马克思恩格斯列宁斯大林著作编译局译，人民出版社，2004，第 66 页。

② 黄卫平、彭刚：《国际经济学教程》，中国人民大学出版社，2012，第 247 页。

③ 经济全球化可以表现为 5 个方面，即国际贸易迅速发展、生产全球化与跨国公司大发展、金融全球化迅速推进、科技全球化与全球科技资源大流动、国际经济协调机制不断强化。参见黄卫平、彭刚：《国际经济学教程》，中国人民大学出版社，2012 年，第 246—247 页。

全球化的核心，体现了经济全球化过程中的最新、最重要的特点。[①] 可以说，金融全球化以及国际金融治理体系的形成与经济全球化的过程密切相关。金融全球化不仅是经济全球化的内在要求，也是经济全球化的重要动力，并将经济全球化推向前所未有的广度和深度。[②]

一、金融全球化的内涵与特征

从内涵方面来看，金融全球化和经济全球化有部分相似之处。经济全球化主要是指跨境商品与服务交易、国际资本流动规模和形式的增加，以及技术的广泛传播使世界各经济体的相互依赖性增强。[③] 其内涵主要包括了以下三个方面：其一，世界各经济体联系的加强和相互依赖程度的日益提高；其二，随着国际市场的形成和扩大，各经济体内部经济规则不断趋于一致；其三，国际经济协调机制不断强化，各种多边或区域组织对世界经济的协调和约束作用越来越强。[④] 在这一过程中，由利润所引致的资金跨境流动加强了各经济体之间的联系，带动了金融的跨境发展。因此，在金融领域中，全球化意味着允许尽可能经常地和稳妥地通过操纵无论发达经济体还是新兴经济体的金融中心来获取工业利润、金融企业收益以及利息和红利。[⑤]

虽然学术界普遍认为金融全球化是通过放松金融领域管制，促进自由化发展，增强资本的国际流动后所达到的结果，但目前对于金融全球

① 韩忠亮：《全球化背景下金融监管的博弈研究》，北京大学出版社，2013，第25页。
② 关建新：《国际货币金融体系变革与中国》，中国发展出版社，2015，第36页。
③ 国际货币基金组织：《世界经济展望》，中国金融出版社，1997，第45页。
④ 黄卫平、彭刚：《国际经济学教程》，中国人民大学出版社，2012，第246页。
⑤ 弗朗索瓦·沙奈：《金融全球化》，齐建华、胡振良译，中央编译出版社，2001，第6页。

化的具体内涵仍未形成一个统一的共识。以下列举几种已有的观点：其一，金融全球化是由金融放松管制和自由化所导致的一种现象，即各经济体金融市场相互依赖的程度不断提升且相互影响的程度不断增强，以国际资本流动为主的国际金融活动超过国际生产和贸易活动；[①] 其二，金融全球化是随着国际资本的大量迅速流动以及各经济体金融领域的开放，许多经济体的金融机构和金融业务开始跨境发展，巨额国际资本通过国际金融中心，按照国际通行的规则在全球范围内迅速运转；[②] 其三，金融全球化是各经济体的金融主体所从事的金融活动在全球范围内相互依赖程度日益提升和深化的过程，也是各经济体在金融业务、金融市场、金融政策、金融监管等方面相互依赖、相互影响、相互融合的动态过程；[③] 其四，金融全球化是指各经济体货币体系和金融市场之间日益紧密的联系，是金融自由化和管制放松后的结果。[④]

通过对金融全球化的内涵和表现形式进行梳理后，可以看出金融全球化的一些主要特征。

第一，金融全球化的基础和前提是金融自由化。金融自由化是金融全球化得以快速发展的重要原因之一，也为金融全球化奠定了坚实的制度基础和框架。金融自由化来源于新自由主义理论中关于经济自由化、私有化、市场化和全球一体化，反对市场干预等观点。[⑤] 近代的金融自由化开始于布雷顿森林体系成立之后的20世纪60年代前后。在那一时期，随着国际货币体系的形成，资本在发达经济体之间以及发达经济体

---

① 王子先：《论金融全球化》，经济科学出版社，2000，第7页。

② 倪建民：《国家金融安全报告》，中共中央党校出版社，1999，第86页。

③ 韩忠亮：《全球化背景下金融监管的博弈研究》，北京大学出版社，2013，第26页。

④ 弗朗索瓦·沙奈：《金融全球化》，齐建华、胡振良译，中央编译出版社，2001，第2页。

⑤ 周小亮：《当代制度经济学发展中的两条主线与其新自由主义本质之剖析》，《学术月刊》2004年第2期。

与发展中经济体之间快速流动。同时，随着通信技术的快速发展以及通信网络的搭建，信息在国际金融合作过程中发挥了重要作用，促进了合作过程中信息的对称性和透明度，提升了金融监管方面的有效性。之后，从20世纪70年代开始，世界开始步入金融自由化的大发展时期，各经济体金融改革不断深化。到了80年代，虽然很多经济体仍然对自身金融业采取较多的保护措施，但部分发达经济体已经在较大程度上放松了对金融机构的限制。直到90年代，许多经济体都参与这一金融自由化的发展进程，世界出现了一股金融改革的浪潮。此外，在这一进程中，由于发达经济体和发展中经济体的金融行业发展水平不尽相同，因此在这一时期中，对于发达经济体来说，金融自由化主要体现为放松管制并不断进行金融创新；对于广大的发展中经济体来说，金融自由化则主要体现为消除“金融压抑”问题，不断放开对利率、汇率和贷款的限制，消除金融业的准入壁垒，鼓励金融类民营企业的发展，实现银行业自律管理，适当促进金融创新等。①

金融自由化主要包括以下内容：发挥市场供求的调节机制，减少对汇率和利率的限制；逐步降低金融市场的准入门槛，不断通过丰富融资工具和技术扩大融资渠道来促进金融自由化；不断促进各经济体金融市场的对外开放力度，促进国外资本和金融机构进入本地市场，以资本流动的自由化促进金融的自由化；改革金融经营模式，从分行业经营向综合经营进行转变，促进金融机构的交叉经营和横向经营，以基于公平的业务自由化促进金融自由化。②

第二，金融全球化促进了金融市场的一体化。随着金融自由化的发

① 米军：《金融全球化与转轨国家金融自由化制度安排》，北京大学出版社，2012，第61页。
② 韩忠亮：《全球化背景下金融监管的博弈研究》，北京大学出版社，2013，第31页。

展，各经济体的金融市场对外开放程度不断提升，并逐渐从有管理的金融制度向市场化的金融制度转变。同时，由于世界经济的快速发展、各经济体经济发展的不对称性以及金融资产回报率的不断提升，使得国际金融活动日益频繁。此外，信息技术和互联网的发展，使得跨境提供金融服务变得更加便利，金融相关业务的开展也更加自由。金融服务网络的构建更使得全球金融市场相互连接，各类货币和金融产品及衍生品在各经济体金融市场间的流动也更加快捷和便利。在这一情况下，世界金融市场逐渐趋于一体化。因此，金融市场一体化可以被认为是经济体内外金融市场相互贯通，使同一金融资产在同一时间点内，在不同经济体中可以获得相似的回报。[①]

除此之外，金融市场的一体化发展还体现在金融创新领域。自 20 世纪 70 年代以来，世界掀起经济全球化的浪潮，各类新型金融技术和产品不断出现，金融创新市场也逐渐建立起来。由于金融创新市场在建立之初就是一个全球性的一体化市场，所以金融创新的广泛应用使得包括银行业市场和证券市场在内的国际金融市场逐渐趋于一体化。[②] 而各经济体金融中心的相互关联进一步促进了金融创新在国际金融网络中的应用，推动金融的一体化发展。

第三，金融全球化下的风险不断加剧。虽然金融全球化促进了经济体之间的资本流动与经济发展，但不可否认的是，对于资本来说，“国境”的概念逐渐模糊。同时，由于金融自由化下管制措施的放松，单一经济体的金融危机或经济波动更容易传导至其他经济体，整个世界经济和金融稳定性所面临的风险大幅度提升。换句话说，虽然金融自由化

① 韩忠亮：《全球化背景下金融监管的博弈研究》，北京大学出版社，2013，第 37 页。
② 同上。

可以促进各经济体乃至世界经济的快速发展，但如同硬币的两面一样，自由化程度的提升也预示着金融风险的提升。此外，随着国际金融市场一体化发展，虽然金融创新，尤其是制度创新可以通过转移、分散以及促进监管等方式，在一定程度上有助于规避金融风险，但金融创新也会对国际金融的整体稳定性造成负面影响，提高了经济波动程度。具体来说，一方面，金融创新会通过改变货币需求的动机与结构、增加货币需求的不确定性因素和复杂性等方式来影响货币需求的稳定性；另一方面，金融创新会通过扩大货币供给主体的不确定性、提高货币乘数、提高金融机构货币创造能力的不确定性、增加货币供给的内生性等方式来影响货币供给的稳定性，使货币供应受各类因素的影响越发严重，从而严重削弱了各经济体中央银行对货币供给的控制能力和控制力度。[①]

自20世纪70年代牙买加体系建立以来，各主要发达经济体和部分发展中经济体纷纷实行浮动汇率和资本账户开放的政策，这进一步促进了金融的跨境发展。但是，在金融全球化的情况下，各经济体乃至整个世界所面对的风险不仅大幅度提升，也表现出新的特点：（1）在金融全球化过程中，信息通信技术的发展给金融风险的传播提供了极大的便利，且由于金融创新不断加快、金融衍生工具复杂多样，加剧了风险的传染性；[②]（2）当金融风险一旦出现，无论对单一经济体还是整个世界来说，不仅会加剧经济的泡沫化，而且在泡沫化之后，其所带来的冲击更是极其严重的；（3）金融全球化背景下的金融风险的技术性更强，对金融、计算机、通信网络等技术的要求也更高，这让应对风险的过程

① 郑联盛：《金融创新、金融稳定的历史回望与当下风险管控》，《改革》2014年第8期。

② 钱状状：《金融全球化视阈下金融安全网的构建——来自欧亚代表性国家的经验分析》，《现代营销》2021年第4期。

更加复杂。这些特点在20世纪90年代的亚洲金融危机以及2008年的美国次贷危机中都有所体现。

第四，金融全球化推动金融监管与协调机制的国际化与统一化。在金融全球化和自由化不断加深的当下，金融风险的上升影响了国际经济波动的概率和幅度，并有可能会破坏原有经济和金融格局。尤其是在信息技术不断发展的情况下，以数字化为表现形式的金融风险成为经济运行过程中不确定因素的集中体现。[①] 虽然面对风险和冲击，各个经济体都会针对自身或国际经济政治目标制定相应的应对措施，以尽可能减少外部冲击所带来的影响。然而，由于原有国际协调机制的失效，各经济体推行的货币政策、汇率政策、财政政策以及对国际收支的调节和国际储备资产的运用难以快速达到合理的预期，从而会对其他经济体产生较大的影响。[②] 因此，如何实现对金融的有效监管、如何有效协调各经济体之间的金融政策以促进国际金融治理水平的提升，成为各经济体应对金融风险和经济波动的主要方式。巴塞尔委员会在推动国际间金融监管的协调与合作方面起到了非常重要的作用。[③] 以巴塞尔协议为核心的金融监管体系为国际金融治理以及各经济体之间的政策协调提供了一套制度框架。同时，《统一资本计量和资本标准的国际协议：修订框架》更是确立了全球统一的银行风险管理标准。[④]

① 许文彬：《全球化背景下金融风险跨国分摊研究——一个发展中国家的视角》，中国金融出版社，2010，第1页。

② 贺小勇：《金融全球化趋势下金融监管的法律问题》，法律出版社，2002，第8页。

③ 韩忠亮：《全球化背景下金融监管的博弈研究》，北京大学出版社，2013，第35页。

④ 毛晓威、巴曙松：《巴塞尔委员会资本协议的演变与国际银行业风险管理的新进展》，《国际金融研究》2001年第4期。

二、金融全球化的发展进程

金融的全球化既离不开国际贸易和国际分工的发展，也离不开货币体系和金融体系的国际化发展。从金融全球化的发展进程来看，金融全球化的重点之一在于金融机构的国际化和全球化。随着早期全球地理的大发现，国际贸易和国际分工开始兴起，世界在货币的国际结算、融资投资、资本的跨境流动等方面的需求不断提升，银行业开始在欧洲地区建立起来，并逐渐向区域化和国际化的方向发展。尤其是英国，在自由资本主义时期，就凭借英镑的“国际货币权力”和自身的“国际霸主”地位在世界各地建立起诸多银行类金融机构，以方便结算和资本流动等。到了 1865 年，英国的 25 家银行在世界各地已经设立了 240 家分支机构。[①] 但在这一时期，金融全球化并未真正实现，因为此时的跨境银行功能依然单一，并不具有现代商业银行的功能。此外，在该时期，世界处于传统的国际金本位制中，虽然国际分工有所发展，但仍停留在最初的产业间分工阶段，且由于资本管制等原因，世界金融自由化水平总体较低。

真正意义上的金融全球化可以第二次世界大战结束以及布雷顿森林体系的建立为起点，虽然这一时期的国际货币治理体系是在以“美元—黄金”为核心的国际金汇兑本位制的基础上建立起来的，除美国以外的其他经济体对自身资本流动的管制力度仍然较强。但《国际货币基金协定》的形成以及国际货币基金组织与世界银行的成立为国际金融

① 白钦先、薛誉华：《经济金融化、金融全球化和金融自由化的演进——美国银行业百年并购的回顾与启示》，《金融论坛》2001 年第 4 期。

治理体系的建立和金融的全球化发展奠定了基础。同时，随着“马歇尔计划”与“道奇计划”的实施以及世界整体经济的快速恢复，战后的国际贸易和国际分工规模大幅度扩大，这进一步促进了金融的全球化发展。此外，现代商业银行的大规模发展以及在那一时期美国的金融当局一直执行禁止商业银行跨州设立分行的政策，迫使一些颇具实力的银行积极拓展国际金融市场，[①]这也使得在金融全球化进程中出现了一股重要的领导力量。

金融全球化进程正式开始于20世纪60年代末和70年代初。这一时期，布雷顿森林体系逐渐走向崩溃，国际货币治理体系开始由固定汇率制转向浮动汇率制。主要的发达经济体纷纷追随美国实行国债证券化、金融自由化的政策，放松金融领域内的管制措施，世界放弃了自第二次世界大战后实施了将近30年的大部分金融监管和监督机制。[②]

到了20世纪70年代中期至80年代，虽然世界经历了多次“石油危机”和全球性通货膨胀的冲击，但这并未阻止金融全球化发展的步伐。20世纪70年代，随着货币交易全球化的兴起，新一轮经济全球化迅猛发展，全球金融市场逐渐形成并不断扩大。[③]其间，随着国债证券化措施的应用，全球资本市场（尤其是债券和基金市场）迅速扩张，各类金融衍生产品不断出现，养老基金和互助式基金的国际交易规模不断扩大，利率也进一步实现自由化。这极大地推进了金融全球化进程。

自20世纪80年代至今，金融全球化主要表现在两方面：其一是全

① “20世纪50年代以前，美国的银行机构较少设立海外分支机构，进入60年代，美国银行业大举进军海外市场。1960年美国银行在境外仅有海外分支机构124个，到1973年，分支机构数量猛增至573个。”参见白钦先、薛誉华：《经济金融化、金融全球化和金融自由化的演进——美国银行业百年并购的回顾与启示》，《金融论坛》2001年第4期，第58页。

② 弗朗索瓦·沙奈：《金融全球化》，齐建华、胡振良译，中央编译出版社，2001，第6页。

③ 米军：《金融全球化与转轨国家金融自由化制度安排》，北京大学出版社，2012，第135页。

球银行业、债券市场和股票市场的金融资产迅速增长；其二是全球金融市场网络不断延伸,[①] 除了美国，金融全球化进程中又出现了另两股重要力量，即日本和西欧地区。80年代，日本和西欧进入快速发展阶段，二者的国际贸易规模快速扩大，生产体系不断完善，制造和出口地位不断提升。同时，二者的金融业也在快速发展。特别是日本银行间不断的兼并行为使其商业银行在国际上的地位得到快速提升。除此之外，在这段时期内，金融衍生产品呈现出井喷式的发展，并且自1990年开始，新加坡、中国香港、阿根廷等新兴经济体的股票市场逐渐形成并快速发展，标志着金融全球化进入了最新的发展阶段。金融网络不断蔓延下的股票市场一体化成为金融全球化的另一重点内容，这进一步促进了资本的跨境流动。

然而，不断发生的金融危机和冲突也是金融全球化过程中的特征之一，并且成为直接金融全球化体系运行方式的重要构成因素。[②] 根据本书第一章和第二章所叙述的内容，自布雷顿森林体系末期开始，世界就处于持续不断的危机中。但在20世纪90年代之前，危机主要集中于货币体系，不同程度、不同范围的通货膨胀成为当时最典型的表现，虽然也存在金融体系内的危机，但这种风险更多地存在于国家或区域内部。自90年代至今，危机主要集中在金融领域中。例如，1987年华尔街股票危机的爆发，导致不动产债券市场的崩溃，并进一步导致1990—1991年许多国家的银行和金融机构濒临破产；1994—1995年，墨西哥

① 据统计，1980年全球金融资产只有12万亿美元，到1993年，全球金融资产规模达到53万亿美元，是当年全球GDP的2倍；2003年全球金融资产规模达到124万亿美元；2007年全球金融资产规模达到230万亿美元；2012年全球金融资产规模达到274万亿美元。参见羌建新：《国际货币金融体系变革与中国》，中国发展出版社，2015，第38页。

② 弗朗索瓦·沙奈：《金融全球化》，齐建华、胡振良译，中央编译出版社，2001，第20页。

出现金融危机，不久后就传导至拉丁美洲，引发阿根廷和巴西等新兴经济体的金融危机，并在1995年2月，金融衍生产品市场交易的失败导致巴林银行破产；[①] 1997年，亚洲金融危机不仅波及泰国、马来西亚、新加坡、中国、日本、韩国等众多亚洲经济体，还导致部分经济体出现大萧条，政局稳定性也受到一定程度的冲击；2008年的全球金融危机更是对各经济体造成了巨大的冲击，无论发达经济体还是发展中经济体，都深受其影响。

针对频繁出现的金融危机，构建相应制度框架，进行金融改革成为提升金融稳定性的主要方式。事实上，对于金融全球化和国际金融治理制度框架的建设早在20世纪八九十年代就已开始。例如，1988年，巴塞尔委员会制定了巴塞尔协议，即《巴塞尔协议Ⅰ》；1997年，世界贸易组织成员之间达成了《全球金融服务贸易协议》；1999年，巴塞尔委员会与国际证监会组织、国际保险业监管协会三方组成的“联合论坛”推出了《金融企业集团的监管》；等等。这些协议和共识为金融全球化提供了一个基础框架。与此同时，各发达经济体也纷纷提出了自己的金融改革法案，以推动金融的市场化、自由化、现代化和国际化。如日本于1992年通过《金融改革法案》、美国于1999年通过《金融服务现代化法案》、英国于2000年通过《金融改革法案》和《金融服务和市场法》等，[②] 这些都为实现金融全球化提供了相应的保障。进入21世纪，巴塞尔协议得到进一步完善和升级，并在2004年推出《巴塞尔协议Ⅱ》，以期将国际上对于风险管理的相关制度进行标准化，从而提升各经济体

---

① 事实案例参见弗朗索瓦·沙奈：《金融全球化》，齐建华、胡振良译，中央编译出版社，2001，第20页。

② 李仁真、何焰：《金融全球化与国际金融法的晚近发展》，《武大国际法评论》2003年第1期。

乃至整个世界对金融风险的控管能力。2008 年全球金融危机之后，各经济体也针对性地推出了自己的改革方案，如 2009 年美国推出《金融监管改革——新基础：重建金融监管》的方案，英国推出《2009 年银行法案》，法国推出《经济现代化法》和《消费者信贷改革法草案》等。[①]

三、金融全球化对世界经济的影响

金融全球化虽然是经济全球化的核心内容之一，但金融具有自身的运行特征和发展规律，这些规律使其很大程度上独立于实体经济：[②] 首先，在经历了中介化、信用化和资本化之后，金融已经成为相对独立的产业，即实现了产业化；[③] 其次，金融已不再简单地“从属于”“外生于”“决定于”实体经济，而是与实体经济相融合相适应，形成了与实体经济相对的、以国际金融为核心的“虚拟经济”，并与实体经济交织运行；[④] 最后，随着金融全球化程度的不断提升，各个金融市场之间的关联日益紧密，发达经济体通过金融渠道对世界经济施加影响变得更为便利和直接，已经超出了相对传统的贸易和投资渠道对世界经济发生的影响，这使得金融全球化在一定程度上是由个别金融霸权国家来主宰的。[⑤]

---

① 韩忠亮：《全球化背景下金融监管的博弈研究》，北京大学出版社，2013，第 59 页；孙爱林、尹振涛：《法国的金融监管改革》，《中国金融》2009 年第 17 期。

② 戴相龙：《关于金融全球化问题》，《金融研究》1999 年第 1 期。

③ 会务组：《中国金融制度：创新趋势与发展前景——“21 世纪中国金融制度创新与发展”理论研讨会综述》，《财贸经济》2001 年第 11 期。

④ 白钦先：《金融全球化——一把双刃剑》，《求是》2001 年第 1 期。

⑤ 李仁真、何焰：《金融全球化与国际金融法的晚近发展》，《武大国际法评论》2003 年第 1 期。

由于金融的这些特性，金融全球化对各经济体经济和世界经济所造成的影响必然是十分复杂多变的。一方面，金融全球化有利于提高国际金融治理体系在全球资源配置方面的效率，促进国际交易行为和世界经济的发展；另一方面，金融全球化也使得国际金融治理体系变得空前复杂，给全球金融和经济的稳定性带来许多严峻挑战。[①] 可以看出，金融全球化对世界经济既存在积极的影响，也存在消极的影响。

从积极影响方面来看，第一，金融全球化可以推动世界经济的快速增长。随着跨境金融活动的普及和增加，资本可通过直接或间接的跨境投资行为由相对富裕的经济体引导至相对稀缺的经济体，从而增加当地资本规模，打破封闭经济条件下对于储蓄和资本积累的限制，并促进人力资本的运用、知识和生产技术的转移以及海外市场的开拓。在此基础上，形成了国际分工格局，并极大地促进了国际贸易的发展，从而刺激世界经济发展。第二，金融全球化促进了金融业的发展。一方面，金融全球化可以通过金融机构在统一市场中的良性竞争来降低相关费用和交易成本；另一方面，金融全球化方便了各类投资者在全球市场中寻找相应的高利润投资项目，从而提高资本在全球中的配置效率。此外，金融全球化可通过传播先进的管理和运营经验、服务机制等方式，使金融发展水平较高的经济体对金融发展水平较低的经济体实现技术和知识溢出效应，从而带动后发经济体金融业的发展，提升世界整体的金融水平。[②] 第三，金融全球化促进世界向市场化、自由化的方向演进。在金融全球化的大趋势下，各经济体不断对本土金融市场和制度进行市场化改革，不断通过减少管制措施，增强自由化水平来融入全球金融市场。

① 关建新：《国际货币金融体系变革与中国》，中国发展出版社，2015，第 39 页。
② 韩忠亮：《全球化背景下金融监管的博弈研究》，北京大学出版社，2013，第 39—40 页。

在此基础上，通过双边或多边合作机制的构建以及金融服务贸易规则的制定，使各经济体在金融领域内的合作更加顺畅，提升对国际金融的监管效率，促进国际金融的发展。总体来说，各个经济体金融开放与自由化是金融全球化的基础，而金融全球化又会促进各经济体金融进一步实现开放与自由化。虽然不同类型经济体进行金融自由化的目的不尽相同，但金融全球化与经济体金融自由化的联动关系促进了资本的流动、全球经济金融一体化和经济体经济运行的效率，使各经济体市场在更大范围内被连接起来，从而降低了交易费用，实现了各经济体储蓄的有效利用和最大限度地创造产出。①

从消极影响方面来看，第一，金融全球化使得国际投机行为日益猖獗，对世界经济的稳定性造成极大冲击。一般来说，国际投资资本具有流动速度快、规模巨大、隐蔽性强等特点。因此，国际投机家往往挟巨资以造市，借支配地位以牟暴利，加剧国际金融市场波动，② 从而令世界经济发展偏离原有轨道，造成全球经济的动荡。第二，金融全球化带来“金融霸权”，并导致经济体之间利益的不平等。一方面，由于自身已具备的人才优势、技术优势、货币优势、经济发展优势等，发达经济体更容易在金融全球化背景下掌握“金融霸权”，制定有利于自身发展的全球金融制度与合作规则，即在国际金融治理中占据主导地位；另一方面，在“金融霸权”下，金融全球化会削弱发展中经济体货币政策的自主性，降低对宏观经济的把控能力，且在尚未构建完善的监管体系的情况下，发展中经济体超前实行金融自由化和对外开放不仅会造成资

① 米军：《金融全球化与转轨国家金融自由化制度安排》，北京大学出版社，2012，第3—4页。

② 戴相龙：《关于金融全球化问题》，《金融研究》1999年第1期。

本配置效率的缺失，还会引起内部经济的泡沫化，进而对实体经济造成损失。[①] 第三，金融全球化增加了经营风险，增加了世界经济发展过程中的不确定性。在金融全球化的情况下，单个经济体跨境经营的金融机构会受到来自外部的由于国际政治、经济、军事、社会环境变动所导致的不确定性的影响，[②] 进而提高了跨境投资和国际贸易的风险，加大了对于风险的管理难度，从而增加了世界经济的不确定性。第四，金融全球化导致世界经济体系的脆弱性增加，并增强了金融和货币危机的传导能力。在国际金融治理体系中，信息的不对称性和道德风险会导致信用、流动性、利率等各类风险大幅度提升，而由于金融网络的蔓延以及信息技术在金融领域内的应用，这些风险和区域内所发生的冲击更容易且更快速传导至整个世界，大大提高了整个世界经济体系的脆弱性。同时，金融全球化的非对称性使得发展中经济体比发达经济体要承担更高的成本和更大的风险，这也是全球新型金融危机产生的深层次全球制度性原因。[③]

第二节　巴塞尔协议的制定与发展

在金融全球化过程中，银行一直扮演着十分重要的角色，但由于银行存在天然的杠杆性，追求负债经营下的高利润，因此银行体系会对经

① 李胡：《金融全球化的负面影响及其防范措施》，《世界经济研究》1999 年第 6 期。

② 韩忠亮：《全球化背景下金融监管的博弈研究》，北京大学出版社，2013，第 41 页。

③ 金雪军、王义中：《非对称金融全球化、次贷危机与全球新型金融危机》，《浙江大学学报（人文社会科学版）》2010 年第 5 期。

济发展、社会稳定产生潜在影响。尤其是在经济形势欠佳时，若银行准备金不足且持有资产流动性较差难以即时变现，则极易导致银行挤兑问题。因此，发达的资本主义国家在20世纪初、大多数发展中经济体在第二次世界大战后普遍建立了中央银行和监管机构。其中，中央银行一方面凭借最后贷款人身份对商业银行提供庇护，实施微观监管，提出资本和流动性储备要求，以增强商业银行的稳健程度；另一方面调控货币政策，稳定物价，熨平经济周期，给商业银行提供良好有序的经营环境。

银行经营过程中不断提升的杠杆率和不足的流动性就好似木桶中持续上升的水位，传统式的银行监管模式实质上是外侧的桶壁，掩盖了银行不断积聚的风险池。然而，在经济周期下，桶壁并不是铁板一块的，尤其是在经济形势衰退下行时，桶壁的阻隔作用也不再生效，桶内的水就会倾泻而出，银行的破产倒闭、国民经济的进一步恶化也就在所难免。

针对这一问题，发达经济体以及由发达经济体组成的巴塞尔委员会逐步将银行的监管从外围修补转到内部调控，相当于从填补外侧桶壁转向使用特殊的桶内水位实时“监视器”，对影响银行风险的主要因素进行详细的剖析。在此背景下，巴塞尔协议得以提出并不断更新和发展。

一、巴塞尔委员会成立

在布雷顿森林体系崩溃之后，全球进入浮动汇率时代，资本跨境流动的规模和频率都大幅提升，相应地，汇率风险也不断提升。然而，由于低估了浮动汇率下的外汇风险，1974 年 6 月，联邦德国的赫斯塔特银行遭受 4.5 亿美元的外汇损失之后，[①] 接到政府当局清算的命令，最终破产。这次危机被称为“赫斯塔特银行危机事件”。其不仅进一步导致了联邦德国国内对银行的信心危机，严重冲击了其国内银行业，还使外汇现货交易业务的清算机制陷入混乱，对国际同业市场也造成了严重影响。不仅如此，在大洋彼岸的美国，同年也发生了一起银行业危机。1974 年 10 月，由于美元贬值、美国国内的通货膨胀、国际监管机制缺失以及内部审查不严等原因，富兰克林国民银行也宣布破产，[②] 但由于当时美联储和其他美国银行有效承接了富兰克林国民银行伦敦分支机构的存款，因此并未在美国和国际上引起大的恐慌和危机。

联邦德国和美国的两起银行破产事件证明了随着金融全球化发展，国际银行业务规模不断扩大，其内部监管措施效能式微，监管当局已无法对国际化的商业银行采取有效的监管措施，导致既无法有效预防风险，也无法在事发后有效解决危机。在此背景下，1974 年底，包括美国、英国、法国、联邦德国、意大利、日本、荷兰、加拿大、比利时、瑞典在内的“十国集团”在国际清算银行之下成立了巴塞尔银行监管委员会，即巴塞尔委员会，作为常设的监督机构。[③]

二、《巴塞尔协议 I》

在巴塞尔委员会成立的第二年，即 1975 年 9 月，委员会出台了一

---

① 赫斯塔特银行是当时联邦德国的第二大私人银行。——作者注

② 富兰克林国民银行是当时美国的第十二大银行。——作者注

③ 由于英格兰银行的银行监督主管彼得·库克（Peter Cook）长期担任该委员会主席，故该委员会又称为“库克”委员会。——作者注

份报告，即《对银行国外机构的监管原则》。这份报告内容极为简单，提出了国际银行监管主体缺位现实下，应发挥国际制度的作用以约束世界各国的银行，并强调了两个关键点：其一是任何银行的境外机构都不能逃避监管；其二是母国和东道国应共同承担的职责。1983 年 5 月，巴塞尔委员会又发布了《修改后的巴塞尔协议：对银行的国外机构的监管原则》。此协议在原协议基础上有所进步：第一次公开提出对银行外国机构的监管是东道国与母国的共同责任，阐述了充分监管原则和并表监管原则，并从外国银行机构的清偿力、流动性、外汇交易与头寸三方面划分了母国与东道国的监管责任。①

在上述两份协议的基础上，1988 年 7 月，巴塞尔委员会进一步颁布了《统一资本计量和资本标准的国际协议：修订框架》，亦称《巴塞尔协议Ⅰ》由此产生。该协议包含了两项主要内容：资本的分类和风险权重的结构。这两项内容也体现了该协议的核心思想。除此之外，协议内容还包括了目标标准比率以及过渡期的实施安排等。

关于资本的分类，协议按照各自不同的特点将银行的资本划分为核心资本和附属资本两类，且附属资本规模不得超过核心资本规模的 100%。② 其中，核心资本包括股权资本和公开准备金，附属资本包括未披露的准备金、评估准备金、一般准备金或一般贷款准备金、混合债务资本工具、次级期限债务、资本扣除。

关于风险权重的计算标准，协议提出界定一系列资本与不同类别的资产或表外风险敞口相关的加权风险比，再据此对资产进行加权，这也

① 贺小勇：《国际金融立法的新趋势与中国金融法的完善》，《上海社会科学院学术季刊》2002 年第 4 期。

② 冀朝旭：《巴塞尔协议演变历程梳理》，《学术论坛》2014 年第 10 期。

是评估银行资本充足率的首选方法，优于杠杆比率法。报告根据资产类别、性质以及债务主体的不同，可以将银行资产负债表的表内和表外项目划分为0、10%、20%、50%和100%共5个风险档次，风险越大，权重越高。[①] 风险权重划分的目的是衡量资本充足率，在风险权重的运算逻辑下，报告所确定的资本对风险资产8%（其中核心资本对风险资产的比重不低于4%）的标准目标比率被赋予了意义。由此可见，《巴塞尔协议Ⅰ》的核心内容是资本的分类和风险资本的计量。

关于目标标准比率，协议提出了成员的国际银行务必通过4年的调整，在1992年之前实现资本对风险资产的比重不低于8%、核心资本对风险资产的比重不低于4%的目标。

关于过渡和实施安排，设置了中间过渡日期，在1990年和1992年两个时间节点分别对核心资本和附属资本各个小门类的资本提出要求，敦促成员的国际银行逐步实现目标。在实施安排上，协议提出各成员应该基于法律结构和现存监管体制，必要时通过立法以改变资本制度，竭其所能为达成目标提供实施条件。

1988年的《巴塞尔协议Ⅰ》曾被认为是国际银行业风险管理的“神圣条约”，[②] 该协议的提出对于国际资本监管和风险管控来说具有十分重要的意义，意味着银行资产负债管理时代向风险管理时代过渡，也反映出报告制定者监管思想的根本转变。此后围绕银行监管产生的核心原则或补充规定等，都是在报告总体框架下对报告的补充和完善。[③] 具

---

① 宋士云、宋博：《三个版本的巴塞尔协议与中国银行业监管》，《理论学刊》2019年第1期。

② 巴曙松：《金融风险监管框架发展中的巴塞尔新资本协议》，《国际经济评论》2003年第2期。

③ 金贝杯：《简述新巴塞尔协议对旧巴塞尔协议国际银行监管思想的发展》，《中国证券期货》2011年第2期。

体来看，其意义主要体现在以下几点。

第一，监管视角从银行体外转向银行体内，政府从被动解决银行爆发的危机到控制银行的资产管理，利用国际制度的契约精神使各经济体自发进行银行改革，根本上解决了银行监管无力的局面。

第二，监管重心从1975年报告中强调的母国与东道国监管责权的分配，转向资本标准及资产风险，并依靠这两个维度对银行提出明确要求。资本金的多少，决定了银行的实力和支付、清偿能力，它不仅可以保证银行经营活动的正常运行，而且可以应付偶发性资金短缺，从而维护存款人的正当利益和公众对银行的信心。风险资产属性决定换算比率，换算比率与风险资产规模结合计算所需风险资本的模式，体现了动态灵活监管的思想。并首次由于金融创新的要求，加入了表外业务相应的资本金配置，附以简单的风险权重，巩固阻挡风险的大坝。

第三，强调经济体风险与银行的信用风险相关联。1988年的《巴塞尔协议Ⅰ》明确规定对经济合作与发展组织成员的授信风险权重低于非成员。对于某些落后发展中经济体来说，有关风险可以达到100%。该协议之所以做出这样的规定，主要是受了20世纪70年代发展中经济体债务危机的影响：大批国际性银行给发展中经济体的贷款成为呆账，由此引发的全球性金融风波使跨境银行损失巨大，也给国际银行业带来巨大风险。[①]

第四，提出了各经济体银行监管标准统一的目标。过渡期及各经济体当局自由度的安排表明，报告真正认识到国际银行体系健全和稳定的重要，各经济体银行的监管标准必须统一，而这种安排充分考虑到了银

---

① 毛晓威、巴曙松：《巴塞尔委员会资本协议的演变与国际银行业风险管理的新进展》，《国际金融研究》2001年第4期。

行的属地差异，以防止国际银行间的不公平竞争。

然而，虽然1988年的《巴塞尔协议Ⅰ》在一定程度上降低了银行的信用风险，但《巴塞尔协议Ⅰ》也存在一定的缺陷和不足，使其无法应对一些新事件和新问题，如金融衍生产品所导致的风险等。具体问题如下。

第一，协议对资产的风险等级划分过于粗糙，也没有考虑同类资产不同信用等级的差异，从而无法准确地反映银行面临的真实风险状况。例如，银行能够以相同的机会成本持有信用良好但收益较低的公司债券和信用不良但收益较高的公司债券，由于后者存在更高的收益，银行在利益的驱使下必然会选择大量持有后者，这直接导致了信用风险的产生。

第二，协议对于国家信用的风险权重的处理相对简单。这主要表现在国家风险在确定风险资产中的影响过大，同时对于不同风险程度国家的风险权重的处理过于简单（如“对于经济合作与发展组织国家和非经济合作与发展组织国家的风险权重的确定”），[①] 忽视了经济合作与发展组织国家集团内部的风险差异等因素。[②]

第三，协议仅量化了信用风险，而未考虑在银行经营中占比越来越大的外部市场风险、内在操作风险等。即使信用风险被准确估计，也无法全面反映银行的安全性。

第四，已有的监管约束助长了国际银行界的资本套利现象，但协议

① 毛晓威、巴曙松：《巴塞尔委员会资本协议的演变与国际银行业风险管理的新进展》，《国际金融研究》2001年第4期，第45—51页。

② 第一和第二两点因素共同造成了“资产—风险”两位一体格局的片面性，在信用风险的评估计量评估方面存在夸大化经济合作与发展组织国家的银行资本充足率、低估道德风险下银行的真实风险资产持有量的情况。——作者注

难以进行有效约束。由于只对银行的信用风险加以评估，银行必然用尽一切手段将信用风险转化为其他形式的风险，以提升银行的整体杠杆水准，获取更大的利润。例如通过推进资产证券化将信用风险转化为市场风险等其他风险来降低对资本金的要求、广泛采用控股公司的形式来逃避资本金的约束等。

正是由于1988年的《巴塞尔协议Ⅰ》在实际应用中日益显现出来的局限性，令巴塞尔委员会认识到，单纯依靠规定银行资本充足率已经难以实现对金融风险的充分有效防范。因此，巴塞尔委员会持续对《巴塞尔协议Ⅰ》进行反复修订：1991年11月，巴塞尔委员会重新详细定义了可计入银行资本用以计算资本充足率的普通准备金与坏账准备金，以确保用于弥补未来不确定损失的准备金计入附属资本，而将那些用于弥补已确认损失的准备金排除在外；1994年6月，重新规定对经济合作与发展组织成员资产的风险权重，[①] 并调低了墨西哥、土耳其、韩国等国家的信用等级；1995年4月，巴塞尔委员会对银行某些表外业务的风险权重进行了调整；1996年1月，发布《资本协议关于市场风险的补充规定》。[②]

《资本协议关于市场风险的补充规定》强调了对市场风险的管理，这主要是考虑到自20世纪90年代以后，随着金融创新的不断深化，金融衍生产品以及在此基础上形成的金融衍生品交易市场迅猛发展。在此过程中，银行业作为主要参与者越来越多地介入这些金融衍生产品的交

① 巴塞尔委员会初步认识到除经济合作与发展组织成员与非成员之间存在国别风险之外，成员之间同样也存在风险，因此对《巴塞尔协议Ⅰ》中对所有经合组织成员均确定零主权风险权重这一极其简单化的衡量方法进行了修改。——作者注

② 魏建华：《巴塞尔协议监管思想的深化》，《经济理论与经济管理》2002年第1期，第27页。

易。因此，由金融衍生工具导致的金融风险和市场波动对整个银行业的影响越来越显著。《资本协议关于市场风险的补充规定》具体包含了三部分内容：第一部分提出标准化的测量方法，涵盖利率风险、股权状况风险、外汇风险、大宗商品风险；第二部分则建立了使用内部模型测量市场风险的框架；第三部分为具体的实例。

在《资本协议关于市场风险的补充规定》发布的第二年，即 1997 年 7 月，亚洲金融危机爆发，给亚洲和整个世界的发展带来了巨大的冲击。同时，这场危机也让巴塞尔委员会清晰地认识到，金融危机的爆发并不是只由金融业内某一个风险引致的，而是由信用风险、市场风险外加操作风险互相交织、共同作用造成的。[①] 针对此问题，同年 9 月，巴塞尔委员会发布了《有效银行监管的核心原则》。该文件共提出涉及银行监管 7 个方面的 25 条核心原则，尽管此文件主要针对监管原则问题进行了规定，但其却为日后巴塞尔协议的完善提供了一个具有实质性意义的监管框架。不仅如此，后来在《巴塞尔协议Ⅱ》中所推出的具有开创性意义的三大支柱——最低资本要求、监管部门的监督检查及市场约束——在《有效银行监管的核心原则》中已经具有了雏形。

三、《巴塞尔协议Ⅱ》

1988 年以来，跨境银行业务、风险管理与实践、监管方法和金融市场的复杂性都发生了巨大的变化，这使得《巴塞尔协议Ⅰ》已经无法适应国际金融的新变化，无法匹配日趋复杂的国际金融监管形势，更

① 魏建华：《巴塞尔协议监管思想的深化》，《经济理论与经济管理》2002 年第 1 期，第 27 页。

加无法有效约束国际资本的套利行为。一些大型综合性银行可以不断调整资产组合，在不违反现行资本标准的同时，又能在金融市场进行套利。这些变化导致《巴塞尔协议Ⅰ》近乎名存实亡。尤其是巴林银行与大和银行的倒闭事件表明，仅仅依靠资本充足率标准不足以保障银行系统的稳定。因此，《巴塞尔协议Ⅱ》需要坚持一个原则，即要为银行业注入更多的灵活性和风险敏感性。

2001年，巴塞尔委员会开始起草新的协议。相较于1988年的《巴塞尔协议Ⅰ》，新的草案更为复杂和全面，这不仅是对金融市场发展的客观反映，也满足了银行界对更加敏感的风险监管框架的需要。① 2004年6月26日，巴塞尔委员会发布《统一资本计量和资本标准的国际协议：修订框架》，即《巴塞尔协议Ⅱ》，从而为各国银行进行风险管理提供了最新且最权威的法则。

新协议主要由相互补充、相互协调的三大支柱构成。

其一为最低资本要求。新协议继续沿用《巴塞尔协议Ⅰ》中8%的最低资本比率的要求，只是针对银行的不同情况提供了多种计算规则，具体包括信用风险的计算、市场风险的计算以及操作风险的计算。② 其二为监管部门的监督检查。新协议主要是提出了监管当局的监督审查、监督透明度和问责制以及风险管理指导的关键原则，具体内容如下：银行应有一个评估其整体资本充足率的程序，以及一个维持其资本水平的策略；监管机构应审查和评估银行的内部资本充足率，以及衡量和评估银行监测和确保其符合监管资本比率的能力；监管机构应使银行的运营

---

① 巴曙松：《金融风险监管框架发展中的巴塞尔新资本协议》，《国际经济评论》2003年第2期。

② 为在世界范围内促进银行使用内部评级法，巴塞尔委员会从2004年起安排了3年的过渡期。参见郭丽：《新旧巴塞尔协议的异同点》，《长沙大学学报》2008年第3期。

水准尽量高于最低监管资本比率，并应有能力要求银行持有超过最低监管资本比率的资本；监管机构应寻求在早期阶段进行干预，以防止资本低于支持某一特定银行的风险现状所需的最低水平，并要求若资本没有维持或恢复，需立刻采取补救措施。其三为市场约束。新协议更多的是从公众的角度来看待并对待银行，强调以市场的力量来约束银行，因此银行也必须满足信息披露要求。[①]

相比于《巴塞尔协议Ⅰ》,《巴塞尔协议Ⅱ》为国际金融监管提供了更加精细、全面、实用、科学、可靠的依据。

首先,《巴塞尔协议Ⅱ》形成了三大支柱共同支撑银行稳定性的制度安排。第一支柱保留了最低资本金的要求，并考虑到了更多的变量;[②] 此外还增加了风险权重的分级，各个风险权重差异变小，计量更准确；同时充分考虑了资产风险的相互联动关系。[③] 第二支柱（监管部门的监督检查）和第三支柱（市场约束）的提出则创设了各国金融监管当局的责任和银行自我披露、自我检验的义务。其中，第二支柱实际上是从监管方的角度“施压”迫使银行遵守资本金充足率、制定风险管理安排及其实现可能性；第三支柱则是要求银行自我约束，通过全面信息披露向国际社会宣告自我约束的真实性和可靠性，迫使银行受其主要融资方——企业和公民的监督。三大支柱并不是独立运作的，而是作为一股交错相融的合力，从内部和外部两个角度，依靠社会舆论监督和监管当局监督两个平台，从而支撑起银行体系的稳定，全面控制银行的

① 魏建华:《巴塞尔协议监管思想的深化》,《经济理论与经济管理》2002 年第 1 期。

② 即经济合作与发展组织成员地位的重要性有所降低，需要采用外部信用的评级进行风险权重的计量。——作者注

③ 金贝杯:《简述新巴塞尔协议对旧巴塞尔协议国际银行监管思想的发展》,《中国证券期货》2011 年第 2 期。

经营风险。

其次，《巴塞尔协议Ⅱ》提供了外部评级和内部评级两个方案。为了衡量银行的风险资产状况，巴塞尔委员会在考虑过被商业银行认为存在歧义的普遍外部中介机构评级模式之后，适度放权，强调了银行可以建立内部的风险评估体系，并提供了三个解决方案。同时，倡议银行的管理能力、业务规模应该与方案的选择挂钩，管理能力较弱、业务简单的银行采取标准化方法为主，而管理能力较强、业务复杂烦琐的银行则采取内部评级法以减小风险资本计量的误差。

再次，《巴塞尔协议Ⅱ》适用范围扩大，并提高了银行体系的规范性和运作效率。1988 年的《巴塞尔协议Ⅰ》并不具有法律约束力，仅依靠经济合作与发展组织国家的承诺来保证实施。相比之下，《巴塞尔协议Ⅱ》提出的各项基本原则普遍适用于全世界所有银行，各银行都要计量风险资本，并确保其风险资本比重符合规定。因此，在国际事务中，与银行合作的实体会将“银行是否遵守以及在多大程度上遵守巴塞尔协议的规定安排”作为衡量该银行可靠性的条件和标准，这使得各国银行有充分的动力来遵守和执行协议。同时，国际金融市场的参与者也受益于披露后信息不对称性的缩小，从而能够做出更好的决策，优化资源配置、提高银行体系运作效率。

最后，《巴塞尔协议Ⅱ》克服了部分金融全球化的弊病。在布雷顿森林体系崩溃之后，金融全球化的速度不断加快，由于资本的快速流动、跨境银行业务的发展以及各类金融产品的推陈出新，各国资本市场间的联系日趋紧密。银行为了逐利，迅速开拓了旧协议无法涉足的利润空间，但这也导致国际金融治理和监管效率降低，从而引发各类危机事件。这也表明，仅仅依靠资本充足率这一项已经不足以反映银行的风险水平。《巴塞尔协议Ⅱ》的发布，有效打击了银行的部分资本套利行为，且通过规范监督检查程序以及设置市场纪律，在很大程度上解决了银行风险管控不全面化、信息披露不完全的问题。

然而，尽管《巴塞尔协议Ⅱ》在国际金融监管方面取得了重大进展，但其仍然存在一定的不足，具体包括以下内容：法律特征可能会使发展中国家银行业在竞争中处于不利的地位；采用计量信用风险的新方法将提高经营成本；信息披露要求会给为建立内部评级法的银行增加更多管理负担；等等。[①] 不仅如此，2008 年金融危机席卷全球，《巴塞尔协议Ⅱ》下的三大支柱并没有有效地阻止危机爆发和蔓延，这也说明需要再次对巴塞尔协议进行改革和完善。

四、《巴塞尔协议Ⅲ》

2007—2008 年的金融海啸席卷全球，次级贷款触发的市场性风险引发全球银行业动荡，全球金融秩序陷入混乱。同时，此次危机暴露出来如银行表外资产过度杠杆化、银行缺乏足够的逆经济周期的资本金准备、《巴塞尔协议Ⅱ》在资本金要求和风险核算等方面存在缺陷等一系列问题。[②] 国际货币基金组织也指出：金融监管没有预见到金融繁荣下的潜在风险；全球各行其是的金融监管体系导致对接协调困难；必须在系统风险监察、对系统风险宏观审慎反映的国际协调、金融监管的跨境安排和流动性支持融资四个方面实施改革。[③] 针对这些问题，巴塞尔委

① 杨洋：《中国商业银行资本充足率管理的回顾与展望》，《人口与经济》2010 年第 S1 期。

② 宋士云、宋博：《三个版本的〈巴塞尔协议〉与中国银行业监管》，《理论学刊》2019 年第 1 期。

③ 陆静：《巴塞尔协议Ⅲ及其对国际银行业的影响》，《国际金融研究》2011 年第 3 期。

员会网站在2009年12月发布了名为《增强银行体系稳健性》和《流动性风险计量、标准和监测的国际框架》的两份咨询文件。一年后，即2010年12月16日，通过充分的评估与讨论，巴塞尔委员会在其网站发布《巴塞尔协议Ⅲ：更加稳健的银行和银行体系的全球监管框架》（*Basel Ⅲ: A Global Regulatory Framework for More Resilient Banks and Banking Systems*）和《巴塞尔协议Ⅲ：流动性风险计量、标准和监测的国际框架》（*Basel Ⅲ: International Framework for Liquidity Risk Measurement, Standards and Monitoring*）等一系列文件，这些文件统称为《巴塞尔协议Ⅲ》。可以看出，《巴塞尔协议Ⅲ》是在《巴塞尔协议Ⅱ》的框架下对国际银行监管细则的进一步改革与完善。其提出的目的在于通过提高资本充足率和流动性比率对每家银行都实施监管，又通过对系统重要性银行实行特殊的监管，以达到监管点和监管面的结合，防范系统性金融危机的爆发。[①] 具体来说，《巴塞尔协议Ⅲ》主要在以下几个方面进行了改革。

第一，提高最低资本要求，附加资本留存缓冲条目，提出逆周期资本概念。《巴塞尔协议Ⅲ》重新定义了合格资本，即合格资本只包括一级资本和二级资本，而三级资本被审视为非合格资本。一级资本包括普通权益资本和其他一级资本，二级资本标准更加明确，且剔除了《巴塞尔协议Ⅱ》中予以承认的二级资本。普通权益占加权风险资产的比重由2%提高至4.5%，一级资本充足率从4%提高至6%，由此，最低资本充足率就提高到了10.5%。[②] 由于合格资本的定义更加严格，符合合格资本的数量下降，但资本充足率的要求不降反升，因此，新协议对

① 陆静：《巴塞尔协议Ⅲ及其对国际银行业的影响》，《国际金融研究》2011年第3期，第56页。

② 陆静：《巴塞尔协议Ⅲ及其对国际银行业的影响》，《国际金融研究》2011年第3期，第58页。

银行的实际资本充足率要求远远高于《巴塞尔协议Ⅱ》。同时，为了针对经济体中信贷的高速扩张现象以及由此产生的系统性风险，《巴塞尔协议Ⅲ》要求银行持有0—2.5%的逆周期资本缓冲以应对经济下行期银行面临的损失，以缓释顺周期时信贷过度扩张带来的风险。银行在信贷高速扩张时期（经济繁荣期）计提超额资本，当信贷过快增长以至于系统性风险出现，在经济下行期银行得以将逆周期资本缓冲用于吸收损失，以维护整个经济周期内的信贷供给稳定。[①] 除此之外，为了帮助银行能够度过经济下行压力较大的时期，巴塞尔委员会在协议中另外设置了2.5%的资本缓冲比。该比率由普通权益资本（核心一级资本）构成，当银行面临亏损时，可使用这部分金额吸收损失。且由于资本留存缓冲能够随着风险资产的增加而浮动，替代了拨备的途径，能够更好抵御风险。

第二，开创流动性比率的监管思路。考虑到金融危机中倒闭的银行大多遭遇了流动性不足的危机，资产无法即时、足额变现，《巴塞尔协议Ⅲ》开创了“流动性比率”这一概念。协议对短期以及中长期流动性设定了不同的指标。短期流动性指标要求银行30天流动性覆盖比率（Liquidity Coverage Ratio，LCR）应大于等于100%，以确保银行能够挺过短期流动性冲击；中长期流动性指标规定净稳定融资比率（Net Stable Funding Ratio，NSFR）应大于100%，具体为多少由各国监管当局决定，以控制银行的流动性错配，鼓励银行稳定融资。同时，协议还细化了高质量流动性资产标准，根据价值的公允程度、交易所交易的难度、信用风险和市场风险等指标。

① 陆静：《巴塞尔协议Ⅲ及其对国际银行业的影响》，《国际金融研究》2011年第3期，第59页。

第三，提出“系统性重要银行”对应的额外资本要求。《巴塞尔协议Ⅲ》将那些业务规模较大、内容复杂、如果发生重大风险事件会给全球金融市场带来波动的银行称为“系统性重要金融机构”（Systemically Important Financial Institution）。[①] 判别是否属于此门类最简单的方法是衡量其资产规模是否大于5 000亿美元。[②] 为实现特别资本要求，《巴塞尔协议Ⅲ》规定系统性重要金融机构需1%的资本充足率，但可以由非普通权益的一级资本来承担。[③] 考虑到现实，巴塞尔委员会规定2018年是这部分银行达标的最后期限。

第四，设置“杠杆比率”指标。为了弱化《巴塞尔协议Ⅱ》固有的弊病：在道德风险下银行增加杠杆，在满足账面资本充足率的情况下追求利润。《巴塞尔协议Ⅲ》在最低资本要求的基础上补充了“基于风险中立的杠杆比率”（Non-risk-based Leverage Ratio），即设定一级资本占非权重资产的杠杆比率下限为3%。风险权重系数是在《巴塞尔协议Ⅰ》中被首次引入的，而杠杆比率直接限定了金融机构不考虑风险权重的最大杠杆倍数，从宏观审慎角度使系统性风险得到了控制。[④]

《巴塞尔协议Ⅲ》延续了传统的以风险控制为本的监管理念，从更为宽广的视角理解银行风险，确立了微观审慎和宏观审慎相结合的金融

---

① 钟伟、谢婷：《巴塞尔协议Ⅲ的新近进展及其影响初探》，《国际金融研究》2011年第3期，第49页。

② Basel Committee on Banking Supervision, *The Basel iii Accord*, Basel iii Compliance Professionals Association（BiiiCPA），http://www.basel-iii-accord.com.

③ 钟伟、谢婷：《巴塞尔协议Ⅲ的新近进展及其影响初探》，《国际金融研究》2011年第3期，第49页。

④ 钟伟、谢婷：《巴塞尔协议Ⅲ的新近进展及其影响初探》，《国际金融研究》2011年第3期，第49页。

监管新模式，它的发布，标志着国际金融监管改革进入了一个新阶段。[①] 同时，《巴塞尔协议Ⅲ》的实施也会在银行融资压力、融资成本、国际金融的业务和运行模式等方面为国际金融市场以及国际金融监管带来诸多新的变化。

总体来说，《巴塞尔协议Ⅲ》通过引入资本留存缓冲和逆周期资本缓冲，附加系统性重要金融机构的额外义务，强化对流动性和杠杆率的监管等条款，强化了对系统性风险的管理，有效降低了银行的经营杠杆，弱化了银行资本充足率的顺周期性，保证银行能够在宏观经济下行期间保持稳健。但同时，《巴塞尔协议Ⅲ》也对国际银行业造成了一定的冲击，例如银行为了筹资，必然选择提高贷款利率，进一步导致实体经济出现融资难、活力不足等问题。

第三节　国际金融治理机构

国际金融治理机构是指从事或协调国际金融业务活动的组织或机构，它们是国际货币金融关系顺利发展的必要媒介。各种国际金融机构组成了一个多层次的体系。这个体系既包括联合国体系的国际货币基金组织和世界银行集团及其所属机构，还包括国际清算银行、地区性金融机构以及政府间双边或多边金融协议等。国际金融治理机构依据职能的不同可以大致分为三类：第一，从事国际金融事务的协调与监督，维护

① 宋士云、宋博：《三个版本的〈巴塞尔协议〉与中国银行业监管》，《理论学刊》2019 年第 1 期。

国际收支平衡及汇率稳定的国际金融机构，如国际货币基金组织；第二，从事国际结算，负责国际银行业监督的国际金融机构，例如国际清算银行；第三，从事各种金融信贷业务，以助力各地区和世界经济发展为目标的国际金融机构，例如世界银行和亚洲开发银行、美洲开发银行。国际金融治理机构一般具有以下性质：第一，超国家性，从经济意义上讲，它对任何国家或地区来说都是非居民；第二，国际金融机构经营活动不纯粹以营利为目的，其主旨是协调国际金融活动和国际货币关系；第三，国际金融机构不按某一个国家或地区的法律或习惯建立和运作，一般是为了达成特定目标和协定而由不同国家或地区联合建立，其资金来源于各成员政府或组织的权力和决策机构以份额的形式缴纳，只有少数机构含有私人资本；第四，国际金融机构一般按各成员缴纳资金的份额的多少而拥有相应的投票权和管理权。

一、国际货币基金组织

国际货币基金组织主要通过其三大核心职能，即监督、财政援助和能力建设，来实现对国际金融的治理与监管。其中，监督是指充分监管国际货币体系及其成员的经济和金融政策，确定潜在风险，做出必要行动，维持经济增长和金融稳定；财政援助指向面临实际或潜在国际收支问题的成员提供贷款；能力建设是指由国际货币基金组织提供技术援助和培训，帮助成员建立更好的经济机构并加强相关人员能力。[①] 三大职能的运作并非相互独立，而是各成体系却相互联系的。监督的作用是评估世界上潜在危机实体，提前止损做出预警，捕捉信号预防全球性经济危机，调查现有状况，对未来政策安排做出预判和调整；财政援助，即借贷，是国际货币基金组织扑灭经济“火灾”的灭火器，旨在摆脱经济体的暂时性经济困窘，给予危机牵涉方中央政府得以喘息、采取措施的积极；能力建设则是一个更加富有远见的职能范畴，通过综合改善一经济体的经济治理能力，社会民众的经济活跃度，结构性地实现一经济体经济稳健性的提升，向可持续发展靠拢。同时，三个职能也各有侧重。从时间上来看，监督是非危急时刻主要采取的，财政援助是危急时刻主要采取的，能力建设是危机后为根除隐患而采取的。从逻辑上来看，日常性的监督又是财政援助和能力建设的前提，必须知其全貌才可对症下药，而能力建设和财政援助又是监督发现问题后必然采取的措施。在此基础上，自成立以来，国际货币基金组织一直在国际金融进行治理和监管中发挥着极其重要的作用。[②]

二、国际清算银行

国际清算银行成立于1930年，是世界上最“年长”的国际金融治理机构，其与世界银行以及国际货币基金组织共同组成了当今世界的3

① 能力建设援助有助于各成员加强公共财政，实现货币和汇率政策的现代化，支持金融体系，推进宏观经济框架和政策制定，发展法律体系，改善治理，加强宏观经济和金融数据的汇编和传播，最终实现各成员的可持续发展。该项工作侧重于公共财政、货币和金融政策、宏观经济框架和工具、法律框架、统计等各领域，除此之外，国际货币基金组织还特别对包容和减少不平等，性别平等，气候变化等议题相关的政策给予支持。——作者注

② 为避免重复，此处不再描述国际货币基金组织的建立背景、基本概念、机构设置等，相关内容详见第一章和第三章。——作者注

大核心国际金融治理机构。虽然这3大核心机构都是在世界大战之后成立的，都是战争的产物，但国际清算银行与后两者的最初设立目的并不相同。国际清算银行在设立之初的目的仅在于帮助处理德国和战争中其他战败国向战胜国赔偿事宜。①

1918年，第一次世界大战结束之后，通过巴黎和会的谈判，协约国和同盟国于1919年6月28日在巴黎的凡尔赛宫签署条约，即《凡尔赛条约》，亦称《协约国和参战各国对德和约》。② 根据该条约的规定，赔偿委员会在1923年设立了“第一专家委员会”，并于1924年4月提出关于德国赔款的《解决德国赔款问题的报告》，即“道威斯计划”，规定德国自1924年支付赔款10亿马克，以后逐年增加，从1928年起每年支付25亿马克；随后，由于德国偿债能力不足，美国、英国、法国、日本等国家成立了“第二专家委员会”，并于1929年6月提出了《关于完全和最后解决赔款问题的协定》，即“杨格计划”，来替代“道威斯计划”。③ 根据“杨格计划”，“在新计划制度之下，此项组织的职权……移交给国际清算银行，国际清算银行将在新计划的条件下和限制内，依照其自己规章的规定，行使此项职权”。④ 可见，国际清算银行代替了之前的赔偿委员会，接管了赔偿委员会所履行的职能，即管理作为赔偿支付的年金的收取、管理和分配。⑤

在此基础上，1930年1月20日，在时任英格兰银行行长蒙塔古·

① 隋丽君：《神秘的国际清算银行》，《经济世界》1998年第11期。

② 该条约规定了德国向战胜国赔偿、限制德国军备、重新划定德国疆界等内容，并于1920年1月10日正式生效。——作者注

③ 张智勇：《国际清算银行与中国》，《中外法学》1998年第5期。

④ 参见《国际条约集（1924—1933）》，世界知识出版社，1961，第81页。

⑤ “History-Foundation and Crisis (1930 - 39),” Bank for International Settlements, https://www.bis.org/about/history_1foundation.htm.

诺曼和德意志帝国银行行长亚尔马·贺拉斯·格里莱·沙赫特等人的共同推动下，由摩根银行牵头的美国投资代表团和英国、法国、意大利、德国、比利时、日本等国的中央银行在荷兰海牙会议上签订了《国际清算银行组建约章》以及《国际清算银行章程》。同时，英国、法国、比利时、德国、意大利、日本共6国政府还与瑞士政府签订了《关于国际清算银行的专约》。根据这一系列文件，其在1930年2月26日开始生效，国际清算银行总部位于巴塞尔，并在1930年5月17日开始营业。①

从机构的宗旨来看，如前文所述，国际清算银行在成立之初的主要宗旨是处理第一次世界大战后德国的赔款支付与清算问题。除此之外，国际清算银行还为各成员的中央银行提供平台，促进各成员中央银行间的合作。随着德国赔款问题的解决，促进各成员央行合作也就成了国际清算银行的唯一宗旨。同时，国际清算银行一直以来都是各成员央行行长进行国际货币与金融合作的主要论坛，因此被称为“央行行长们的俱乐部”。②

在其宗旨的基础之上，国际清算银行主要向成员中央银行提供一个可以实现对话和国际合作的论坛、一个负责创新和知识共享的平台，并对核心政策问题提供深入的分析和见解，同时也提供稳健而有竞争力的金融服务。③ 因此，在国际金融治理与监管过程中，国际清算银行主要发挥了以下作用，即为发挥经济和货币研究中心的作用，发挥中央银行

① 张智勇：《国际清算银行与中国》，《中外法学》1998年第5期。

② 谢世清、曲秋颖：《国际清算银行与国际货币基金组织之比较研究》，《宏观经济研究》2012年第9期。

③ “About BIS-Overview,” Bank for International Settlements, https://www.bis.org/about/index.htm?m=1001.

金融交易主要交易对手的作用，在国际金融交易中发挥代理人和受托人的作用，发挥促进中央银行和国际金融、监管当局交流和便利决策的作用。[①]

从其本质来看，国际清算银行具有商业银行和国际金融组织的双重特征，但与一般性的商业银行并不相同，其主要作用是服务各成员的中央银行，其业务对象也主要集中于各成员中央银行以及其他国际组织。国际清算银行的主要业务如下：第一，黄金业务，即国际清算银行可以自主或替各成员中央银行买卖黄金，同时可将自己的黄金存入各成员中央银行，也可为中央银行保管黄金；第二，外汇业务，即国际清算银行可以为各成员中央银行提供买卖和管理外汇的业务；第三，证券业务，即国际清算银行可买卖、贴现汇票、支票、国库券等证券，也可代中央银行操作此类业务；第四，代理业务，即国际清算银行可作为中央银行、国际组织的金融代理人或往来行；[②] 第五，贷款业务，即国际清算银行可以为中央银行提供短期贷款，帮助其解决国际收支失衡问题；第六，清算业务，即国际清算银行为中央银行提供相互清算的便利。[③] 此外，为了防止国际清算银行与一般的商业银行之间出现竞争，在国际清算银行成立时，规定其不能发行钞票，也不能为个人或商业组织开立账户，同时也不可以持有任何企业的股票或股权，不可拥有除总部大楼和办公室以外的其他物业资产。

与此同时，国际清算银行与一般的国际金融组织也并不相同。从组

---

① 《国际清算银行》，中国人民银行国际司（港澳台办公室），2007 年 12 月 31 日，http://www.pbc.gov.cn/goujisi/144449/144490/144541/2834597/index.html。

② 国际清算银行曾先后担任欧洲经济合作组织、欧洲支付联盟、欧洲煤钢共同体、黄金总库、欧洲货币合作基金、万国邮政联盟、国际红十字会的代理人。——作者注

③ 张智勇：《国际清算银行与中国》，《中外法学》1998 年第 5 期。

织架构来看，国际清算银行设有股东大会、董事会以及总经理的职位，类似于股份制企业。[①] 因此，与其他国际金融组织相比，国际清算银行具有一定的企业性。[②] 但与其他国际金融组织一样，国际清算银行的成立所依据的也是国际条约，是一个国际公共组织，因此具有国际法人资格。此外，国际清算银行之下还设有巴塞尔银行监管委员会、全球金融体系委员会（Committee on the Global Financial System，CGFS）、支付和市场基础设施委员会（Committee on Payments and Market Infrastructures，CPMI）、市场委员会（Markets Committee，MC）、中央银行治理小组、欧文·费雪中央银行统计委员会（Irving Fisher Committee on Central Bank Statistics，IFC）等机构和组织。其中，巴塞尔银行监管委员会负责制定全球银行监管标准，并致力于加强微观审慎和宏观审慎监管；全球金融体系委员会负责监测并分析与金融市场和体系相关的议题；支付和市场基础设施委员会负责分析并制定支付、清算与结算基础设施的标准；市场委员会负责监测金融市场变化及其对中央银行操作的影响；中央银行治理小组负责审查与中央银行设计和操作相关的问题；欧文·费雪中央银行统计委员会负责关注中央银行的统计问题，包括经济、货币与金融稳定等。各个组织之间分工明晰，相互合作，共同维护国际金融的稳定，但这也令国际清算银行日常运营和决策的复杂程度大大提升。[③]

从国际清算银行参与国际金融治理与监管的进程来看，大致可以分

① 国际清算银行最初是以股份有限公司的形式在瑞士巴塞尔注册成立。——作者注

② 谢世清：《解读国际清算银行》，中国金融出版社，2010，第85—86页。

③ 国际清算银行：《国际清算银行第87期年报》，中国人民银行国际司译，中国金融出版社，2017，第139页。

为五个阶段。[①]

第一阶段，从20世纪30年代到第二次世界大战。在该阶段国际清算银行的主要任务是建立声望，保持自身的独立性，其核心业务是管理第一次世界大战后的德国赔款问题。在第二次世界大战期间，国际清算银行不仅一直保持运营，还在努力维持国际金融渠道的畅通和稳定。[②]

第二阶段，从第二次世界大战结束到20世纪70年代。该阶段国际清算银行的主要任务是恢复名誉，核心竞争力在于为中央银行服务。随着第二次世界大战的结束和布雷顿森林体系的建立，国际清算银行一度处于存亡之际，最终在凯恩斯的强烈坚持下才得以保留。但国际清算银行并没有将为成员提供资金融通作为主要任务，而是继续坚持自己的专业领域，在国际货币基金组织和世界银行之间寻找到自己的生存定位，即为中央银行提供资金管理、金融协调和召开秘密会议的场所。

第三阶段，从20世纪70年代到20世纪90年代欧元诞生。该阶段国际清算银行的主要任务是推动欧洲一体化，催生欧元问世，其核心竞争力是在欧洲一体化中表现出来的专业的国际金融协调力以及应对跨境银行危机而推进的国际监管合作。[③] 随着布雷顿森林体系的崩溃，国际清算银行迎来其发展的黄金期。作为欧洲一体化进程中在处理复杂技术问题方面具有较强能力的机构，国际清算银行不仅孕育了欧洲货币局，

---

① 国际清算银行参与国际金融治理与监管的5个阶段具体内容参见亚当·拉伯：《巴塞尔之塔：揭秘国际清算银行主导的世界》，綦相、刘丽娜译，机械出版社，2014，第1—3页；叶雷：《国际清算银行的昨天、今天和明天——读〈巴塞尔之塔：揭秘国际清算银行主导的世界〉》，《时代金融》2014年第31期。

② 其间，国际清算银行还曾为德国纳粹政府保管黄金，同时也曾为德意志帝国银行从事外汇交易。——作者注

③ 綦相、刘丽娜：《揭秘国际清算银行》，中国财经，2014年10月11日，http://finance.china.com.cn/stock/20141011/2718522.shtml。

即欧洲中央银行的前身，还孕育了世界上第一个专注于银行监管的国际组织——巴塞尔银行监管委员会。可以说，在通往欧洲统一的道路上，每一站都有国际清算银行的身影。

第四阶段，从 20 世纪 90 年代欧元诞生到 2008 年全球金融危机爆发。在该阶段，国际清算银行的主要任务是抓住全球化机遇，在制度上和结构上促进自身全球化转型，不仅允许美国深度参与其中，也开始向新兴市场与发展中经济体伸出橄榄枝。由于国际清算银行自成立以来一直专注于欧洲金融事务，较少涉及其他地区，因此欧洲货币局的出现使得两者在业务、职责、发挥作用等方面出现较多重合。[①] 自此，国际清算银行开始其全球化转型进程。随着美国的加入，国际清算银行作为管理国际金融事务的一家特殊银行的合法性得以延续和强化，并开始向新兴市场与发展中经济体扩展。[②]

第五阶段，从 2008 年全球金融危机至今。在该阶段，国际清算银行的主要任务是引领全球金融监管规则，其核心竞争力是专业知识与强大数据。一方面，国际清算银行在 2008 年之后的欧债危机中竭尽全力捍卫了欧元的地位，极大地稳定了欧元体系；另一方面，针对危机所暴露出来的问题，国际清算银行凭借其所具有的国际组织、盈利超强的银行、研究重镇三重身份而形成的优势，充分发挥其专业知识与强大数据的核心竞争力，将资本协议升级为以《巴塞尔协议Ⅲ》为核心的一系列国际银行监管标准，构建其金融软实力，同时充分发挥其在现代国际金融治理中的作用，引领全球的金融监管规则，引导全球金融秩序的重建。

① 其间，大部分欧元事务都转移至欧洲货币局进行研究解决。——作者注

② 中国人民银行于 1996 年 9 月 9 日正式加入国际清算银行。同日，巴西、中国香港、印度、韩国、墨西哥、俄罗斯、沙特阿拉伯、新加坡的货币当局也成为国际清算银行的新成员。——作者注

在国际金融部门和支付系统的快速转型中，中央银行处于核心地位。尤其是在当前的动荡时期，世界各地的中央银行都在努力维护公众对货币和支付的信任。为了塑造未来的支付系统，各经济体中央银行都在加紧对央行数字货币的开发、零售和批发，以及增强传统支付系统的其他创新，所有这些努力的目的都是促进为公共利益服务的创新。与此同时，国际清算银行也在加速其数字化转型的进程。对于国际清算银行来说，央行数字货币代表着一个独特的机会，这些货币可以成为高效新型数字支付系统的支柱。因此，为了充分发挥央行数字货币在更高效跨境支付方面的潜力，国际合作将是至关重要的。同时，在央行数字货币设计方面的合作也将为各经济体中央银行对抗外汇替代以及加强货币主权开辟新途径。国际清算银行在未来也会加紧在这些领域内的业务创新和拓展。①

三、巴塞尔银行监管委员会

巴塞尔银行监管委员会亦称“巴塞尔委员会”，是在国际清算银行下的常设金融监督机构，也是国际清算银行中最核心的委员会，被广泛认为是协调国际银行监管最重要的组织之一，在国际金融治理体系中也扮演了相当重要的角色。自成立以来，巴塞尔委员会一直在推进国际银行业的监管与体制改革中起着主导作用，其发布的诸多文件已经成为国际银行监管的基本准则，为国际银行监管工作提供了有力的依据。巴塞

① 可以通过实现广泛的访问，并提供基于数字 ID 的强大数据治理和隐私标准，设计一种技术先进的中央银行货币代表，这种货币代表具有最终性、流动性和完整性的独特特征。本段内容参见 Bank for International Settlements, *BIS Annual Economic Report 2021* (Basel: Bank for International Settlements, June 2021) , p. 90。

尔委员会工作重点如下：为国际银行联合活动提供非正式的金融协调工作指导综合原则和工作标准；确立在指导联合和协调综合的工作基础上掌握监督开展国际银行金融业务的基本技术；促进各成员金融监督银行活动的逐步强化和不断完善。

在不断完善国际金融监管漏洞的实践过程中，巴塞尔委员会始终严格遵守着两项基本原则：没有任何境外国际银行可以随意逃避金融监管；金融监管必须贯彻落实以保证充分有效。值得注意的一点是，巴塞尔委员会本身没有担负正式的国际金融监管责任，因此在国际金融监管中不具备法定权力，所作监管结论、指导标准、协调结果或是政策建议等在整个国际金融监管中没有任何强制性的法律效力，但由于该金融监管委员会中的成员主要来自发达经济体，委员会本身所代表的仍然是一个强大的国际金融经济体和金融集团，因此其在国际上的重要性和影响力仍然是不容忽视的。同时，由于巴塞尔委员会制定的相关金融监管制度标准、指导原则等具有较强的科学性、适用性与可行性，因此已被来自世界各地多国银行业所广泛认可接受。尤其是其发布的一系列重要文件，不仅使金融监管标准更加完善，同时使其补充了各成员对于国际银行业的金融监管体系管理体制的一些主要缺陷。

四、全球金融体系委员会

全球金融体系委员会成立于 1971 年，其前身为欧洲货币常务委员会，职责是对全球金融市场开展分析，监测国际银行市场，寻找应对危机之策。也可以说，全球金融体系委员会是要帮助各成员中央银行识别、分析和应对金融市场和全球金融体系稳定面临的威胁。[①] 最初，欧洲货币常务委员会的工作重点是评估离岸存款和贷款市场快速增长对货币政策的影响，但随后注意力越来越多地转向金融稳定问题以及与金融体系结构变化相关的更广泛问题。因此，1999 年 2 月 8 日，十国集团的中央银行行长们共同决定将欧洲货币常务委员会更名并修改其职责。

目前，在国际金融治理体系中，全球金融体系委员会的工作重点是市场的正常运作、金融业务的结构性变化以及金融体系中的激励结构，并监测和审查与金融市场和体系有关的广泛问题，以制定适当的政策建议，支持中央银行履行其货币和金融稳定职责。具体来说，全球金融体系委员会参与国际金融治理的主要方式如下：第一，通过定期和系统地监测金融市场和金融系统的发展（包括宏观经济发展状况），评估和确定全球金融环境中的潜在压力源；第二，通过密切监测以及深入分析金融市场和系统的演变过程，进一步了解其运作基础，特别关注其对中央银行业务以及对国际货币体系和国际金融稳定的影响；第三，通过在政策层面研究替代性的应对措施以及制定相应的政策建议，促进运作良好、稳定的金融市场和体系的发展。[②] 除此之外，全球金融体系委员会还会监督国际清算银行在国际银行和金融统计数据方面的收集工作。尤其是在 2008 年全球金融危机之后，全球各经济体的中央银行和监管机构开始采取宏观审慎的金融稳定措施，国际金融统计可以发挥更大的作用，因此全球金融体系委员会认为政策制定者和监管人员获得广泛、可

---

① "Committee on the Global Financial System (CGFS)," Deutsche Bundesbank, https://www.bundesbank.de/en/tasks/financial-and-monetary-system/international-cooperation/cgfs/committee-on-the-global-financial-system-cgfs--623908.

② "Committee on the Global Financial System: Mandate," Bank for International Settlements, https://www.bis.org/cgfs/mandate.htm?m=2081.

靠、及时和详细的金融统计数据是至关重要的，这也是这次危机带来的教训之一。①

在分析和研究过程中，全球金融体系委员会一直着重关注货币和金融稳定之间的联系，金融机构或设施与市场之间的联系，金融中介的实际和潜在变化，以及市场和制度中的激励结构。② 对此，全球金融体系委员会一般会督促中央银行设计、编制和公布相关金融统计数据和其他信息，并建议成员当局和当地私营部门采用适当的披露标准，努力提高金融市场和金融系统的透明度。此外，全球金融体系委员会也在不断加强与其他经济体之间的合作，尤其注重与巴塞尔银行监管委员会和支付与结算系统委员会等其他委员会之间的工作协调，以期不断加强流程的整体有效性。

五、支付和市场基础设施委员会

支付和市场基础设施委员会成立于 1990 年，是支付领域内的全球标准制定机构，旨在促进支付、清算、结算和报告系统及相关安排的安全性与有效性，同时其也是中央银行监测和分析相关监管、政策及运营事务的发展和协调的论坛。③

---

① 国际清算银行在收集和分析金融统计数据方面一直以来都发挥着相当重要的作用，其所提供的金融分析数据可以帮助其成员更好地了解金融危机、国际金融的发展趋势及二者的联系。参见 Committee on the Global Financial System, *Research on Global Financial Stability: The Use of BIS International Financial Statistics (CGFS Papers No. 40)* (Basel: Bank for International Settlements, June 2010), p. 1。

② "Committee on the Global Financial System: Mandate," Bank for International Settlements, https: //www. bis. org/cgfs/mandate. htm?m = 2081.

③ 国际清算银行：《国际清算银行第 87 期年报》，中国人民银行国际司译，中国金融出版社，2017，第 144 页。

支付和市场基础设施委员会的前身是支付与结算系统委员会。1980年，为了推进解决支付系统中遇到的工作难题，十国集团的中央银行行长成立一个支付系统专家组（Group of Experts on Payment Systems）。该小组不仅分析和促进了十国集团下的支付系统发展，还在1989年在其报告中制订了银行间净额结算计划。同年，为了更详细地研究与跨境和多币种银行间净额结算计划有关的政策问题，十国集团专门成立了银行间净额结算计划委员会（Committee on Interbank Netting Schemes），其在1990年制定了一套双边和多边跨境以及多币种净额结算计划运作的最低标准，同时还制定了十国集团中央银行对此类系统进行合作与监督的框架。在银行间净额结算计划委员会的基础上，十国集团理事会于1990年进一步成立了支付与结算系统委员会，从而接管并扩大支付系统专家组的活动。[①] 2013年9月，考虑到逐渐严格的公众监督、活动制定标准等因素，支付与结算系统委员会正式更名为支付和市场基础设施委员会，并于2014年9月1日生效。[②]

如前文所述，在国际金融治理体系中，支付和市场基础设施委员会的主要职责在于提升支付、清算、结算和相关安排的安全和效率，从而促进国际金融的稳定以及经济发展。其参与国际金融治理的主要方式如下：[③] 第一，监测和分析相关问题，以确定相应的安全和效率风险，以及由此给全球金融体系带来的风险；第二，分享有关经验以促进共识，

---

① 支付与结算系统委员会最初只向十国集团理事会汇报工作，但随着成员的增加，2009年其开始向全球经济会议的理事汇报。参见"History of the CPMI," Bank for International Settlements, https://www.bis.org/cpmi/history.htm?m=3066。

② 支付和市场基础设施委员会的成立背景参见国际清算银行网站，https://www.bis.org/cpmi/history.htm?m=3066。

③ Committee on Payments and Market Infrastructures, *Charter* (Basel: Bank for International Settlements, September 2014), p. 1.

并为中央银行制定政策建议或共同政策；第三，在职责范围内，制定和促进有关安排的监管、监督和实践的全球标准和建议；[①] 第四，对所提出的标准和建议进行自我监督，以确保及时、一致和有效的实施标准和建议；第五，支持监督合作和跨境信息共享，包括危机沟通和跨境危机管理应急计划；第六，与非成员的中央银行保持关系，以分享经验和观点，并在成员管辖范围以外直接或通过支持区域机构促进所提出的标准和建议的实施；第七，与其他金融部门标准制定者、中央银行机构和国际金融机构协调合作。

近年来，支付和市场基础设施委员会先后出版了一系列纲领性文件，包括《重要支付系统核心原则》《关于证券系统结算的建议》《关于中央对手方的建议》《国家支付体系发展指南》等。这些受到了许多经济体中央银行和监管当局的高度重视，并作为支付结算系统和证券交易结算系统监管的主要参考，极大地推动了十国集团以及全球众多经济体支付结算体系的发展进程。[②]

六、市场委员会

1962 年，十国集团在国际货币基金组织框架下建立了“借款总安排”和“黄金总库”，从而实现对国际黄金市场供给和需求的调节，促进美元和黄金关系的稳定，即使黄金价格维持在每盎司 35 美元的水平，维护布雷顿森林体系下的美元国际地位。在“黄金总库”成立之后，

① 包括在适当情况下对这些标准和建议进行解释和指导。——作者注

② 《人民银行正式加入国际支付结算体系委员会（CPSS）》，中国人民银行支付结算司，2009 年 12 月 4 日，http://www.pbc.gov.cn/zhifujiesuansi/128525/128527/2843402/index.html。

市场委员会的前身，黄金和外汇委员会（Committee on Gold and Foreign Exchange）也随即成立。该委员会主要由十国集团以及非十国集团经济体中央银行的高级官员组成，自委员会成立以来，成员就以公开或非正式的方式会面并针对市场问题交换意见。

在黄金和外汇委员会成立之初，其主要关注的是黄金和外汇市场的运行以及美元与黄金的关系。但随着布雷顿森林体系的崩溃，黄金总库也跟着退出了历史舞台，市场委员会所关注的问题范围不断扩大。多年来，市场委员会关注的重点已转向金融发展领域，报道金融市场的最新发展，就未来可能的趋势交换意见，并考虑特定当前事件对这些市场和中央银行运作的短期影响，同时对这一影响的长期结构性趋势进行评估。①

在参与国际金融治理的过程中，一方面，市场委员会为成员或经济体的中央银行高级官员提供一个交流意见的论坛，讨论各自市场操作的细节；另一方面，为了促进交流并提高整个国际市场的透明度，市场委员会在 2007 年 12 月将其成员的货币政策框架和市场操作信息浓缩成一份易于获取的文件，即《货币政策框架和央行市场操作》，该文件于 2019 年 10 月进行了更新。② 同时，在市场委员会的主持下，建立了外汇工作组，并于 2017 年 5 月 25 日发布了《外汇交易全球行为规则》，

---

① Markets Committee, *Monetary Policy Frameworks and Central Bank Market Operations*, Basel: Bank for International Settlements, December 2007, p. 1.

② "About the Markets Committee," Bank for International Settlements, https://www.bis.org/about/factmktc.htm?m=1332；《货币政策框架和央行市场操作》包括四个主要方面的信息：货币政策委员会（或类似的决策机构）；政策执行；市场运作；货币政策沟通。市场委员会认为，与市场参与者和广大公众分享此类信息可以提高市场透明度和对中央银行行为的理解。参见 Markets Committee, *Monetary Policy Frameworks and Central Bank Market Operations*, Basel: Bank for International Settlements, December 2007, p. 1。

该文件是一套适用于外汇市场参与者的良好实践原则，是建立公平、开放、透明、强大和有充足流动性的外汇交易市场的重要举措，其目的是促进外汇批发市场的完整性和有效运作。[①] 基于这一规则，市场委员会进一步制定了《中央银行登记册》，其中列出了已声明遵守《外汇交易全球行为规则》的中央银行。

七、欧文·费雪中央银行统计委员会

欧文·费雪中央银行统计委员会是 1995 年在国际统计学会（International Statistical Institute，ISI）北京会议上，由与会的各方中央银行统计人员的倡议下成立的，是一个由中央银行经济学家和统计学家以及其他希望参与讨论中央银行统计问题的人士所组成的论坛，[②] 成立之初一直由国际统计学会负责运营。

2000 年以前是欧文·费雪中央银行统计委员会的成长阶段，相应的执行机构也在这一时期产生。2000 年以后，欧文·费雪中央银行统计委员会经常会在其举办的会议上设置一个专题，以供与会者进行探讨和交流，例如，2002 年举办了名为“中央银行统计行为面临的挑战”的主题会议；2004 年举办了名为“与国民账户和金融账户有关的中央银行问题”的主题会议；2005 年举办了名为“分析成熟金融系统稳定

① “Foreign Exchange Working Group,” Bank for International Settlements, https://www.bis.org/about/factmktc/fxwg.htm?m=3082；中华人民共和国驻欧盟使团经济商务处：《欧洲中央银行体系欢迎发布〈外汇交易全球行为规则〉》，《国别贸易投资环境信息半月刊》2017 年第 12 期，http://gpj.mofcom.gov.cn/article/zuixindt/201706/20170602591827.shtml。

② 欧文·费雪中央银行统计委员会隶属于国际清算银行与国际统计学会，但由国际清算银行管理和主持日常工作。——作者注

性和脆弱性的数据要求”的主题会议。[①] 2006 年 1 月 10 日，国际清算银行正式为欧文·费雪中央银行统计委员会提供秘书处，这不仅标志着该委员会正式纳入国际清算银行体系，也反映出一个问题，即从货币和金融稳定的角度来看，统计数据和相关方法问题对中央银行来说越来越重要。[②]

在参与国际金融治理过程中，欧文·费雪中央银行统计委员会一方面构建了一个由中央银行统计学家、经济学家和决策者组成的全球网络，围绕中央银行感兴趣的统计问题进行研究和讨论；另一方面，在研究各类中央银行统计问题的同时，欧文·费雪中央银行统计委员会还积极参与二十国集团提出的国际“数据缺口倡议”，加强经济和金融数据统计，[③] 并于 2016 年发布了一份名为《微观数据共享——中央银行的视角》的报告。此外，欧文·费雪中央银行统计委员会近年来还重点关注了普惠金融的区域国别政策的制定与实施问题，并在 2016 年的报告《金融普惠的衡量标准——中央银行的视角》中研究了普惠金融的定义、中央银行在其中的职责、内部协作、需要解决的数据缺口和纠纷

---

① “History of the Irving Fisher Committee on Central Bank Statistics,” Bank for International Settlements, updated May 17, 2016, https://www.bis.org/ifc/history.htm?m=2095.

② “BIS to host Irving Fisher Committee on Central Bank Statistics,” Bank for International Settlements, accessed January 10, 2006, https://www.bis.org/press/p060110.htm.

③ 2006 年，国际货币基金组织制定了《金融稳健性指标编制指南》（*Financial Soundness Indicators*，FSI），为世界提供了一套金融稳健性统计的概念框架与方法体系，强化了对金融稳定分析的数据支持。然而，2008 年的全球金融危机暴露出一个重大问题，即现行统计体系在金融脆弱性监测和风险预警方面存在巨大的信息缺口，包括不可获得信息以及信息内容缺口。在这一背景下，在二十国集团的牵头下，国际货币基金组织和金融稳定委员会于 2009 年 10 月联合推出“数据缺口倡议”。数据缺口倡议的一项重要建议涉及信息共享，统计委员会受邀开展一项调查，识别促进中央银行内部及其与公共机构之间协作和微观数据共享的最佳实践。参见陈梦根、张鑫：《G20 数据缺口倡议：起源、进展及启示》，《经济社会体制比较》2020 年第 2 期；国际清算银行：《国际清算银行第 87 期年报》，中国人民银行国际司译，中国金融出版社，2017，第 148 页。

合作等。[①]

八、中央银行治理论坛

自20世纪90年代以来，公众对于中央银行治理的关注程度不断提升，因此，为了促进中央银行作为公共政策机构的良好治理，国际清算银行设立了中央银行治理论坛（CBGF），负责汇编、分析和传播关于中央银行治理和组织安排的各类信息。

中央银行治理论坛主要由中央银行治理小组和中央银行治理网络构成。[②] 其中，中央银行治理小组成立于1997年，由9家中央银行行长组成，是一个与中央银行的设计和运营有关的利益事项交换意见的场所，为其成员中央银行行长提供交流平台。该小组所关注的重点并非中央银行的政策本身，而是中央银行执行货币和金融政策的制度和组织安排，包括职能的选择、独立决策，以及决策机制。中央银行治理网络成立于1999年，是一种非正式机制，旨在促进有关央行治理和央行间组织问题的信息流动，为各中央银行提供其他中央银行治理和组织安排的信息。一方面，中央银行治理网络通过对成员进行专门的调查，形成并提供定制化的信息结果；另一方面，将所获得的信息保留在中心位置以供将来使用。从二者的关系来看，中央银行治理网络为中央银行治理小组的工作提供了优先级的信息集，帮助其分析与中央银行相关的各类问题。

---

① Irving Fisher Committee on Central Bank Statistics, *Measures of Financial Inclusion—A Central Bank Perspective* (Basel: Bank for International Settlements, June 2006), p. 3.

② 本段关于中央银行治理小组和中央银行治理网络的描述参见“Central Bank Governance Forum,” Bank for International Settlements, updated January 11, 2021, https://www.bis.org/cbgov/index.htm?m=1293。

在参与国际金融治理过程中，中央银行治理论坛所发挥的作用主要集中在通过分析数据，寻找中央银行在发展过程中遇到的问题，并为各中央银行提供相应研究分析结果和信息，以帮助其不断进行自我完善，从而稳定整个国际金融体系。例如，在2008年全球金融危机之后，考虑到金融危机可能会给中央银行治理，尤其是在金融稳定方面带来严重的冲击，因此中央银行治理论坛在2009年5月发布了一份名为《中央银行治理中的问题》的报告，分析了金融危机可能带来的治理问题，并提供了旨在帮助决策者建立最适合自身情况的治理安排的信息。随后，中央银行治理论坛发现中央银行在预防、管理和解决金融危机中所存在的严重问题，且这些问题会影响中央银行在维护国际金融稳定过程中的工作和任务。对此，中央银行治理论坛在2011年5月发布了一份名为《中央银行治理与金融稳定性》的报告，详细分析了各经济体中央银行在职能范围、性质、运作的政治和经济条件等方面的差异，研究了在中央银行治理过程中存在的问题，并提供有助于决策者建立最适合其情况的治理安排的信息。[①] 2013年，中央银行治理论坛重点关注了中央银行自身财务状况对其政策工作的影响。该论坛发现，一些中央银行之所以会面临着巨大的金融风险，部分原因是其经营环境，部分原因是其政策行动的性质，虽然这些风险及其可能带来的损失并不会令中央银行失去运营能力，却会严重影响并削弱中央银行在政策传导方面的有效性。因此，中央银行治理论坛在2013年4月发布了名为《中央银行财务分析》的报告，不仅分析了影响中央银行财务状况的决定性因素，

① 报告关注的重点之一是中央银行应当有一套有效且可持续地执行核心货币政策职能所需的治理安排，同时也需要发挥促进金融体系稳定的作用。参见 Bank for International Settlements, *Central bank governance and financial stability*, Basel: Bank for International Settlements Press & Communications, May 2011, p. 1。

以及财政资源不足对决策的可能影响，还提供了一个概念框架，以用于考虑中央是否拥有足够的财政资源。①

九、国际保险监督官协会

国际保险监督官协会（International Association of Insurance Supervisors，IAIS）是一个针对全球保险业合作与发展的专业监管组织。该组织正式成立于1994年，并于1998年迁往国际清算银行。国际保险监督官协会致力于加强和促进对各经济体的国际金融保险业务监管，其使命是促进对保险业进行有效且全球一致的监管，以发展和维护公平、安全和稳定的保险市场，为投保人提供利益和保护，并为全球金融稳定做出贡献。② 该协会的主要职能如下：研究制定国际金融保险业的监管规则、发布国际有关金融保险业的最新动态以及共同努力搭建一个具有国际性的金融保险界国际学术交流合作平台。

国际保险监督官协会的监管体系主要由9个保险监管指导文件、6条保险监管原则、9条监管标准等共24个相关文件组成。这些文件从保险监管的总体指导方针到监管保险公司的经营管理风险，从监管保险主体的市场准入到监管保险公司的偿付能力，从单一的传统保险业务到金融一体化形势下的综合监管，都予以了尽可能清晰的指导思想和基本操作原则和标准。③ 此外，该组织下设审计和风险委员会、预算委员

① David Archer and Paul Moser-Boehm, BIS Paper No. 71: Central Bank Finances, Basel: Bank for International Settlements, April 2013, p. 1.

② "Welcome to the Website of the International Association of Insurance Supervisors (IAIS)," International Association of Insurance Supervisors, https://www.iaisweb.org/#.

③ 李晓林：《解读国际保险监督官协会的监管思路》，《中国金融》2007年第2期。

会、执行和评估委员会、宏观审慎委员会以及政策发展委员会。通过各个委员会之间的协作，来实现相应的任务和目标，即研究制定偿付能力与会计核算标准；加强监管信息交流，在国际论坛发挥积极作用；推动并监控保险监管国际规则的执行；加强与其他国际金融和监管机构的联系和交流。

在参与国际金融治理过程中，国际保险监督官协会的主要实践措施如下：第一，采用了全面的保险监管原则，包括保险监管体系、保险机构监管、连续监管、审慎监管原则、市场和消费者、反洗钱和打击对恐怖组织的资金支持等。这些也是国际保险监督官协会在保险监督管理过程中所需要遵循的核心原则，从而可以保证对国际保险业的有效治理，并促进国际保险市场的健康发展。第二，有效实现风险控制目标。一方面，作为最受关注的部分，国际保险监督官协会通过制定相关原则来加强对资本充足性与偿付能力的监管，从而实现对保险主体风险的有效控制；另一方面，国际保险监督官协会通过对保险主体再保险行为的监管，充分实现对保险公司的风险控制。第三，通过现场监管与信息披露相结合，促进保险市场的有序发展。国际保险监督官协会一方面将现场检查最重要的目标确定为评估公司现在和预期的偿付能力，并确定现场检查程序；另一方面要求保险公司应在财务状况、财务表现、风险暴露程度及其管理等方面披露更多信息。第四，通过跨区域的监管合作，实现对国际保险人、保险集团及其跨境业务经营的综合监管。具体来说，国际保险监督官协会需要确保所有的保险机构都在监管范围之内；对单个保险公司进行有效的独立监管；依据境内外监管机构之间的磋商结果设立跨境保险机构；有效监管跨境保险服务的境外保险人；努力改进保险人与监管机构之间，以及不同监管机构之间的信息交流；等等。第五，强调市场秩序和公司治理结构。国际保险监督官协会一方面强调保险主体的市场准入监管，尤其是重视保险主体的公司治理监管；另一方面将董事会作为治理结构中的重点，让董事会对保险公司的经营和行为负最终责任。①

十、国际存款保险协会

国际存款保险协会（International Association of Deposit Insurers，IADI）成立于2002年，是国际清算银行之下的组织之一，是世界各地的存款保险公司聚集在一起分享专业知识的论坛和平台，同时也是存款保险制度的全球标准制定机构。在国际存款保险协会之下，共设有4个理事委员会，即审计与风险委员会、核心原则与研究委员会、成员关系委员会、培训和技术援助委员，以及非洲、亚太、北美等8个区域委员会。

国际存款保险协会的主要职责和使命是通过促进存款保险领域的国际合作，为建立新的和加强现有的存款保险制度提供指导，促进金融体系的稳定，并促进存款保险机构、银行处置机构和金融安全网等其他组织之间的国际合作，为金融体系的稳定做出贡献。② 国际存款保险协会主要关注三个关键的战略目标：促进遵守国际存款保险协会有效存款保险制度核心原则；推进存款保险研究和政策制定；向国际存款保险协会成员提供技术支持，实现其系统的现代化和升级。③

---

① 关于国际保险监督官协会在实际操作方面的特征可参见李晓林：《解读国际保险监督官协会的监管思路》，《中国金融》2007年第2期。

② "About IADI," International Association of Deposit Insurers, https://www.iadi.org/en/about-iadi/.

③ 国际清算银行：《国际清算银行第87期年报》，中国人民银行国际司译，中国金融出版社，2017，第153页。

从参与国际金融体系治理方面来看，良好的存款保险制度在稳定地方和国际金融方面发挥了巨大的作用。然而，2008 年全球金融危机爆发所引起的银行挤兑等现象令当前国际金融体系的弊端凸显。在此情况下，如何对存款保险制度进行改革以提升其有效性，成为各经济体重点关注的话题。2009 年 6 月，巴塞尔银行监管委员会和国际存款保险协会联合制定《有效存款保险制度核心原则》，首次形成存款保险领域的国际准则，且该核心原则已被列入主要国际金融标准，成为危机后二十国集团着力推动的一项金融改革。[①] 2012 年，为了评估危机之后各成员存款保险制度是否有效运行，金融稳定委员会对其成员进行了审查，并根据审查结果，针对存款保险筹资机制提出相应的改进建议。在此基础上，国际存款保险协会于 2014 年 11 月修订了《有效存款保险制度核心原则》，明确存款保险公司应准备随时可用的基金和所必要的筹资机制，以确保能即时赔付存款人，其中应包括有保证的流动性筹资安排，同时，为了解释存款保险筹资机制，并突出该机制在存款保险制度中的重要性，国际存款保险协会于 2015 年 6 月进一步发布了《有效存款保险制度强化指引：事前筹资》的文件，以为存款保险筹资机制提供指导。[②]

十一、金融稳定委员会

前文所述的部分国际组织虽然在参与国际金融治理、加强国际金融监管方面都扮演着重要的角色，但也存在着一定的问题。例如，巴塞尔

① 宣昌能：《国际存款保险制度进展的简要述评》，国际货币网，2016 年 8 月 25 日，http://www.imi.ruc.edu.cn/IMIsd/d4b253a5e26d4b30b2ca370a10d4bc46.htm。

② 刘鸿伟、蔡小艳：《存款保险筹资机制的国际经验及其启示——基于 IADA 事前筹资指引的分析》，《金融发展评论》2018 年第 8 期。

委员会虽然是国际银行业监管领域的重要组织之一，但并不是一个政府间的合法组织，不具有法定跨境金融监管者的权力，因此该委员会指定的监管制度、规则等并不一定具有强制性，这种监管缺陷也同时存在于其他国际金融监管组织。同时，当前国际金融行业全球化发展进程不断加快，金融行业爆发出巨大的活力，混业经营发展迅速，而已有的国际监管组织都属于专业性监管，因此难以适应国际金融监管的新变化。为此，建立一个具有国际综合性金融监管协调职能的国际政府间合作组织就已经显得尤为重要。目前，二十国集团下的金融稳定委员会成为这一努力的重要体现。

金融稳定委员会（Financial Stability Board，FSB）在 2009 年才成立，但其前身——金融稳定论坛（Financial Stability Forum，FSF）——早在 1999 年 4 月就已成立，总部设在瑞士。金融稳定论坛最初是在时任德意志联邦银行行长汉斯·蒂特迈尔的建议下，七国集团为有效应对亚洲金融危机、维护国际金融稳定而创设的国际法律合作机制，其成员包括七国集团政府的代表以及国际组织的代表。[①] 该论坛的主要职能是评估影响全球金融稳定的重大问题，研究为解决这些问题而需要采取的行动，[②] 同时加强各经济体和国际监督机构以及国际金融机构之间的交流合作与信息资源互换，从而促进国际金融体系的稳定。之后，随着更多的国家加入，金融稳定论坛的成员规模也在不断扩大。

2008 年，全球金融危机爆发。为有效应对全球金融危机的严峻冲击，2009 年 4 月 2 日，二十国集团伦敦金融峰会宣布，扩大金融稳定论坛，将众多新兴经济体纳入其中。同时，二十国集团还决定设立一个覆

① 具体包括金融监管者、中央银行行长及著名金融经济学家。——作者注

② 戴相龙：《认识国际金融体系》，《中国金融》2013 年第 17 期。

盖全球的国际金融监管体系，一个全新的金融稳定委员会，继续负责协调金融监管当局和监管政策。金融稳定委员会的诞生不仅取代了金融稳定论坛，而且在继承金融稳定论坛的基础上进一步扩大了金融监管的范围和职能，旨在金融危机之后，增强对国际金融体系的治理和监管效率，提升国际金融体系的稳定性。

在金融稳定委员会之下，还成立了四个常设委员会，即脆弱性评估委员会、监管和管理合作委员会、标准执行委员会、预算和资源常设委员会。① 其中，脆弱性评估委员会的主要任务和职能是识别和评估金融系统风险和脆弱性，包括监测和评估影响全球金融体系脆弱性的因素，并提出解决方案；对市场和系统发展及其对监管政策的影响进行监督，并提出相关建议；为与国际货币基金组织合作开展的预警工作提供帮助。监管和管理合作委员会的主要任务和职能如下：解决与金融稳定政策制定相关的关键问题，确定相关优先事项，努力确保不同的政策举措协调一致；协调监管机构和监管者之间在涉及跨部门影响的问题，并提出政策建议，消除对金融稳定构成的风险；制定指导方针并就满足监管标准的最佳行动策略提供建议和监督，以确保合作和公平的竞争环境。标准执行委员会的主要任务和职能如下：实施监测协调框架等机制，与其他相关机构协商和协调，确保对国际金融标准、二十国集团和金融稳定委员会商定的承诺和建议以及其他举措进行全面、严格的监测；在金融稳定委员会成员中进行同行审查；报告成员在执行国际金融标准、二十国集团和金融稳定委员会商定的承诺和建议以及其他倡议方面的进

---

① 本段关于对脆弱性评估委员会、监管和管理合作委员、标准执行委员、预算和资源常设委员会的描述参见 “Organisational Structure and Governance, ”Financial Stability Board, last updated April 28, 2022, https: //www. fsb. org/about/organisation-and-governance/。

展；鼓励全球遵守审慎监管和监督标准。预算和资源常设委员会的主要任务和职能如下：提供对金融稳定委员会秘书处资源需求的评估，同时考虑当前任务、工作计划和新出现的需求；审查金融稳定委员会秘书处的中期预算和资源框架以及年度资源预算，适当考虑成本控制；确定、评估并提供金融稳定委员会在中期内独立筹集资源的方案，以补充从国际清算银行获得的资金；通过适当安排，确保金融稳定委员会财务治理事项的必要透明度。

到目前为止，金融稳定委员会已经成为继国际货币基金组织、国际清算银行和商业银行之外的全球金融体系的第四大支柱。[①] 在参与国际金融治理过程中，金融稳定委员会一直承担着推动全球国际金融监管管理体系改革这一历史重任，其主要职能如下：评估全球金融系统脆弱性，监督各成员改进行动；促进各成员金融监管机构合作和信息交换，对各成员金融监管政策和监管标准提供建议；协调国际标准制定机构的工作；为跨境风险管理制订应急预案；等等。[②] 例如，在2013年，金融稳定委员会发布一份名为《加强对影子银行的监督和监管：政策建议概述》的报告，为促进影子银行监管设立了一个政策框架，以帮助监管者将非金融机构的中介活动范围缩小至可能产生系统性金融风险的金融公司及组织；[③] 2017年，金融稳定委员会发布了名为《关于应对资产管理业务系统脆弱性的政策建议》的报告，以解决资产管理活动中可

---

① 金融稳定委员会所涉及的成员相当广泛，不仅包括美联储、欧洲中央银行、英格兰银行以及中国、俄罗斯、日本等国的中央银行和监管机构，国际货币基金组织、世界银行、欧洲委员会以及国际清算银行自身也是金融稳定委员会的成员。参见亚当·拉伯：《巴塞尔之塔：揭秘国际清算银行主导的世界》，綦相、刘丽娜译，机械出版社，2014，第246页。

② 戴相龙：《认识国际金融体系》，《中国金融》2013年第17期。

③ 倪芷若：《关于中国影子银行活动的法律研究——以金融稳定委员会监管框架为参考》，《山东法官培训学院学报》2019年第6期。

能存在的引发金融稳定风险的结构性漏洞。[①]

除此之外，通过二十国集团峰会，金融稳定委员会也在不断完善和提升，以更好地服务于国际金融体系。例如，在 2012 年 6 月的二十国集团墨西哥洛斯卡沃斯峰会上，二十国集团的政府首脑批准了金融稳定委员会重申和修订的章程，该章程强化了其在标准制定和促进成员执行国际标准方面的作用，并强化了二十国集团和金融稳定委员会商定的承诺和政策建议。

① 包括投资基金内部的杠杆作用、在压力条件下资产管理人面临的运营风险和挑战、资产管理人和基金的证券借贷活动等方面。参见 Financial Stability Board, *Policy Recommendations to Address Structural Vulnerabilities from Asset Management Activities*, Basel: Financial Stability Board, January 12, 2017, pp. 1-4。

下　篇

面向未来的国际货币金融治理体系

第六章
现行国际货币金融治理体系的主要问题

通过对前五章的梳理可以发现，在一次次危机的推动下，目前世界已经形成了涉及范围广且较为完整的国际货币金融治理体系。总体来说，现行的国际货币金融治理体系为世界经济发展和经济体之间交流提供了良好的保障机制。但需要承认的是，世上并无绝对完美的事物，现行的国际货币金融治理体系仍存在诸多问题，这主要体现在两个方面：一是由过去一直延伸至今的深层矛盾性问题，二是体系下的协调问题。这些问题的存在导致现行国际货币金融治理体系出现不同程度的效率缺失，因此，发现并分析这些问题及其深层逻辑显得尤为必要。

第一节　现行国际货币治理体系的主要问题

通过上篇对于国际货币治理体系发展过程的梳理，可以看出，国际货币治理体系是各经济体对货币发挥世界货币职能做出的安排。由于货币所具有的权力属性和利益特征，国际货币体系绝不会通过市场自发形成，而是在大国的参与、博弈和主导下实现的发展和演变。[①] 可以说，国际货币体系伴随国际经济贸易的发展和各经济体的经济政治实力等变化而不断调整。从1819年金本位制的确立，到第二次世界大战后所形成的以美元为中心的布雷顿森林体系，再到20世纪70年代形成的以浮动汇率为主，国际储备资产和国际收支调节机制多样化发展的“牙买加体系”，国际货币治理体系经历了三个主要阶段。在这一过程中，由于国际政治经济形势的变化以及大国权势的转移，国际货币治理体系不断加入新的内容，形成新的规则，适应新的环境。然而，无论在哪种体系下，危机总是层出不穷。在国际金本位制时代，危机主要来源于国际贸易扩张与黄金供不应求的矛盾，以及黄金价格和各经济体黄金储量等因素；在布雷顿森林体系时代，危机主要来源于“特里芬难题”以及细分的流动性、信心和调节机制等因素；在牙买加体系下，危机主要来源于美元的流动性、汇率波动以及引致的交易成本上升、发展中经济体易受到冲击等因素。由于这些问题，整个世界经历了20世纪的世界性债务危机、石油危机、墨西哥金融危机、亚洲金融危机，以及21世纪美国次贷危机、欧洲主权债务危机。虽然当前的牙买加体系在实践中有维持国际间贸易的秩序、促进国际间正常贸易往来的作用，并使各经济体货币关系更加灵活，但就如哈耶克的论断一样，国际货币体系具有天然的寡头垄断型和不稳定性。[②] 可以看出，当前的国际货币治理体系在运行上仍存在许多问题，影响了整个体系的稳定性及其对世界经济的作用。

---

① 李晓耕：《权力之巅：国际货币体系的政治起源》，社会科学文献出版社，2017，第166页。

② 张宇燕、张静春：《货币的性质与人民币的未来选择——兼论亚洲货币合作》，《当代亚太》2008年第2期。

一、汇率制度的问题

牙买加体系中允许自由的汇率制度，各经济体可以施行固定汇率制度也可以选择较为灵活的浮动汇率制度。[①] 在牙买加体系之前的国际货币体系中，货币的发行受到特殊商品的限制，各经济体货币有统一固定的货币定值标准，货币比价有一定客观依据。在第一次世界大战前金本位制下的国际货币治理体系中，通货和黄金以固定比例兑换，市场汇率随着“铸币平价”上下波动，黄金自发地决定了各经济体的货币比价。在布雷顿森林体系中，“双挂钩”政策规定美元和黄金挂钩，即35美元兑换1盎司黄金，成员货币与美元挂钩，各经济体之间汇率是人为可调整的固定汇率，调整幅度设置在1%。在牙买加体系中，黄金非货币化，本位货币因此缺乏了物质基础。《牙买加协定》虽然有规定将特别提款权作为货币价值标准，但由于特别提款权所参考的“一篮子货币”的价格并不固定，本质上无法作为各经济体货币的比价标准。所以根据自身利益的需要，发达经济体普遍实行的是浮动汇率制度，汇率受各经济体政府经济政策调节和国际市场供求关系的调节而调整。

对于发展较为成熟的发达经济体来说，浮动汇率制可以更好地调节贸易收支平衡，汇率变动影响进出口商品价格，适应经济体内外进出口商品需求。浮动汇率制也能更好应对世界性通货膨胀，增外的通货膨胀能由本币汇率上升抵销。在浮动汇率制度下，政府常会根据自身利益干预汇率，但干预的“度”难以把控。首先，汇率市场的干预容易诱使

---

① 可详见第二章关于牙买加体系的内容。——作者注

汇率水平偏离市场均衡汇率程度较大，汇率制度的调整有时会矫枉过正，有时效果不明显。其次，外汇市场风险不断加大。在国际市场中各经济体相互影响，任何一个经济体都会对贸易伙伴的汇率产生一定程度上的影响。并且，浮动汇率制下外汇市场压力的总体溢出效应增强，对于外汇市场的跨境干预程度也不断增强。同时，经济全球化不断发展，各经济体经济金融开放程度日益加大，国际资本流动规模增大，速度增快。这些因素都大大增加了各经济体调整汇率的难度。

对于一些政治经济管理水平较低、抵御外部冲击能力较弱的发展中经济体来说，常采取弹性较小的固定汇率制度，将本币与单一货币或一组货币固定比价。在这种汇率制度下，有利于自身汇率稳定，减少外汇投机，促进经济稳定。但是，一方面，在钉住汇率制度下，小型经济体难以摆脱对大型经济体的依附关系，货币政策缺乏自主性。例如 2008 年美国次贷危机后，美国多次实行量化宽松政策，美元贬值，也促使一些钉住美元的小型经济体货币贬值。各经济体通货膨胀率、经济增长率、国际收支的差额等存在较大差异，无法确保小型经济体货币的增值或贬值能适应该经济体发展状况，为完成“钉住”的目标有时还会损害自身经济利益。另一方面，在钉住汇率制度下，汇率制度缺乏灵活性，在一定程度上经济体面对金融危机也难以及时调整。20 世纪 70 年代到 80 年代，在作为小型开放经济体又采取钉住汇率的拉美国家中发生的“拉美型”货币危机就是一大代表。[①] 与之相似的是 1997 年亚洲金融危机，当时，泰国资本账户开放但外汇储备量不大，为国际资本带来可乘之机。因投机资金的冲击，泰国不得不放弃固定汇率制度，马来西亚、印度尼西亚、韩国等当时采用有管理的浮动汇率的经济体同样在此次金融危机受到波及。但是采取较为灵活汇率制的经济体如以色列、南非等则受到此次危机的影响较小。

牙买加体系确定以来，国际汇率波动更为频繁，汇率制度弹性提高。伴随世界经济一体化，外汇市场中投机资本、短期资本对金融市场冲击频率规模也不断增加。由于世界主要经济体通常采取浮动汇率制度，若通过大幅度变动利率来稳定经济，有可能致使汇率过度波动。汇率过度波动一般会对国际贸易规模、金融市场稳定产生负效应，并且加剧各经济体之间的贸易战争，汇率波动严重时还会产生货币危机。同时，牙买加体系下的汇率制度实质上仍是以美国为主导的国际政治经济秩序，即国际货币体系是以美元为体系内核，欧元、日元等为体系中心区货币，其他经济体货币为外围货币的“中心—外围”体系。以美国为首的发达经济体可以为了实现自身内部经济均衡而不顾其货币政策对世界产生的巨大外部效应，从而造成严重的国际收支失衡。大多数经济体来说并不愿承担相应的国际调整责任而进行经济调整，即为了外部经

① 20 世纪 70 年代，拉丁美洲出现如阿根廷、巴西、智利等新兴工业化国家。随着 80 年代“新自由主义”的兴起，拉美国家纷纷由“进口替代型”发展模式转向“出口导向型”发展模式。由于本国资本禀赋并不富裕，且经常账户具有较大赤字，因此不得不向欧美等国家大量借款。然而，随着全球性通货膨胀的出现，欧美等经济体开始采用紧缩性的货币政策，给拉美国家的贷款采取可变利率的措施，即利率与通货膨胀率挂钩，这直接将部分欧美经济体面临的通货膨胀压力转移给了拉美国家，后者所面对的债务压力骤然上升。1982 年 8 月，墨西哥政府宣布停止偿还债务，而后，部分拉美国家也随即停止偿还债务，拉美债务危机就此爆发。参见朱雄兵：《三百年沉浮——国际货币秩序的变迁》，经济管理出版社，2011 年。

济均衡而舍弃内部经济均衡。因此，大部分经济体会采取相应政策以规避这一责任，同时由于世界缺乏有效的金融监管机制，世界经济不稳定，发生金融危机的可能性增大。

二、国际储备货币问题

在现行的国际货币治理体系中，国际储备货币更为多元化。目前，一经济体的国际储备货币主要分为政府持有的黄金储蓄、外汇、特别提款权和在国际货币基金组织的头寸。多元化的国际储备货币结构可以互为补充，共同充当国际支付、国际清算货币，提高了国际清偿能力。如今，国际储备货币还存在有待解决的问题。

其一，“特里芬难题”仍存在。正如第二章所描述的那样，虽然牙买加体系下国际储备货币的多元化使“特里芬难题”得到一定程度的缓解，但这种矛盾仍然存在。首先，国际清偿力的提供仍然主要依赖美元，其他储备货币只能起辅助和调节作用。其次，在多种储备货币的体系中，多种储备货币的体系仅仅弱化了“特里芬难题”，但并不能从根本上解决这一矛盾。最后，现阶段这种矛盾的表现形式常常为国际储备货币经济体在提供流动性与币值稳定问题之间难以同时达到，同时，国际储备货币作为主权信用货币的矛盾仍无法解决。因此，在当前国际货币治理体系中，产生的是一种有关“美元悖论”的“新特里芬难题”。

其二，特别提款权缺陷。特别提款权是国际货币基金组织于 1969 年发行的一种用于调节国际收支平衡、弥补国际清偿力不足等问题的国际储备资产和记账单位。《牙买加协定》进一步增强了特别提款权在国际货币治理体系中的作用。根据《牙买加协定》的规定，各经济体可以直接采用特别提款权进行往来交易，并试图用特别提款权作为国际主要储备资产。不过该设想并未实现，特别提款权的发行并没有摆脱对美元这一单一储备货币的依赖，也并没有成为主要储备资产，在国际社会被接受程度较低。从特别提款权在国际储备中占比来看，其设立之初的目的是为了缓解全球流动性问题，随着全球流动性问题缓解，特别提款权发放次数和数量有限，发放量远远少于其他国际储备的增长，在国际储备货币之间占比很少。从特别提款权的交易范围来看，特别提款权只能在各成员间进行官方结算，不能直接兑换货币或是兑换商品，交易范围较窄。从特别提款权的信用货币本质来看，其本身是一种账面资产，背后是以国际货币基金组织的信用作为依靠，但国际货币基金组织的作用在国际范围内还存在争议，其不具有足够公信力。从特别提款权的分配份额来看，其分配是按成员在国际货币基金组织中的份额来分配的，发达经济体所占份额多分配的特别提款权较多，发展中经济体的份额较少，分配的特别提款权较少。因此，特别提款权的现有分配方式本身就对发展中经济体不友好。

其三，国际储备货币虽然有着多元化特征，但多元化的推进速度较为缓慢。在当前的国际货币治理体系中，虽然各经济体货币都有可能成为国际储备货币，但由于其他经济体政治经济实力相对较弱，因此长期以来美元、英镑、欧元、日元等发达经济体的货币构成了主要的国际储备货币。经过近年来全球发生的多次金融危机的冲击，当前世界储备货币的主要发行方经济增长乏力，这导致世界对美元、欧元等货币的需求有所下降。与此同时，随着新兴经济体兴起，如人民币等其他新兴货币势力逐渐崛起，开始为国际储备货币注入新鲜血液。此外，随着“一带一路”倡议下的经贸合作不断深入以及全球经济的不断发展，世界对于多元化的国际储备货币要求越来越强烈。更为多元的国际货币储备体系也是对现阶段新兴市场外汇储备失衡的一种缓解。但目前新兴货币成长速度仍然较为缓慢，其应用范围多停留于区域中，尚未实现真正的国际化。

其四，发达经济体利用国际储备货币谋利的行为经常会产生“公地悲剧”。哈定教授在提出“公地悲剧”时举了这样一个例子，在公共的草地上，为了实现自身利益的最大化，每一个牧民都想尽量多养一头牛，但是草地因过度放牧最终每一牧民的牛都吃不饱，每人的利益都受损了。[①] 在现行的国际货币体系之下，发达经济体对世界经济有着高度主导权，其对国际储备货币往往倾向于过度侵占，一方面，发达经济体都过度侵占国际储备货币这一国际公共资源以谋取利益，会影响国际储备货币发挥调节国际收支、进行国际结算等职能，从而增加世界金融市场危机可能性；另一方面，“公地悲剧”这一效应的产生也会让发达经济体自身取得的效益无法达到预期的水平。

三、国际资本流动性的问题

美元在世界中通常以国际结算国际储备货币的身份出现，现行国际货币体系中美元实际上已经成为本位币。即使欧元、日元在货币篮子中占比上升，人民币地位也逐渐上升，但都无法撼动美元地位。19 世纪 70 年代后，美元循环主要通过美国购买外国商品的贸易方式投放美元和其他国家对美国金融投资等方式进行美元的回流。美国在国际收支账

① Garrett Hardin, “The Tragedy of the Commons,” *Science* 162, no. 3859 (1968): 1243-1248.

户保持逆差，在资本与金融账户中保持顺差可以令美国受益。美国又通过账户逆差为国际提供流动性，并促进世界的经济体系正常运行。因此，美国长期处于负债国身份却能保持经济发展。而且，在现行的国际货币体系中，信用货币价值和黄金偏离，美元作为世界货币流通所付出的成本更少，享受着类似“铸币税”的收入因此就更多，美国通过释放流动性借助金融与资本的力量就可以获取利益。

在金本位制时期，世界范围内黄金储量在一定时期内是基本不变的，流动性货币量受黄金量约束。在布雷顿森林体系时期，美元与黄金挂钩，美元的发行受美国黄金储蓄量的制约。但是牙买加体系下，美元发行缺少黄金持有量的约束，美元的信用大幅度扩张，世界范围内流通中的美元剧烈增长，国际资本流动性过剩。显然，这种情况下难以维持国际贸易的均衡，因此国际资本流动性失衡带来了全球性的国际经济失衡。并且，现行的国际货币体系是信用货币本位制，国际金融不断创新，新的金融衍生工具发展，金融政策更新，一方面刺激经济活力，另一方面虚拟资本膨胀，国际性游资的套利活动更为活跃，大量杠杆又容易产生更大的国际资本流动性。而且，牙买加体系下欧元、日元发行意愿上升，作为美元的竞争者，其发行量猛烈增长。比如欧元 2002 年发行量增长率超过 0.4%。因现行国际货币体系国际储备货币的多元化，不同货币出于竞争关系，会竞相增加发行量，易形成盲目超发货币而产生国际资本流动性过剩的问题。最后，流动性过剩具有国际传导的效应，一经济体可以通过各种方式将经济体内部过剩的资本流动性传导至其他经济体，再到世界。牙买加体系灵活的浮动汇率制，加剧了流动性过剩的国际传导，当今国际中资本流动性过剩问题很大程度皆源于此。

国际资本的流动性过剩会对国际社会产生不利影响。其一，国际资本流动性过剩使新兴经济体这一类资本流入方对经济体内部不断动荡的金融市场时难以执行长期稳定的经济政策。其二，巨额国际资本频繁流动及金融资产价格泡沫的国际经济局势趋于形成。国际资本流动性过剩加大世界金融风险，对世界金融体系构成威胁，可能产生大范围的金融危机。其三，在开放经济下，各经济体应该警惕国际资本流动性过剩的传导性对本国带来的危害。因国际资本流动性过盛导致的贸易失衡问题已经由个别经济体上升到全球层面。

四、体系结构不合理问题

牙买加体系虽然打破了过去美元的“垄断地位”，国际货币格局开始由单极化向多极化转变。然而，牙买加体系并没有改变美元“一家独大”的情况，金字塔型的国际货币治理体系反而带来了体系结构不合理以及经济体之间利益分配不公平等问题。

在当前国际货币治理体系的金字塔中，可以大致分为四个层次：第一层是美元，其处于中心地位，美国也凭借其货币的地位充当着“世界银行家”的角色，其他经济体向美国输入储蓄，美国再将其变成资本对全世界输出。第二层是其他主要发达经济体货币，例如英镑、日元、欧元等。这些货币处于国际货币体系的核心外围位置，不仅国际化程度较高，相应的经济体还具有绕开美元并使用自己货币输出资本的能力。[①] 第三层是强势新兴经济体以及其他发达经济体的货币，如澳元、人民币、韩元、新西兰元、瑞典克朗等。这些货币处于国际货币体系的

① 在面临美元或其他国际货币短缺时，也可以通过内部货币互换得到所需要的国际货币，从而避免货币或债务危机的发生，或降低危机带来的损失。——作者注

中心和外围之间的位置，这些货币的国际化水平较为一般，在国际外汇储备中占有一定比例，但总体较低。同时，这些货币所在国家或地区在参与国际商务和贸易的过程中，一般需要将本币兑换成美元或其他主要货币，即在输出储蓄的同时输入国际货币和国际资本，这部分储蓄由美国等变为资本后一部分配置到其他经济体，另一部分回流到位于第三层的经济体。第四层为其他发展中经济体货币，这些货币发行方经济金融发展水平较弱，使得其货币在国际外汇储备中的总体规模较小，即处于边缘位置，输入国际货币、储蓄和资本。总体而言，在国际货币治理体系的第一层仅存在一个经济体一种货币，但占据了大部分的国际货币规模。相反，所处层数越低，所包含的货币种类越多，所涉及的经济体数量也越多，但这些货币的国际规模却越来越小。这一特征使得现有国际货币治理体系呈现出典型的金字塔形状。①

在金字塔型的国际货币治理体系下，第一层货币发行方处于最有利的位置，不仅可以源源不断地吸收来自全球各地的储蓄，也可以向世界输送“流动性”；相比之下，位于第三层的货币发行方处于最不利的位置，其不仅需要向第一层和第二层的经济体输出自己的储蓄，输入国际货币和资本，还要付出更多的成本。例如，2005—2015 年，发达经济体整体输入了 11.49 万亿美元的储蓄，且获得投资收益 4.32 万亿美元。其中，美国输入了 40.26 万亿美元的储蓄，获得 2.21 万亿美元的投资收益；其他发达经济体输出了 28.77 万亿美元的储蓄，且获得 2.11 万亿美元的投资收益。然而，相比之下，发展中经济体在同时期内整体输

① 关于对当前国际货币治理体系中的金字塔的描述，参见丁志杰：《国际货币体系改革与SDR》，载《〈IMI 研究动态〉2016 年合辑》，2016；汤凌霄：《国际货币金字塔：中国的位置及行动策略》，《湖南师范大学社会科学学报》2021 年第 1 期。

出了11.49万亿美元的储蓄，但投资收益却为-4.32万亿美元。其中，中国输出了约15万亿美元的储蓄，但投资收益却为-1.3万亿美元；其他发展中经济体整体输入了3.51万亿美元的储蓄，但投资收益为-3.02万亿美元。[①] 除此之外，2005—2015年，金砖国家（BRICS）共向外输出7.43万亿美元的储蓄，[②] 其中除了中国，俄罗斯输出了1.04万亿美元的储蓄，但投资收益为-7 910亿美元；巴西和印度分别输入了6.41万亿美元和1.68万亿美元的储蓄，但投资收益却分别为-1 947亿美元和-794亿美元；仅南非输入了5 239亿美元的储蓄，且获得了1 291亿美元的投资收益。[③]

上述案例正是当前国际货币治理体系结构不合理和经济体之间利益分配不公平的主要表现，而造成这一问题的主要原因在于以下几点。[④] 第一，美国主导全球货币政策，而外围经济体则只能被动承受其外溢效应。美国可以在仅仅考虑本国国内经济因素的基础上制定相应的货币政策，而外围经济体的"国际货币权力"较小，因此很难对美国货币政策形成有效制约，因此只能被动接受和适应美国的货币政策及其所带来的影响。第二，美国享受超级特权所产生的收益，而外围经济体则需要承担相应的成本。具体来说，美国可以享受"铸币税"所带来的收益，即美联储利用其"世界中央银行"的角色和地位，实现美国利益最大化。[⑤] 但对于其他经济体，尤其是对于发展中经济体来说，一方面要承

① 丁志杰：《国际货币体系改革与SDR》，载《〈IMI研究动态〉2016年合辑》，2016。

② 金砖国家包括巴西、俄罗斯、印度、中国和南非共5个国家。——作者注

③ 丁志杰：《国际货币体系改革与SDR》，载《〈IMI研究动态〉2016年合辑》，2016。

④ 对于主要原因的解释参见汤凌霄：《国际货币金字塔：中国的位置及行动策略》，《湖南师范大学社会科学学报》2021年第1期。

⑤ 白钦先、禹钟华：《国际货币体系改革的国际政治视角分析》，《区域金融研究》2011年第6期。

担由放弃内部高收益投资而持有外部低收益资产所导致的成本，另一方面要承担由预防危机和处置危机所造成的成本。[①] 第三，美国可能爆发内源性危机并有能力向外转嫁危机，而外围经济体难以避免货币或债务危机且由于具有内在脆弱性而更易引发全面金融经济危机。美元超发、资本快速流动以及资本规模的快速扩大令美国国内容易出现过度投机和“脱实向虚”的问题，从而引发内源性危机。但美元强大的“国际货币权力”令危机可以迅速转移至其他经济体。外围经济体本身由于经济发展较弱，具有内在的脆弱性，因此当面对危机时，会出现财政赤字不可持续等问题，从而引发全面的金融危机。第四，美国选择性履行国际最后贷款人功能，而外围经济体则产生巨大的救助需求。美国常选择那些与自己立场相同、可以控制或与之金融系统密切联系的经济体为救助对象，[②] 而选择性救助也成为美国霸权和“国际货币权力”的体现。不仅如此，发展中经济体长期以来对固定汇率制的依赖也加剧了国际货币治理体系结构的不合理，即发展中经济体货币与美元的挂钩会产生“滚雪球”效应，使美元作为基准货币的情况越来越多，并使得其他货币对美元的替代变得越来越困难。[③]

---

① 当前，国际资本流动规模已经超过国际贸易规模，这使得资本与金融账户成为影响货币汇率的决定性因素，且相比于经常账户，资本与金融账户更易发生变动，即汇率的稳定性下降。——作者注

② Pierluigi Morelli, Giovanni B. Pittaluga and Elena Seghezza, “The Role of the Federal Reserve as an International Lender of Last Resort during the 2007-2008 Financial Crisis,” International Economics and Economic Policy 12, no. 1 (2015): 1-14.

③ 鲁世巍：《美元霸权与国际货币格局》，中国经济出版社，2006，第192—193页。

五、监管不足问题

现行国际货币治理体系产生了有关汇率制度、国际储备货币、国际资本流动性、利益分配不合理的问题。但国际社会中缺乏对国际储备货币体系的有效监管体制机制，缺少一种有效监管手段减轻这些问题带来的危害。首先，在对用国际储备货币调节国际收支问题的监管上，现行体制下缺少一种财政政策方面的协同制约政策，没有相应监管调节机制能令存在国际贸易顺差和贸易逆差的经济体双方进行对称性的政策调节，使得存在国际贸易顺差的经济体外汇储备剧烈增加，存在国际贸易逆差的经济体则相反，而贸易失衡会进一步导致全球经济波动。其次，在对国际资本流动性的监管上，国际货币基金组织没有足够的周转资金进行世界范围内监管，世界上也没有一种全球性多边管理方式令一些国家放弃“自利性”行为，避免对世界产生不利影响。在一经济体内部流动性监管水平也参差不齐，若一经济体内部监管不当，流动性传导机制会加大世界金融风险。再次，在对汇率失调问题的监管上，国际货币基金组织在 2007 年通过了《2007 年双边监督决定》，加强国际货币治理体系的监管，在汇率监管方面体现了将经济体内部监管也包括在内的特点，监管经济体内部政策对外部稳定的影响，但在实施过程中对于汇率根本失调的测量指标仍有争议。国际货币基金组织采用问题协调小组的理论框架对汇率进行评估，重点监管发展中经济体的汇率，这对许多发展中经济体不利。多数发达经济体实施浮动汇率制，汇率失衡风险小；反观发展中经济体尤其是新兴经济体，采取固定汇率制，可能“被认为”不利于外部稳定而受监管压力增大。在此监管体系下，对发达经济体尤其是国际储备货币发行方监管约束不足，例如美国采取的量化宽松政策致使美元汇率无序波动等问题无法得到监管。最后，在国际储备货币的监管上，国际储备货币发行国发行的货币量难以受到监管，国际储备货币价值量难以监管，还出现了国际货币基金组织监管力不足、整体国际储蓄货币监管体系不健全等众多问题。可见，现行国际货币治理体系的监管还仍是杯水车薪，亟待出现新的监管手段和改革措施促进全球经济稳定增长。

第二节　现行国际金融治理体系的主要问题

全球金融治理目标主要是提供国际公共产品以维护全球金融稳定与发展、缩小贫富差距、治理全球失衡、促进公平等，这离不开对于国际金融治理体系的构建。在这一过程中，不仅需要发挥各个经济体政府的职能，也需要发挥国际金融机构的重要作用。国际金融机构可分为全球性金融机构和区域性金融机构。全球性金融机构包括国际货币基金组织、世界银行集团等，区域性金融机构包括非洲开发银行、美洲开发银行、亚洲开发银行、欧洲投资银行、欧洲复兴开发银行和亚洲基础设施投资银行等区域发展投资组织机构。不同的国际金融机构管理区域、具体业务活动、宗旨各有不同。但从总体上来看，国际金融机构通常是开展国际融资贷款业务、维持全球金融秩序、协调国际间各经济体关系并且进行国际间金融援助与投资的超国家机构。同时，国际金融治理体系也是国际货币和金融治理体系顺利运行的一大保证。然而，由于经济体之间权力利益分配不均及其所引致的经济体之间的博弈、机构间业务的冲突与协商机制的缺失，都会令国际金融治理过程出现各类问题，进而导致全球整体治理效率的降低。

一、全球性金融机构间存在的问题

目前国际货币基金组织和世界银行是现行金融治理体系下两大金融机构，也是主要的全球性金融机构，因此这里主要分析这两大机构之间协作过程中出现的问题。

（一）机构间的业务重叠

机构间业务重叠会有两方面表现：其一是在业务上的促进，其二则是会发生业务干扰的情况，产生“一加一小于二”的效应，由此产生效率低下、相互冲突、权责不明等问题。国际货币基金组织和世界银行是一对“双生子”，它们诞生于同一年的同一会议上。第二次世界大战末期，西方认识到了国际合作之必要，本希望在布雷顿森林会议上建立一个国际贸易组织，但是美国和以英国为首的欧洲国家利益相矛盾，一个组织无法同时侧重多种功能，因此侧重不同职能但相互协作相互依赖的国际货币基金组织和世界银行同时成立。这两个机构一方面侧重缩小贫富差距、长期贷款和促进世界经济复苏，另一方面侧重国际货币体系建设和短期贷款调整国际收支失衡与恢复对外贸易。在同一历史条件下合作密切并且组织结构相似、成员资格上又有联系的两个组织职能因界定不明确，常常只是侧重不同，在业务上有经常性的重叠，产生了许多问题。

在贷款问题上，两个组织都可以放贷，只是贷款条件不同。例如，世界银行贷款政策中表示只给有偿还能力的成员，只向特定申请通过的项目贷款；国际货币基金组织贷款政策中表示用于账户支付和经济调整与改革的项目贷款。首先，在成员需要资金时，二者有时会因贷款条件相似相互推诿不承担贷款责任，有时甚至会出现竞争。为应对债务危机而启动的各种协调程序并没有令这两个组织就一项商定的战略携手合作。例如，1988 年两个组织在协调方面出现了严重的失误，当时世界银行宣布了一项向阿根廷提供资金的决定，而国际货币基金组织表示仍在谈判中。[①] 这无疑是不利于国际货币基金组织谈判的，同时也由于业务重叠性而导致了机构间的竞争。其次，国际货币基金组织和世界银行的宗旨都表示需要促进国际收支平衡、促进经济发展，这使得二者在职能上出现了一定的交叉性。当出现国际收支失衡和经济发展颓势时，这两个机构会从"兄友弟恭"转变为"兄弟阋墙"，相互指责对方的责任缺失以掩饰自己反应缓慢。最后，业务重叠也会造成人才、资源的浪费等问题。

（二）机构间的业务矛盾

除了业务重叠，国际货币基金组织和世界银行的部分业务也有矛盾性，这同样也会引发一些问题。其一，在业务安排上，有时成员在一方取得贷款的条件会与另一方的规定相矛盾，有时甚至会出现一种"交叉条件"。一般来说，在成员接受机构贷款时，债权债务关系的双方会

① The World Bank, *Report on the External Review Committee on Bank-Fund Collaboration* (Washington D. C.: The World Bank, February 2007), p. 22.

敲定协议，债务方需根据债权方的贷款条件履行一定义务，以降低风险或达到债权方希望的其他目的。例如，在1997年的亚洲金融危机中，印度尼西亚政府1997年根据国际货币基金组织的贷款条件，关停了包含美国投资的电厂在内的国内27项电力项目。美国公司则向多边投资担保机构（世界银行）提出索赔要求，世界银行认为印度尼西亚政府违反规定，因此向该美国公司赔付，并且向印度尼西亚政府行使代位求偿。在这种情况下，国际货币基金组织和世界银行之间在业务方面发生了矛盾和冲突，而机构间缺乏协调则造成了贷款方的双重损失，为借款方履行国际义务制造困难。这不仅增加了借款国的制度成本和公共支出，在危机之后不利于世界以及经济体经济的恢复，还直接影响国际货币基金组织和世界银行的制度运行。[1] 其二，国际货币基金组织和世界银行之间的业务矛盾有时也会在指导成员政策调控方面让成员陷入“两难”的境地。具体来说，随着国际货币基金组织和世界银行的改革，在职能方面，两大机构都可以要求成员进行宏观或微观政策调整，也都能要求成员进行内外部账户的调整。从理论上来说，这两个机构若一方要求成员改革从宏观出发，进行宏观经济调整，而另一方要求从微观政策开始，进行微观经济调整，这无疑让成员难以抉择，更无法准确选择适当合理的经济政策。例如，在实践层面，世界银行有时会要求借款方保持“民主”，即减少政府对经济的干预；然而，与此同时，国际货币基金组织会要求借款方加强对外贸易的发展，即加强政府对经济的宏观调控。这些“背道而驰”的政策会导致国际金融治理体系效率的降低。

---

① 薛志华：《世界银行与国际货币基金组织的协作关系及其发展前景》，《国际经济法学刊》2019年第4期。

（三）机构间协作具有提升空间

虽然国际货币基金组织和世界银行的协作历史较为长久，协作经验也比较充足，但从上文中可以看出，由于业务重叠与业务矛盾等问题的存在，二者之间在协作方面也有很大的提升空间。其一，协作管理制度化水平有待加强。协作管理制度化有利于提高两所机构间协作质量，而当前协作监督体制不够健全，应当就分工细化、责任划归、决策机制等方面进行协商和调整。其二，需要发展机构间的合作文化，促进理事会和管理层合作。两所机构理事会和管理层应加强领导力并且推动问责制的进步，更多地组织两所机构之间关于合作与发展的各种联席会议。其三，协作应更为充分考虑发展中经济体的需求。面对不断变化的国际形势，两所机构协作也不能囿于经验，而是应“因时而变、因势而变”，通过了解发展中经济体的诉求，推动世界金融发展。其四，继续扩大协作领域。两所机构多领域协作已有许多成功范例，这反映了多领域合作的可能和必然。因此，两所机构可继续通过优势互补协作，推动多元化、多领域全球金融治理体系的发展。

二、全球性金融机构与区域性金融机构间存在的问题

虽然全球性金融机构和区域性金融机构均属于国际金融治理体系，但由于二者之间存在国际关系、执行标准、机构协调与合作等方面的矛盾与差异，因此在一定程度上影响了国际金融治理体系效率。

（一）国际关系引起机构间的非理性决策

国际金融治理体系中，全球金融机构背后总是有权力的身影，尤其是大型经济体之间的博弈和权力争夺会反映在全球金融机构之间的权利争夺上，进而影响到国际金融治理格局。一般情况下，各经济体的股份占比会影响其在该机构中的话语权，谁在机构中有更多的话语权，对该机构的操控色彩也就更浓厚。尤其是在区域性金融机构中，如多边开发银行等，许多政策的制定会出于对本区域政治经济利益上的考量，而非出于中立性质的宗旨要求。因此，在国际金融治理体系运行过程中，由经济体之间的复杂关系，全球性金融机构和区域性金融机构会出现非理性的决策，并进一步导致国际金融治理效率的降低。例如，由中国主导的亚洲基础设施投资银行在建立时就受到重重阻碍，其中主要的负面影响来自以美国为主导的世界银行和以美、日为主导的亚洲开发银行。究其原因，并非这些金融机构的宗旨和目标非中立，而是机构背后的部分经济体将自身政治经济利益置于整个国际金融有效治理之上。美国和日本等经济体并不希望看到以中国为主导的亚洲基础设施投资银行在原先的金融治理体系中分一杯羹，不愿轻易改变过去非中性的国际金融治理体系，因为这会影响这些经济体在其中的利益。但是，无论是从宗旨还是建立目的来看，亚洲基础设施投资银行所针对的是亚洲基础设施落后以及贫困无法解决等问题，其职能与现有其他国际金融机构职能是互补而非竞争的，这无论对亚洲发展还是对世界发展来说都是非常具有实际意义的。

（二）机构间执行标准差异问题

机构间执行标准存在差异是机构协调不足的一大表现，而这一差异主要存在于经济金融的发展与绿色可持续之间。一般来说，良好的生态环境为全球经济和金融的可持续发展奠定了基础，因此对国际经济和金融的治理不能以牺牲环境为代价，而环境治理、气候变化等问题近些年也成为一些国际金融机构一直关心的热点。其中，世界银行计划2021—2025年将35%的资金用于气候变化领域。[①] 其他一些金融机构也为绿色可持续提供了自己的方案。但是发展和环境保护总是存在相互对立的一面，对设施建设、厂房建设等的投资项目或多或少对自然环境有所影响。而且发展最为落后的地区总是兼具环境问题和贫困问题，发展和环境治理的先后、项目对环境的影响程度，各方标准不尽相同。此外，不同金融机构的贷款条件也并不一致。例如，一些贫穷落后的经济体设施达不到环境治理要求，而世界银行不会对达不到自身贷款条件的经济体或项目放贷；但是，另一些国际金融机构却认为，为了实现该区域经济金融发展，需要为这些经济体提供必要的绿色基础设施建设，有绿色基础设施才会有接下来的环境保护措施，贷款门槛设置地较低。这一行为差异被认为是国际金融机构的恶性竞争，而机构之间执行标准的差异以及对于发展和环保这对关系的协调不足则进一步引起机构间的立场对立。

① World Bank, *World Bank Group Climate Change Action Plan 2021 - 2025: Supporting Green, Resilient, and Inclusive Development* (Washington D. C.: The World Bank, June 2021), p. 17.

（三）共同援助的协调不足问题

当今各个国际金融机构对同一地区或同一事件会有共同的合作与经济援助，这也成为国际金融治理体系发展的一大重要表现。例如，针对气候融资问题，包括世界银行集团、亚洲开发银行、非洲开发银行、美洲的开发银行、欧洲复兴开发银行和欧洲投资银行在内的 6 大全球性和区域性金融机构仅 2017 年的融资规模就超过了 350 亿美元，2018 年的融资规模超过 430 亿美元，对绿色经济和绿色金融发展做出了突出贡献。可以看出，在应对自然灾害、公共卫生事件等全球性突发事件所导致的资金短缺、金融危机等问题时，各国际金融机构的协同合作和共同援助为受到灾难冲击的地区带来及时帮助，从而有效应对因突发事件对地区或世界经济的冲击，大大提升国际金融治理体系的运行效率，优化治理效果。但同时，若这种协同合作和共同援助缺乏相应的协调机制，也会导致各类问题的产生。从援助方来看，由于融资各方缺乏主导性，易导致各方参与积极性较低的问题，同时各方对于利益的商讨也需要多个步骤才能达成最终的共识，这无疑大大增加了援助所需的时间和周期。从被援助方来看，若被援助方内部的金融体系较为落后，当面临从多个国际金融机构的资金涌入时，可能会由于管理和使用问题导致资源配置效率和资金利用效率的缺失，无法及时地解决问题。例如，当埃博拉病毒在非洲暴发时，许多疫区医疗瘫痪，资金匮乏。世界银行、国际货币基金组织、非洲开发银行等多家国际金融机构为非洲疫情地区提供经济援助，健全基本卫生医疗体系。但是，非洲政府面对多项贷款，援助的碎片化带来管理的碎片化，政府难以协调，造成了大量人力物力浪费。[①] 因此，共同援助虽然有助于应对危急的公共事件，但若缺乏各方协调，会导致无法形成集体效应，相反还会提高各方成本，造成更多的负担。

（四）同一区域的国际金融机构合作问题

同一区域的国际金融机构，例如欧洲的欧洲投资银行和欧洲复兴开发银行，亚洲的亚洲开发银行与亚洲基础设施投资银行，由于职能的互补、各自优势的发挥、创造附加值等原因，进行协调与合作。然而，在机构间的协调过程中，也会产生各类问题。其中最主要的问题之一就是同一区域的资源有限，而区域内各类金融机构未充分发挥自身领域的比较优势，以实现合理配置资源。例如在欧洲，欧洲投资银行在大型项目如传统开发投资项目、主权投资项目等中更具优势，而欧洲复兴开发银行在次主权投资、民主化推动、商业盈利性贷款项目等方面更具优势。但目前来看，两所机构尚未充分发挥自身职能上的比较优势，可能产生拥挤效应，也易导致机构间的不良竞争。因此，在区域内的金融治理中，区域性机构需要向更具专业化、优势化的方向努力，促进地区资源有效利用，以及要素的充分流动。

① 黄梅波、段秋韵：《开发性金融在公共卫生防疫中的作用——以世界银行和国家开发银行为例》，《东南大学学报（哲学社会科学版）》2021 年第 23 卷第 1 期。

（五）跨区域国际金融机构合作问题

当今不同区域的国际金融机构合作不足。虽然不同区域国际金融机构会存在信息交流障碍、各代表区域差异较大、合作经验欠缺等问题，但是金融治理课题无法说是哪一个经济体的问题，需要多方合作、沟通，以面对不断发展变化的经济形势。世界银行集团和国际货币基金组织作为全球性的金融机构是无法兼顾所有问题的，需要与不同区域国际金融机构合作以完成跨区域项目建设、跨区域投资、跨区域贸易、跨区域专业指导等。通过区域合作促进区域内金融稳定与发展，推动世界经济稳定与发展。

三、国际金融机构和单一经济体内金融机构之间存在的问题

除了全球性金融机构之间以及全球性金融机构与区域性金融机构之间存在问题，国际金融机构与单一经济体内金融机构体系之间也存在相应问题，从而影响国际金融治理体系的效率，二者主要表现在国际金融机构对单一经济体内金融机构体系的监督评估和政策指导两方面。

（一）国际金融机构对单一经济体内金融机构体系的监督和评估方面

在当前的国际金融治理体系中，为了不断完善各经济体内金融体系，约束各经济体金融部门的行为，促进国际金融治理体系的有效运

转，避免全球性金融危机的出现，部分国际金融机构会为成员金融部门的发展提供一定的制度性指导，并对各经济体内的具体情况进行科学评估。如国际货币基金组织的《金融稳健指标编制指南》、巴塞尔委员会的《巴塞尔协议Ⅲ》等都是可以作为评估单一经济体内金融部门的重要标准。此外，对金融部门的评估和规划也是国际金融机构评估成员内部金融体系的重要内容。国际货币基金组织和世界银行就曾于1999年5月推行了“金融部门评估规划”（Financial Sector Assessment Program，FSAP）这一联合评估项目，该项目旨在利用金融稳健指标分析、压力测试以及国际标准与准则评估各经济体金融系统稳健性。对单一经济体内的金融部门来说，对金融体系的评估有利于金融机构不断进行改革，提高其提供金融服务的水平至符合国际标准，改善运营状况，降低金融风险。然而，“金融部门评估规划”自运行以来也有预防流动性风险能力不足、资产证券化分析不足、各经济体参与度不足等问题，这些问题的存在使得国际金融机构对单一成员内金融机构的监督和评估出现漏洞和缺陷。因此，需要通过国际金融机构对评估规划的不断改革促进单一经济体内金融机构改革。

此外，国际金融机构在发挥监督作用方面也存在其内在的缺陷。以国际货币基金组织为例，其在发挥监督作用时就存在着角色缺失和错位、过分强调对发展中经济体和新兴经济体的监督、缺乏对私营部门有效监督等方面的缺陷。[①] 具体来说，第一，关于角色缺失和错位问题，根据《国际货币基金协定》，在最初的布雷顿森林体系下，国际货币基金组织的主要任务和目标之一就是维护当前汇率体系的稳定。然而，随

① 关建新：《国际货币金融体系变革与中国》，中国发展出版社，2015，第58页。

着《国际货币基金协定第二修正案》将浮动汇率合法化，国际货币基金组织也逐渐将重点转移到如何促进全球金融自由化和市场化方面，逐渐弱化了对于最初目标的坚持。同时，进入牙买加体系之后，国际货币基金组织的使命也逐渐偏离了布雷顿森林体系时期，即不再是成员之间相互帮助、渡过难关的中介机构了，而几乎成为一个纯粹的国际金融机构。[①] 第二，关于过分强调对发展中经济体和新兴经济体的监督问题，当前的国际货币基金组织缺少对发达经济体，尤其是储备货币发行方的监督，这会导致国际货币基金组织对全球以及各成员情况的监督缺乏公正性和客观性。第三，关于缺乏对私营部门有效监督的问题，通过梳理近代以来发生过的全球性金融危机，可以发现很多危机的出现是由投机性资本导致的，但国际货币基金组织对规模庞大的国际投机性资本缺乏有效的跨境监督，致使危机发生的概率大幅上升。

（二）国际金融机构对单一经济体内金融机构的政策指导方面

除了发挥监督和评估作用，国际金融机构还会对单一经济体内的金融政策实现一定的指导作用，主要表现在 3 个方面：（1）各经济体的经济政策都会有溢出效应，国际金融机构的政策指导减少溢出效应对自身和对世界的负面影响；（2）国际金融机构一般具有专业团队，拥有信息和知识的优势，对政策的指导能力更强，也更专业；（3）国际金融机构多会从世界整体入手，宏观协调整体经济的发展，以实现自身机构发展目标。但是，国际金融机构指导单一经济体金融机构政策的制定

---

① 朱雄兵：《三百年沉浮——国际货币秩序的变迁》，经济管理出版社，2011，第 112 页。

过程也存在一些问题。

首先，指导是否有效果的问题。以“华盛顿共识”为例，“华盛顿共识”是根据20世纪80年代拉丁美洲国家减少政府干预，促进贸易和金融自由化的经验提出并形成的一系列政策主张，这些主张主要包括以下内容：加强财政纪律，压缩财政赤字，降低通货膨胀率，稳定宏观经济形势；把政府开支的重点转向经济效益高的领域和有利于改善收入分配的领域（如文教卫生和基础设施领域，开展税制改革，降低边际税率，扩大税基）；实施利率市场化；采用一种具有竞争力的汇率制度；实施贸易自由化，开放市场；放松对外资的限制；对国有企业实施私有化；放松政府的管制；保护私人财产权。[①] 然而，“华盛顿共识”是在西方利益思维下的产物，有限政府高度自由化以及西方发达经济体所极力推动的市场化模式在拉美地区行不通，不符合拉美国家的国情。因此，国际货币基金组织、世界银行和美国财政部所制定的针对拉美地区的政策指导在实践中只能导致拉美地区经济更为混乱，无法带来想象中的兴盛，也导致国际金融治理效率的降低。

其次，单一经济体内金融机构政策主导权问题。一般各经济体央行是自身货币政策的制定者，但是当国际金融机构通过设置借款条件等方式对各经济体央行行为进行指导时，必然会导致央行丧失一部分政策制定主导权。同时，国际金融机构对各经济体内问题的了解并不深入，且在金融危机来临时国际金融机构还存在政策制定的滞后性问题，因此，国际金融机构对单一经济体内金融政策的指导有时并不利于对该经济体内部问题的及时有效解决，这也降低了国际金融治理的效率。

---

① 奉茂春：《论华盛顿共识》，《中共福建省委党校学报》2004年第11期。

再次，虽然国际金融机构的资金援助可以帮助经济体渡过金融危机，但每个经济体吸收外债的能力并不相同，因此也会导致经济体对于资金的使用效率较低的问题。具体来说，当一经济体吸收外债能力不高时，国际金融机构的援助给其带来财政和外债压力，这不利于本经济体央行制定财政政策来协调经济。

最后，在利益协调方面，国际金融机构主要致力于全球性或区域性利益的平衡，但是单一经济体内的金融机构主要致力于经济体内部利益或机构自身利益。因此，当面临外部危机时，在利益方面各方都存在着取舍和让步，需要通过沟通协商达成共识。在此基础上，国际金融机构还应继续提高专业水平和对金融动态的掌握，不断发挥自身示范效应对单一经济体内金融机构的引领，促进世界金融治理体系完善与不断发展。

第七章
国际货币金融治理体系的改革方向与进展

没有一个体系可以一成不变，也没有一个体系可以令国际货币和金融运行机制处于永久稳定的状态。纵观历史，一次次危机的爆发说明现有国际货币和金融治理体系存在诸多不合理之处，因此需要对其进行深入的改革。自 2008 年全球金融危机以来，国际货币金融治理体系进入深度改革阶段，虽然各经济体在稳定国际货币和金融体系方面都做出了巨大的努力，也取得了较为明显的成果，但在 2008 年后，部分经济体中仍出现了不同程度的危机，如 2015 年发生于巴西和俄罗斯的金融危机等，[①] 这使得全球经济增长仍然面临较大的不确定性，也可以看出国际货币金融治理体系有持续改革的必要性。特别是近年来，世界处于百年未有之大变局，国际局势复杂多变，全球货币和金融市场动荡不断。新冠肺炎疫情长期持续、欧洲局势动荡、贸易保护主义抬头、全球利益分配失衡、“逆全球化”浪潮兴起，这些因素给金融全球化以及国际货币和金融治理体系发展都带来了巨大的压力，同时也使得全球各经济体的经济发展前景不容乐观。即便如此，世界各经济体仍在努力做出积极的贡献，推动国际货币金融治理体系改革。

---

① 黄海洲：《全球金融体系：危机与变革》，中信出版社，2019，第 328 页。

第一节　国际货币治理体系的改革方向与进展

结构合理且有效的国际货币治理体系有利于全球经济系统的安全与稳定，也有利于世界经济的可持续增长。当前，世界正处于牙买加体系之下，虽然这一“没有制度”的国际货币制度具有较强的适应性，[①] 且在一定程度上缓解了布雷顿森林体系下的“特里芬难题”，但正如在第二章和第六章中所说的那样，从评价国际货币体系的三个标准（能否维系公平、能否维系稳定、能否促进世界经济繁荣）来看，牙买加体系并非无懈可击。尤其是在稳定经济方面，在牙买加体系中，不仅金融危机频发，发达经济体和发展中经济体之间的利益不公平分配等问题也逐渐凸显。此外，在危机发生之后，体系中的核心经济体也并未实现对危机的有效处置以及对后危机时期国际货币体系的有效治理。2008—2012 年，美国出现“伯南克冲击”，即危机之后美联储采取的扩张性财政政策及其所产生的一系列冲击。[②] 其间，美国不仅采取了四轮量化宽松政策，向国际市场输送了大量的美元，还降低了同业拆借利率。这些操作让美国的长期和短期利率同时降低，进而令美元的流动性泛滥，并且使经济“脱实向虚”的问题更加严重。不仅如此，美国对于金融危机的处置方式虽然确实有助于其国内经济的复苏，却引起了外部国际金融市场的动荡，尤其是对新兴经济体的金融体系造成了冲击，影响其稳

---

① 鲁世巍：《美元霸权与国际货币格局》，中国经济出版社，2006，第 194 页。

② 叶冰：《货币权力视角下的美元本位制危机研究》，博士学位论文，外交学院，2019，第 180 页。

定性。①

理论上，首先，国际储备货币的币值应有一个稳定的基准和明确的发行规则以保证供给的有序；其次，其供给总量还可及时、灵活地根据需求的变化进行增减调节；最后，这种调节必须超脱于任何一经济体的经济状况和利益。但很明显，美国并没有依据这一理论在进行实际操作，而且以主权信用货币作为主要国际储备货币本就是历史上少有的特例，因此必须创造性地改革和完善现行国际货币体系，推动国际储备货币向着币值稳定、供应有序、总量可调的方向完善，才能从根本上维护全球经济金融稳定。②

上述分析都说明，当前的国际货币治理体系并未在维护稳定、促进增长等方面发挥其切实有效的作用，因此需要对现有的国际货币治理体系进行改革。但是，从本质上来看，对国际货币治理体系的改革所体现的不仅是对现有“国际货币权力”的调整和再分配，更是经济体之间在经济、政治领域内的博弈。因此，在此基础之上，如何在国际货币治理体系改革方面取得突破则成为关键问题。目前，关于国际货币治理体系的改革方向和进展，主要集中在以下几个方面。

一、构建多元化的国际储备货币体系

导致牙买加体系不稳定的根本原因在于美元在国际货币治理体系中

---

① 许嘉栋：《伯南克与 QE 的功过》，《清华金融评论》2015 年第 6 期。

② 周小川：《关于改革国际货币体系的思考》，《中国金融》2009 年第 7 期。此篇文章的发表及其所引领的对国际货币体系改革的探索，与 2016 年人民币加入特别提款权货币篮子，被视为中国推进国际货币治理体系改革的两大标志性事件。参见朱隽等：《新形势下的人民币国际化与国际货币体系改革》，中国金融出版社，2021，第 16—17 页。

的主要地位与世界经济多极化趋势相背离。[①] 在以美元为主导的国际储备货币体系中，“美元周期”导致短期跨境资本波动增加，降低了金融全球化的收益，同时汇率的“自动稳定器”作用也被大大弱化，并且也降低了非储备货币发行方货币政策的自主性和有效性。[②] 因此，重构多元化的国际储备货币体系成为改革的重点方向之一。纵观国际货币治理体系的演进，可以简单将其总结为一个寻“锚”的过程。当今世界已经经历了两次寻“锚”：第一次是“一极主导、一币挂金、体系创设、固定汇率、浮动目标”；第二次是“一极主导、多币无金、体系演化、浮动汇率、通胀目标”。[③] 2008 年之后，世界开始了第三次寻“锚”的过程，这次过程即构建多元化的国际储备货币体系，具体可以被归结为“多极联手、多币无金、体系改进、浮动汇率、增加目标”。[④]

多元化的国际储备货币体系不仅体现在国际商务应用中的货币多元化，也体现在国际储备过程中的货币多元化。其典型特征是：由多种国别货币或区域货币同时扮演国际储备货币的角色，成员可以自由调整其储备资产的币种构成。[⑤] 此外，相比于当前“一家独大”或“一主多元”的体系，多元化的国际储备货币体系引入了约束储备货币发行的纪律，即在主要货币之间形成了相互制约的机制，形成“多元竞争制衡”的状态。[⑥] 这有利于防止一种货币无限制扩张，引发流动性过剩的

---

① 鲁世巍：《美元霸权与国际货币格局》，中国经济出版社，2006，第 194 页。

② 朱隽等：《新形势下的人民币国际化与国际货币体系改革》，中国金融出版社，2021，第 6—7 页。

③ 黄海洲：《全球金融体系：危机与变革》，中信出版社，2019，第 346 页。

④ 同上。

⑤ 张明：《失衡与出路：全球国际收支失衡与国际货币体系改革》，中国社会科学出版社，2018，第 181 页。

⑥ 高海红、张明、刘东民等：《国际金融体系：改革与重建》，中国社会科学出版社，2013，第 38 页；陈雨露、马勇：《大金融论纲》，中国人民大学出版社，2013，第 44—45 页。

问题，从而稳定了整个国际货币治理体系。事实上，国际上对于多元化储备货币体系的探索脚步从未停止，马克、欧元、日元都一度想要撼动美元的地位，但最终都没有实现。在2008年全球金融危机之前，很多学者和专家针对国际货币治理体系的内在缺陷提出了货币多元化的构想。例如，蒙代尔在2000年就提出了货币的“稳定性三岛”（Three Islands of Stability）结构，即形成以美元—欧元—日元为主导的多元化货币体系结构。[①] 在金融危机之后，学者们也针对多元化的国际储备货币体系提出了“双寡头格局”和“三足鼎立格局”两大设想。[②]

一方面，在“双寡头格局”下，美元和欧元将成为国际储备货币体系中的两大主流货币，二者之间存在不充分的竞争关系，且有共谋形成货币联盟的可能性，这两种货币只有在利益取向相异时，才能更好地相互制约，从而稳定整个体系。[③] 另一方面，“三足鼎立格局”本质上是对“稳定性三岛”结构的延伸。在“稳定性三岛”中，日元被认为是亚洲的主要货币，但随着近年来人民币的强势崛起，在“三足鼎立格局”中，可能会形成由美元、欧元和亚元或者某个亚洲经济体的货币为三大支柱所形成的国际储备货币体系。[④] 当前，世界三大经济网络

---

① Robert A. Mundell, “Currency Areas, Exchange Rate Systems and International Monetary Reform,” *Journal of Applied Economics* 3, no. 2 (2000): 247；然而，从国家利益的角度来看，美国永远不会倡导一个新的国际货币体系来取代它目前的地位，因为目前的体系就是美国能够获得最大铸币税收入的体系。参见罗伯特·蒙代尔：《蒙代尔经济文学集（第六卷）：国际货币：过去、现在和未来》，向松祚译，中国金融出版社，2003，第128页。

② 也有学者提议要返回国际金本位制的时代，并废除中央银行制度，从而实现货币非国家化以及货币治理的自由化。但由于国际金本位制已经难以满足当下经济快速发展以及国际贸易快速扩大对货币的需求，因此该想法难以实现。参见罗恩·保罗：《终结美联储》，朱悦心、张静译，中国人民大学出版社，2010，第73—83页；羌建新：《国际货币金融体系变革与中国》，中国发展出版社，2015年，第133—134页。

③ 金莹、张二震：《全球经济新格局下国际货币体系改革问题探讨》，《江苏行政学院学报》2019年第1期。

④ 张宇燕：《人民币国际化：赞同还是反对?》，《国际经济评论》2010年第1期。

为美洲、欧洲、亚洲，而“三足鼎立格局”下的国际储备货币体系正好对应了这一结构。从货币的替代性方面来看，由三大支柱货币组成的货币体系令各经济体在积累国际储备资产时有了更多选择，可以在很大程度上解决流动性危机；从“国际货币权力”方面来看，在“三足鼎立格局”下，任何一种货币都没有绝对的“国际货币权力”，即美元霸权被分散化，三种货币之间形成相互制约的机制，防止一家独大的情况发生；从体系的稳定性方面来看，由于竞争和制约机制的存在，整个国际货币体系表现出更强的稳定性，减少了因汇率波动而引发的宏观经济风险及其所造成的成本和其他损失，同时也促进了货币之间的合作关系。总体来说，“三足鼎立格局”下的国际储备货币体系有助于减少国际货币金融体系的系统性风险，约束关键货币发行方的政策制定者不负责任的行为，恢复实体经济与货币经济之间的平衡，并进一步降低跨境业务中的交易成本。①

然而，多元化的国际储备货币体系也存在一定的弊端。首先，储备货币多元化会使得储备资产在各种储备货币之间进行转移，② 尤其是当出现危机或其他冲击时，出于对避险的考虑，短期内大量资产会在储备货币之间流动，这不仅极容易引起整个国际货币金融市场的大幅度波动，更会对当事方的经济造成严重打击，也有可能会引发资本市场动荡，并进一步蔓延至其他储备货币发行方。其次，建立多元化的国际储备货币体系这一改革方式并没有真正脱离主权货币，而只要是使用主权货币作为国际货币，都无法从根本上克服“特里芬难题”，即对国际清

① 张宇燕：《人民币国际化：赞同还是反对?》，《国际经济评论》2010 年第 1 期。

② 戴金平、熊爱宗、谭书诗：《国际货币体系：何去何从?》，厦门大学出版社，2012，第 280 页。

偿力的需求与国际货币币值稳定之间的冲突，[①] 因此即便多元化的储备货币体系可以增强国际货币治理体系的稳定性，但无法避免相关的风险。最后，单一货币主导的国际储备货币体系的一个优势在于仅有一个货币发挥国际货币的职能，在国际交易的使用中更加有效率，且更易发挥网络效应和规模经济效应。[②] 但在多元化的国际储备货币体系中，这些效应被“分散化”，同时国际交易方的效率也会有所降低。

不仅如此，形成多元化的国际储备货币体系也具有一定的难度，且在短期内很难实现。原因主要表现在以下两个方面：一方面是因为美国不会放松美元的“国际货币权力”；另一方面，日本经济发展近年来持续低迷，使得日元的国际地位以及在国际储备货币体系中的作用并没有很好地体现出来。中国虽然发展势头迅猛，但依旧是发展中经济体，金融市场也无法真正像美国、日本那样开放，因此人民币的国际化进程存在一定的阻碍，即两者目前都无法在国际储备货币体系中真正发挥支柱作用。

二、建立超主权的国际储备货币

虽然多元化的国际储备货币体系可以完善现有国际货币治理体系，从而稳定世界经济。但正如前文所说，多元化的国际储备货币体系也存在一定的缺陷。因此，部分学者和专家认为，若要从根本上克服这些难

---

① 张明：《失衡与出路：全球国际收支失衡与国际货币体系改革》，中国社会科学出版社，2018，第 182 页。

② 戴金平、熊爱宗、谭书诗：《国际货币体系：何去何从？》，厦门大学出版社，2012，第 281 页。

题，就要切断国际储备货币发行方与任何主权国家经常账户之间的联系，即建立一个由超主权储备货币主导的国际货币体系。[①] 同时，考虑到构建多元化的国际储备货币体系在短时期内难以实现，因此建立超主权的国际储备货币成为国际货币治理体系改革的另一重点方向。

从概念上来看，超主权储备货币（或单一世界货币）是由一个"超越主权国家的货币管理机构发行的用于国际范围内计价尺度、交换媒介与储藏手段的货币"。[②] 从形式上来看，"超主权储备货币在形式上可以是世界各国普遍认可的一种货币符号，以达到货币执行流通手段的便捷性，但是隐藏在形式背后的实质必须是有价值的实物商品作为支撑"。[③] 从特征上来看，超主权储备货币的发行规模是世界经济体的中央银行根据世界经济增长情况来确定的，且发行超主权储备货币的铸币税收入会按照一种已经被广泛认可和接受的规则在全球范围内进行分配和使用。[④] 从可能发挥的作用上来看，将超主权储备货币作为国际货币体系的核心，其发挥的作用不仅在于克服主权货币内在风险，在此基础上更可以减少全球汇率波动风险、稳定国际物价水平、维护国际收支平衡、促进铸币税收入的公平合理分配等。从管理上来看，由一个国际货币金融机构发行和管理超主权储备货币有利于创造和调节全球流动性，并降低了在单一主权货币为主导的国际货币体系下该货币和汇率政策对

---

① United Nations, *Report of the Commission of Experts of the President of the United Nations General Assembly on Reforms of the International Monetary and Financial System* (New York: The United Nations, September 2009), pp. 109-110.

② 张明：《失衡与出路：全球国际收支失衡与国际货币体系改革》，中国社会科学出版社，2018，第 248 页。

③ 侯耀颖：《"超主权货币"的马克思主义分析》，《中国商论》2015 年第 27 期，第 150—151 页。

④ 张明：《失衡与出路：全球国际收支失衡与国际货币体系改革》，中国社会科学出版社，2018，第 182—183 页。

整个体系的影响程度，降低危机发生的风险，增强危机处置能力；同时货币发行方会失衡的调节效果也会大大增强。[①] 根据非官方机构单一世界货币协会的观点，在单一世界货币主导的国际储备货币体系下，货币投机、货币失灵和国际收支问题的风险将不再存在，且由于大大降低了政治影响，这种货币作为传递真实价值的手段也将更加有效；同时，单一世界货币的使用也有利于增进人权，因为货币稳定也是基本人权。[②]

可以看出，相比于由主权货币主导下的国际货币体系（无论是单极化还是多极化），在超主权储备货币基础上形成的国际货币体系功能更加合理，结构更加科学，对国际货币治理的效果也会更好。因此，国际上对于超主权储备货币的研究和探索从未停止。

超主权储备货币的概念早在20世纪40年代探讨如何构建战后国际货币体系时就以“班柯”的形式提出，被认为有利于解决世界范围内经济失衡问题。由于各种原因，直到1967年国际货币基金组织才设立“特别提款权”，即“班柯”的另一表现形式，并期望可以用特别提款权来替代黄金和美元，在国际货币体系中发挥核心作用。[③] 然而，虽然特别提款权在设立之初就具备了超主权和储备资产的属性，并具有一定的制度基础，但由于各类的限制因素和问题，特别提款权自出现以来并未发挥其最初预想的效果。然而，随着2008年全球金融危机的爆发，国际货币治理体系的缺陷集中暴露出来，此时，建立一个有效的超主权

---

① 周小川：《关于改革国际货币体系的思考》，《中国金融》2009年第7期。

② 参见单一世界货币协会网站，https://www.singleglobalcurrency.org/。世界向单一世界货币的转变可以通过多种方式：第一，先构建区域货币联盟，之后逐渐过渡至单一世界货币；第二，主要货币之间通过固定汇率相互钉住，从而实现货币的联系；第三，构建政治联盟；第四，小型经济体使用主要货币替代本币，即美元化或欧元化。参见潘英丽：《国际货币与金融体系改革研究》，上海人民出版社，2012，第67—68页。

③ 关于超主权储备货币的提出以及特别提款权的创立，参见第一章相关内容。——作者注

储备货币再次成为人们关注的话题。① 关于如何使用特别提款权，主要集中在发展特别提款权替代账户以及特别提款权计价债券，后者也是一种一篮子货币计价的债券。

（一）特别提款权替代账户

1972年，国际货币基金组织开始关注特别提款权替代账户如何使用的问题，这也是这一概念首次被提出。根据设想，在国际货币基金组织内部建立一个账户，各经济体可以借助这一账户将各自持有的美元等具有主权性质的储备资产转换为特别提款权，这也是替代账户所发挥的主要作用。② 这样一来，不仅各经济体所持有的美元等货币的总体规模降低，向外释放了大量的流动性，也降低了各经济体储备资产中主权货币所占的比重，因此将大大缓解特里芬难题，并减少由于流动性和主权货币汇率稳定之间的冲突而引起货币危机的风险，这对于整个国际货币治理体系的长久稳定来说是十分有利的。其运作机制见图7-1。从特别提款权与替代账户之间的关系来看，前者是后者存在的基础，后者是前者的发行准备机制，也是基于外汇储备资产和特别提款权相互转换的开

① 在危机爆发之后，联合国国际货币金融体系改革专家委员会（亦称斯蒂格里茨委员会）指出了国际货币体系改革应解决的三个问题，即储备资产的积累必须与储备货币发行方的经常账户赤字分离、对存在经常账户盈余的经济体必须有所约束、提供一个比美元更加稳定的国际价值储备载体，即建立以特别提款权为核心的“超主权国际储备货币体系”；2009年，时任中国人民银行行长周小川也提出，在特别提款权的基础上建立超主权的世界货币。参见张明：《失衡与出路：全球国际收支失衡与国际货币体系改革》，中国社会科学出版社，2018，第248—249页；吴君：《国际货币体系改革与国际金融中心研究》，复旦大学出版社，2018，第53页。

② 对于替代账户中的主权货币资金，国际货币基金组织会将这些资金投资于对应的主权货币计价资产，相关收益会用于向特别提款权持有国支付利息。——作者注

放式基金。①

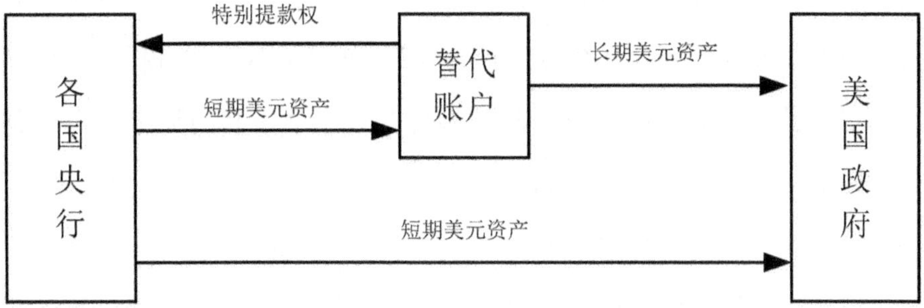

图 7-1 特别提款权替代账户运作机制

资料来源：黄梅波、熊爱宗：《特别提款权与国际货币体系改革》，《国际金融研究》2009 年第 8 期，第 52 页。

正由于替代账户所发挥的这些重要作用，因此在整个 20 世纪 70 年代，国际上对于如何推进建立替代账户一直做着不懈努力。在整个 70 年代，国际货币基金组织曾针对该问题组织过三次正式的讨论。第一次是在 1972—1974 年，此时布雷顿森林体系刚刚崩溃。1972 年 7 月，国际货币基金委员会成立“二十国委员会”，开始针对性研究改革方案，其中就包括如何推进和建立特别提款权替代账户。但由于无法就是否强制参加以及相关技术问题等原因，关于设立替代账户的条款最后并未落实。② 第二次是在 1977 年，此时，美元面临大幅度的贬值，且国际货币基金组织也正在针对新一轮的特别提款权分配问题进行讨论，因此，建立替代账户的问题再次被提出。然而，仍然由于各方意见无法达成统

① 郑联盛：《替代账户：历程、机制、问题与改革前瞻》，《国际经济评论》2016 年第 1 期。

② 除上述原因外，还包括存在经常账户盈余的经济体对设立替代账户立场的转变、世界进入浮动汇率时代、国际信贷发展等原因。参见郑联盛：《替代账户：历程、机制、问题与改革前瞻》，《国际经济评论》2016 年第 1 期。

一，再加上很难就特别提款权与美元汇率风险的分担达成共识，[①] 因此，最后设立替代账户的提议被搁置。第三次是在 1978—1979 年，石油危机的爆发导致国际社会对美元的信任和信心瓦解。时任国际货币基金组织总裁的雅克·德·拉罗西埃与首席经济学家共同提出了“储备多元化账户”（Reserve Diversification Account）的概念。从本质上来说，储备多元化账户与特别提款权替代账户从运行机制上并没有明显的差异，所以这也被看作对特别提款权替代账户的第三次探讨，也是离成功最近的一次尝试，因为不仅各方在替代账户技术问题达成一定共识，国际货币基金组织也愿意拿出所持有的部分黄金为其成员的替代账户以及各成员间的汇兑提供担保。但是，由于美国认为设立特别提款权替代账户会提高美国长期国债收益率，即提高融资成本，这不利于美国的自身利益。因此，最终设立特别提款权替代账户的提议被否决。

自 20 世纪 70 年代之后，世界对于建立特别提款权替代账户的探索进入了一个相对低迷的时期，直到 2008 年全球金融危机之后，对这一问题的讨论再次成为热点。因为在金融危机之后的宏观经济环境下，建立特别提款权替代账户是一种互利共赢的选择，原因如下：其一，对于债权方（储备货币持有方）来说，设立特别提款权替代账户可以让美国的债权方（尤其是如中国、日本等大量持有美元资产的经济体），将所持有的美元资产兑换成特别提款权，且可以根据需求调整储备资产结构，即实现储备货币多元化，从而降低由于美元流动性泛滥而可能导致的风险，同时大大增强了国际货币治理体系的稳定性，从根本上缓解甚

① 朱隽等：《新形势下的人民币国际化与国际货币体系改革》，中国金融出版社，2021，第 10 页。

至解决了特里芬难题；其二，对于债务方（储备货币发行方）来说，设立特别提款权替代账户使储备货币持有方将现有储备货币换为其他主权货币，因此可以在提供流动性的同时最大限度地维持美元汇率稳定，减少由于贬值而导致的通货膨胀和长期利率上升的问题；其三，对于特别提款权发行机构（国际货币基金组织）来说，设立替代账户可以提升特别提款权在国际储备货币体系中的地位与作用，同时方便国际货币基金组织发挥协调作用，并有助于加强全球流动性管理。①

然而，设立特别提款权替代账户需要解决两个巨大的技术问题：其一，制度性障碍，即由谁来承担替代账户中由于美元贬值而导致的损失。② 如果这一损失需要由全体成员分担，那么对于国际收支相对平衡的经济体来说肯定是不公平的，但如果这一损失主要由美国承担，那么美国会认为这一做法损害了自身的利益，进而会反对设立特别提款权替代账户。因此解决替代账户的汇兑损益分摊问题成为目前主要的技术难题。其二，由于特别提款权本身而导致的问题，首先，由于特别提款权目前仅适用于官方，私营部门无法使用，因此相比于主权货币来说，特别提款权的使用范围相对较小，这极大限制了其成为国际储备货币的基本职能；其次，特别提款权适用范围有限的另一表现在于其仅仅是一种记账单位，并没有与主要货币之间构建起系统且高效的清算机制，从而广泛地应用于国际贸易和国际金融交易；再次，特别提款权的增加需要通过额度分配的方式来实现，若在这一过程中只能通过额度分配而不是替代账户的方式来增加特别提款权数量，则其对主权货币的替代作用以

① 黄梅波、熊爱宗：《特别提款权与国际货币体系改革》，《国际金融研究》2009 年第 8 期。

② 张明：《失衡与出路：全球国际收支失衡与国际货币体系改革》，中国社会科学出版社，2018，第 253 页。

及作为国际储备资产的数量是极其有限的；最后，根据前文所述，替代账户是特别提款权发行的准备机制，但由于目前这一机制的缺失，特别提款的发行存在困难。[①] 但即便这些技术难题被攻克，设立并推行特别提款权替代账户依旧存在较大的困难，因为在寻找出替代账户技术问题的解决途径之后，政治博弈会成为替代账户机制的根本制约。[②]

（二）特别提款权计价债券

除了设立替代账户，对特别提款权的另一探索和发展就是发行特别提款权计价债券，且与替代账户一样，特别提款权计价债券最早也出现于20世纪70年代。从概念上来说，顾名思义，特别提款权计价债券是一种以特别提款权计价的债券，其目的在于扩大全球范围内特别提款权的流动性。由于特别提款权是以多种货币组成的货币篮子，因此该债券也被称为"篮子债券"。[③] 从特别提款权计价债券出现至今，其发行从未停止，尤其是在1980年国际货币基金组织将特别提款权货币篮子中

---

① 赵冉冉：《人民币国际化背景下我国推动人民币加入 SDR 的动机及路径》，《国际金融研究》2013 年第 3 期；郑联盛：《人民币加入 SDR 货币篮子的可行性分析和中国的政策选择》，中国社会科学院世界经济与政治研究所工作论文，2011 年，No. 2011W16，第 8—9 页；郑联盛：《替代账户：历程、机制、问题与改革前瞻》，《国际经济评论》2016 年第 1 期。

② 郑联盛：《替代账户：历程、机制、问题与改革前瞻》，《国际经济评论》2016 年第 1 期，第 108 页。

③ 历史上的篮子债券主要包括欧洲记账单位计价债券、欧洲货币单位计价债券、欧元债券和特别提款权计价债券。——作者注

的货币种类精简之后，特别提款权计价债券一度快速发展，[①] 但由于美元走强以及其他篮子债券的发展，特别提款权计价债券逐渐淡出人们的视野。随着 2016 年人民币加入特别提款权以及特别提款权计价债券在中国银行间债券市场发行，特别提款权计价债券再次引起人们的关注。

特别提款权计价债券自问世以来，在维护国际货币治理体系稳定方面发挥了重要的作用。这主要基于特别提款权计价资产所具有的两大优势，即货币多元化与低风险敞口。从货币多元化角度来看，由于特别提款权计价债券的基础是货币篮子，因此当一经济体购买该债券时，无疑等于是在进行资源的多元化配置，而这也有利于整个国际货币治理体系结构的多元化发展。从低风险敞口角度来看，在浮动汇率制下，使用特别提款权计价的债券会比一般的债券波动幅度更小，其原因在于特别提款权的价值由一篮子货币共同决定，而在篮子中各种货币之间的汇率波动可能会相互抵销，从而使得特别提款权计价债券的价值更加稳定。[②] 总的来看，由于特别提款权计价债券的这一特点，储备货币发行方向国际货币基金组织发行以特别提款权计值的债券，可以为国际货币基金组织替代账户资金获得稳定的收益。[③]

---

① 早在 1975 年至 1981 年，北欧投资银行、瑞士铝业公司、西班牙国家铁路等机构就发行了 13 笔共计约 5.63 亿特别提款权的特别提款权计价债券。2016 年 8 月，特别提款权计价债券（“木兰债”）在中国银行间债券市场中发行，发行规模为 5 亿特别提款权。参见朱隽等：《新形势下的人民币国际化与国际货币体系改革》，中国金融出版社，2021 年，第 11 页；《世行在华成功发行 SDR 计价债券“木兰债”》，新华网，2016 年 8 月 31 日，http://www.xinhuanet.com/world/2016-08/31/c_1119489154.htm。

② 但这并不代表特别提款权计价债券可以完全规避汇率风险，也不代表其可以获得比一般单一货币计价债券更高的投资收益。参见韩会师：《透视 SDR 债券》，《中国外汇》2016 年第 17 期。

③ 乔依德、徐明棋：《加强 SDR 在国际货币体系中的地位和作用》，《国际经济评论》2011 年第 3 期。

然而，特别提款权计价债券目前不仅仍处于摸索发展过程中，其自身也存在诸多问题。首先，投资者目前对特别提款权计价债券的了解和关注程度仍然相对较低，尤其是在 1981 年至 2016 年，并无新债券发行，这使得投资者对其的认知并不全面；其次，特别提款权计价债券虽然大部分在卢森堡股票交易所上市，但一直缺乏活跃且有效的二级交易市场，市场深度不够，这使得该债券的流动性相对较低，进而令投资者的投资热情不高；最后，特别提款权计价债券仍然需要美元或者其他相关货币来进行支付结算，因此单一货币汇率的波动仍然会影响到债券的价值，并使得特别提款权计价债券汇率风险对冲的难度加大，而市场中汇率风险对冲工具和手段的缺失以及对冲成本的提升则进一步影响到投资者对特别提款权计价债券的投资热情。[①]

（三）对于如何扩大超主权货币使用的讨论

总的来看，目前对于超主权国际储备货币的构建和使用并没有非常实质的发展。究其原因，除了相应的技术问题，在当前以主权货币为主导的国际货币治理体系中，主导经济体并不会放弃巨大的铸币税收入，也更不会放弃由于强大“国际货币权力”而带来的国际地位和政治利益。此外，超主权货币同样是信用发行，其制度安排上不一定优于现在的美元信用本位，同时在实践上也存在诸多技术难题，即使能突破现有困难，或许也不过是主权货币之外的一种储备货币选择，且如果没有一个庞大且复杂有效的以该种货币计值的金融市场，则超主权货币的价值

---

① 韩会师：《透视 SDR 债券》，《中国外汇》2016 年第 17 期。

贮藏功能将大打折扣。①

作为建立超主权货币的主要抓手，如何使用特别提款权成为当前重点关注的议题，也是需要重点推进的工作。目前可以在以下几个方面做出相应的工作：第一，建立特别提款权与其他货币之间的清算关系，改变当前只能用于官方的现状，使其在国际贸易和国际金融日常交易中可以被广泛接受和使用；第二，创新特别提款权计价资产种类，增强特别提款权计价债券的吸引力，建立并完善二级交易市场，增强各经济体对特别提款权计价资产的投资规模；第三，进一步完善特别提款权的定值和发行方式，即将货币篮子的覆盖范围扩大到世界主要经济体，同时也可将 GDP 作为权重的考虑因素之一；第四，加快推进区块链、数字货币等技术的研发和应用，将其融入特别提款权的发行规则，使特别提款权的发行数量与国际清偿力的需求在技术上相匹配；第五，加强国际合作，改革特别提款权的分配机制，使后续加入国际货币基金组织的成员，特别是发展中经济体可以享受特别提款权的好处；第六，逐步扩大特别提款权的使用范围，增加特别提款权的影响力，探索特别提款权逐步替代国家主权货币的可行性。②

三、改革国际货币基金组织治理结构

作为国际货币治理体系中非常重要的机构之一，国际货币基金组织

① 管涛：《国际金融危机与储备货币多元化》，《国际经济评论》2009 年第 3 期。

② 周小川：《关于改革国际货币体系的思考》，《中国金融》2009 年第 7 期；李骏、李俊葶：《基于“特里芬难题”的国际货币体系改革探讨——兼论稳慎推进人民币国际化》，《金融发展研究》2022 年第 3 期。

自成立以来就被寄予厚望，平衡国际货币关系与国际贸易发展之间的矛盾，为各成员进行国际货币合作和解决相关问题提供一个良好的平台，并以公平、科学、合理的方式维护国际国币治理体系的稳定。然而，长期以来，国际货币基金组织在治理结构、治理能力等方面一直被诟病。其中，治理结构最主要的问题是配额和投票权分配不合理：发展中经济体的投票权以及体现成员平等原则的基本投票权占比过小；欧美等发达经济体的投票权占比过大，特别是美国在国际货币基金组织的重大事项决策中享有否决权，这使得美国等主要国际货币发行国财政过度举债、货币滥发，其财政和货币政策等缺乏有效的监管，已经成为全球金融体系不稳定性的主要内在根源。[①] 治理能力的问题主要体现：随着长期以来各类危机不断出现，破坏程度不断加剧且难以阻隔，尤其是 2008 年全球金融危机不仅给全球带来了极大的负面冲击，还暴露了国际货币和国际金融治理体系中存在的诸多漏洞。因此，世界开始出现对国际货币基金组织合法性和有效性的质疑声，公众对国际货币基金组织的监督机制和维护国际货币治理体系稳定的能力感到失望，而针对国际货币基金组织改革，尤其是针对份额改革的需求和呼声不断高涨。

在 2008 年全球金融危机爆发之前，国际货币基金组织就曾针对所存在的份额问题制订过“两步走”的改革方案。第一步是对中国、韩国、墨西哥、土耳其这四个份额被严重低估的国家进行特别增资；第二步是进行修改份额公式、增加基本投票权等更高层次的改革。其中，第一步的目标在 2006 年的国际货币基金组织新加坡会议上就已达

① 目前，在国际货币基金组织的配额和投票权中，发达经济体占 60%的部分，其中七国集团就占据 45%的比重，仅美国一个国家就持有 17%的配额和投票权。参见潘英丽：《国际货币与金融体系改革研究》，上海人民出版社，2012，第 105 页。

成共识[①]，而第二步的目标则在两年之后得以达成。2008 年 4 月，国际货币基金组织开始“份额和发言权改革”，其对应的即是“两步走”改革方案中的第二步，其相关决议于 2011 年 3 月正式通过并生效。这次改革决议的主要内容如下：提高更简单、透明的份额计算公式（新增加 GDP、储备规模、开放度和波动度四个新变量）；每五年进行份额总检查；再次进行特别增资；重视新兴经济体，增加低收入国家的发言权，并建立机制以保证低收入国家在总投票权中的基本权重不变（这也是自国际货币基金组织成立以来首次对低收入国家的份额进行调整）。[②] 在此基础上，2010 年国际货币基金组织开始进一步的份额和治理的改革，并且理事会在 12 月通过了由美国主导的改革方案。方案包括两个主要目标：其一是将国际货币基金组织的份额增加一倍至 4 768 亿特别提款权，并将超过 6%的份额从代表性过高的经济体转移到代表性不足的新兴经济体；[③] 其二是改革负责国际货币基金组织日常业务的执行董事会，保持 24 名执行董事规模不变，但减少 2 个欧洲发达经济

---

① 第一步在 2006 年 9 月的国际货币基金组织新加坡年会上就已达成共识，特别增资之后，中国在国际货币基金组织中的份额比例由 2.98%提高至 3.72%，投票权比例从 2.94%提高至 3.65%；韩国的份额占比由 0.77%提高至 1.35%，投票权比例从 0.76%提高至 1.33%；墨西哥的份额占比由 1.21%提高至 1.45%，投票权占比由 1.2%提高至 1.43%；土耳其的份额占比由 0.45%提高至 0.55%，投票权占比也由 0.45%提高至 0.55%。参见羌建新：《国际货币金融体系变革与中国》，中国发展出版社，2015，第 135 页。

② 羌建新：《国际货币金融体系变革与中国》，中国发展出版社，2015，第 135—136 页；高海红：《IMF 份额改革评析》，《中国金融》2019 年第 6 期。在这次改革之后，发达经济体在国际货币基金组织中的份额占比由 60.5%下降至 60.4%，投票权占比由 59.5%下降至 57.9%；新兴市场和发展中经济体的份额占比由 39.5%提升至 39.6%，投票权占比由 40.5%提升至 42.1%。参见羌建新：《国际货币金融体系变革与中国》，中国发展出版社，2015，第 136 页。

③ 根据改革目标，发达经济体在国际货币基金组织中的份额和投票权占比会分别从 60.4%和 57.9%进一步下降至 57.6%和 55.2%，而新兴市场和发展中经济体的份额与投票权占比则会分别从 39.6%和 42.1%进一步上升至 42.4%和 44.8%，且除南非外的其他金砖国家都会成为国际货币基金组织份额排名前 10 的经济体。参见羌建新：《国际货币金融体系变革与中国》，中国发展出版社，2015，第 138 页。

体席位，执行董事全部改由选举产生。[①] 这次改革方案被认为是自国际货币基金组织成立以来所做出的最根本性的变革措施，也是最大规模的一次权利结构调整。然而，为了防止广大的新兴市场和发展中经济体通过提高份额和投票权比重来获得国际话语权，美国一直借助其一票否决权阻挠该方案的生效。一直到 2015 年 12 月 18 日，美国国会参众两院才批准了这项份额和治理改革方案，使其得以生效。2019 年，在第 15 次份额评估之后，国际货币基金组织并未对其资金规模再次做出改变，并且将份额调整工作推迟到 2023 年。

份额是衡量国际货币基金组织对外救助能力的指标，是规模和结构的有机统一，也是国际货币基金组织应对国际金融危机的基础。[②] 从未来国际货币基金组织的改革方向来看，应当继续推进份额和治理改革，提升新兴市场国家和发展中经济体的发言权和代表性，从而使国际货币基金组织可以更好地维护其合法性和有效性。[③] 然而，从本质上说，国际货币基金组织份额和投票权的分配是对经济体权力、国际影响力和既得利益的调整，这势必会引起大型经济体之间在经济、政治、外交等方面的反复博弈，并且使得改革之路异常艰难。现实中的情况也确实如此，每次改革都需要很长的时间才能付诸实践。尤其是近年来欧美等西方经济体的保护主义势头崛起，单边化、集团化趋势日益明显，且对中国等发展中经济体的崛起进行阻碍和封堵。在这一背景下，改革将更加

---

① 丁志杰、李少昆：《艰难的 IMF 治理改革》，《中国金融》2015 年第 9 期。

② 刘兴华、胡芳：《IMF 份额改革：规模与结构视角》，《湖南财政经济学院学报》2017 年第 6 期。

③ 《【国际锐评】IMF 改革应继续提升新兴经济体发言权与代表性》，中央广电总台国际在线，2019 年 7 月 17 日，http://news.cri.cn/20190717/9a76f422-5121-2ac5-87e8-e1d08e01fb56.html?spm=C73544894212.P59792594134.0.0。

艰难。但即便如此，世界仍需积极推进国际货币基金组份额与治理改革，积极发挥中国等发展中经济体的作用，建立科学合理的份额自动调节机制，制定灵活务实的调节策略，从而不断完善国际货币基金组织的治理结构，增强治理能力，以应对未来可能发生的各类风险，促进国际货币治理体系的稳定运行。

第二节　国际金融治理体系的改革方向与进展

从宏观的角度来说，国际金融治理体系与国际货币治理体系是协同发展的关系，两者的演进过程是密不可分的。随着 2008 年全球金融危机的爆发，国际金融治理体系中所存在的突出问题也逐渐暴露出来，例如国际金融监管的有效性问题，不可持续的全球国际收支失衡问题等。因此，如何改革国际金融治理体系，如何解决体系中存在的缺陷和问题，如何促进金融市场的稳定，如何提高体系的韧性成为国际社会所重点关注的议题。针对这些议题，国际社会也通过多种途径进行了一系列改革。

一、完善国际金融监管机制

对国际金融市场的有效监管可以有效检测市场运行情况，提前对可能出现的风险进行预警，从而减少可能的损失。但近年来金融危机的频发说明当前国际金融监管机制并不完善，因此需要对其进行改革。这一工作的重点在于完善巴塞尔协议（相关内容详见本书第五章）。

2008年全球金融危机以及近年来各经济体金融危机的爆发，都说明了一个问题，即对于国际银行业的监管存在一定的漏洞，而银行稳定又是金融稳定的核心，因此这也说明以往的巴塞尔协议中存在一定的制度性问题。针对这些在危机中暴露出来的问题，2010年12月，巴塞尔银行监管委员会发布了《巴塞尔协议Ⅲ》，以完善国际金融监管机制。具体来说，《巴塞尔协议Ⅲ》主要在以下方面对银行监管进行改革：第一，统一银行资本定义，严格资本要求；第二，进一步提升资本充足率标准；第三，引入杠杆率监管标准；第四，制定全球统一的流动性监管标准；第五，建立逆周期超额资本；第六，对金融体系相对重要的银行提出额外资本要求。①

总的来说，《巴塞尔协议Ⅲ》可以被看作自2008年全球金融危机以来，在国际金融市场监管方面所取得的重大的成果，其大大提高了国际金融治理体系的运行效率，促进了国际银行业的稳健发展。在《巴塞尔协议Ⅲ》的基础上，未来还可能会引入最低保证金要求来限制金融机构利用杠杆融资的金额，解决融资活动无限加大杠杆这一问题，从而填补国际规则中关于影子银行监管的空白，即形成“巴塞尔协议Ⅳ”。②

二、世界银行改革

作为第二次世界大战之后与国际货币基金组织几乎在同一时期建立起来的国际金融机构，世界银行也是主要的国际金融机构之一，其在促

① 羌建新：《国际货币金融体系变革与中国》，中国发展出版社，2015，第142—145页。

② 引入最低保证金要求一定程度上可以。参见朱颖颖：《影子银行监管的逻辑与路径：国内监管与跨境监管并重》，《浙江学刊》2021年第6期，第58—68页。

进各经济体，尤其是发展中经济体经济社会建设与发展方面一直发挥着重要的作用。然而，就如国际货币基金组织，自20世纪90年代以来，各类国际危机（包括经济危机、粮食危机、自然危机等）频发，这在贷款援助方面给世界银行带来了巨大的压力。此外，一直以来，国际上对世界银行也存在诸多质疑之声，主要如下：其一，世界银行对部分低收入国家的帮助不大，反而令已经较为发达的经济体变得更加富裕，因此世界银行并没有真正发挥其促进经济发展的职能；其二，世界银行缺乏长期发展战略，也缺少明确的发展方向；其三，世界银行在治理方面存在诸如效率较低、美国的垄断性较强、发展中经济体投票权少等问题。[①] 可以看出，世界银行在促进国际金融治理体系稳定方面仍存在改革的空间。在这一过程中，制度性缺陷成为促进世界银行改革的内因，而世界政治经济发展不平衡则成为外因，同时各类危机的出现成为推动世界银行改革的主要动力和契机。进入21世纪以来，世界银行采取了许多改革措施，主要集中在治理结构改革、反腐败改革、透明度改革、贷款体制改革四个方面。

（一）治理结构改革

根据《国际复兴开发银行协定》，世界银行的主要任务是通过担保或贷款，向成员提供长期资金，以恢复其国际收支平衡，促进其经济发展。但同时，在管理制度上，世界银行采用的是股份制公司的治理模式。也就是说，世界银行同时具有公共组织和股份制公司的双重属性，

① 李众敏、吴凌燕：《世界银行治理改革的问题与建议》，《中国市场》2012年第29期。

这也让其治理结构具有了不稳定性和复杂性，即双重属性意味着世界银行任务和目标的多元，而多元目标之间潜藏着分歧乃至冲突的可能；股份制模式使得世界银行决策权分散，但大股东可以凭借股权优势拥有更大的决策权。①

世界银行在治理结构方面的改革方向包括以下两个：一是通过改革，降低发达经济体在世界银行中的影响力，提升发展中经济体的投票权和话语权，并据此增强世界银行的合法性以及政策的合理性（这一点与国际货币基金组织改革类似）；二是通过改革，全面提高世界银行在国际事务中的治理能力和治理效率。基于此，世界银行采取了一系列改革措施。

2005 年 10 月，二十国集团财长和央行行长会议通过了《二十国集团关于改革布雷顿森林机构的联合声明》，并且在其中提出了世界银行在治理结构方面的改革路线。之后，2008 年，世界银行开始其第一阶段的改革计划，主要内容如下：第一，为撒哈拉以南的非洲国家增加一个新的席位；第二，翻倍基本投票权，提高发展中经济体在国际复兴开发银行和国际开发协会中的投票权比重；第三，修订世界银行的宪章；第四，建立一个捐赠信托基金，以提高发展中经济体在国际开发协会中的投票权。② 2009 年，世界银行开始其第二阶段的改革计划，其主要内容为：第一，在第一阶段计划的基础上，进一步提高发展中经济体和转型国家在国际复兴开发银行中的投票权比重，即再次增加 1.46%；第二，设立一个可以合理反映成员在世界经济中地位的评估机制，并以此

---

① 叶扬、张文：《世界银行治理结构改革与中国的应对策略》，《西部论坛》2015 年第 3 期。

② 上海国际问题研究院国际金融体系改革课题组：《国际金融体系改革的评估与展望》，《国际展望》2011 年第 5 期。通过此次改革，发展中经济体在国际复兴开发银行中的投票权比重由 42.6%提高到 44.06%，在国际开发协会中的投票权也提高了 1.6%。

作为国际复兴开发银行股权分配的依据；第三，进一步提高发展中经济体和转型经济体在国际开发协会中的投票权比重。[①] 通过改革，发展中经济体和转型经济体在国际复兴开发银行中的投票权比重提高至47.19%，其中中国成为国际复兴开发银行第三大股东，投票权比重由2.78%提高至4.42%，巴西和印度分别由2.07%和2.78%提高至2.24%和2.91%；相比之下，发达经济体的投票权比重有所降低，其中美国、日本、德国分别从16.36%、7.85%、4.48%下降至15.85%、6.84%、4%；英国和法国都从4.3%下降至3.75%。换句话说，通过此次改革，发达经济体向发展中经济体和转型经济体转移了约3个百分点的投票权。[②] 此外，发展中经济体和转型经济体在国际金融公司中的投票权比重也有所提高，达到39.48%。

（二）反腐败改革

世界银行早在2006年就开始反腐败方面的改革，并且在2007年制定了相应的改革策略和路线。具体来说，世界银行主要在全球、经济体、项目三个层面展开相应的改革工作。[③] 在全球层面，世界银行不断扩大与其他国际组织、私营部门以及其他主体之间的合作关系。在经济体层面，其主要举措如下：第一，提高公共财政的管理效率和透明度，提高财政管理水平；第二，支持公务员工资改革，提高政府服务效率，

① 熊爱宗：《世界银行近期改革：进展及评价》，《国际经济合作》2010年第1期。

② 上海国际问题研究院国际金融体系改革课题组：《国际金融体系改革的评估与展望》，《国际展望》2011年第5期。

③ 世界银行在反腐败改革方面的具体措施参见熊爱宗：《世界银行近期改革：进展及评价》，《国际经济合作》2010年第1期。

降低腐败动力；第三，提高政府管理水平，改善政府问责制；第四，推动法律和司法改革，改善司法服务。在项目层面，其主要举措如下：第一，在项目的选择与设计前期对腐败进行预防；第二，通过加强信息披露、广泛的参与和监督，控制腐败风险；第三，在项目全程建立与包括政府、承包人、供应商、社会团体、媒体等相关各方的沟通渠道。

（三）透明度改革

良好的信息披露机制可以提升世界银行在国际金融治体系中的透明度，这不仅有利于提高世界银行自身的运营效率，也可以帮助世界各经济体及时获取各类信息，从而协调各方政策，促进国际金融治理体系的效率提升。

世界银行早期的信息披露制度在 1985 年就已形成，且直至 2009 年这一制度都并未发生大的变动。在此制度下，虽然世界银行的执行董事会和管理层会定期评估并扩大信息披露范围，但对信息的披露一直使用的是“肯定列表”制度,[①] 无法明确哪些信息是不可披露的。因此，在当时的信息披露制度下，世界银行的透明度相对较低，这不仅造成内部信息的低效率流转，更是给世界银行与其他机构或主体的跨部门合作造成诸多难题。2009 年 10 月，世界银行开始对其信息披露机制进行改革，这次改革也被认为是世界银行在透明度方面的根本性变革。改革的主要内容如下：第一，最大化地披露信息，除了有限的特例，世界银行将其所有的信息对外公布；第二，特殊例外列表是清晰、便于理解和操

① “肯定列表”类似于国际贸易中的“正面清单”。——作者注

作的；第三，世界银行的政策决策最终结果完全公开，但是决策过程仍然保密；第四，信息披露的程序清晰，公众可以方便、有效、及时地获取世界银行的相关信息；第五，申诉的权利，如果申请人认为在获取相关信息时遇到世界银行毫无理由的拒绝，则申请人可以保留申诉的权利。[①] 从本质上来说，这次改革最核心的转变在于将信息披露所采用的"肯定列表"变为"否定列表"。[②] 时任世界银行行长罗伯特·佐利也曾表示，"这种政策转变凸显出世界银行致力于提高透明度和加强问责的决心"。[③]

（四）贷款体制改革

贷款是世界银行参与国际治理的主要渠道之一，其又可进一步分为投资贷款和发展政策贷款两类，其中投资贷款是国际复兴开发银行和国际开发协会对其成员的主要贷款工具。因此，对世界银行贷款体制的改革也主要集中在投资贷款方面。

自成立以来，世界银行的贷款体制一直并没有出现大幅度的变化，但进入 21 世纪，世界形势快速发生变化，而世界银行的贷款体制却开始无法适应这一变化，因此出现了改革的需求。2009 年 1 月，世界银行发布了《投资贷款体制改革概念文件》，主要改革内容如下：第一，采用基于风险的方法对投资贷款项目进行评估，对不同的项目实行不同

---

① 熊爱宗：《世界银行近期改革：进展及评价》，《国际经济合作》2010 年第 1 期。

② "否定列表"类似于国际贸易中的"负面清单"。改革后，世界银行的信息披露范围包括了准备中的项目、实施中的项目、分析和咨询活动以及世行执行董事会会议纪要。——作者注

③ 杨川梅：《世界银行将对信息披露政策做重大改革》，《中国经济导报》2009 年 11 月 26 日，第 A04 版。

的风险评估以替代现有的通用评估程序和要求；第二，制定一系列合理化投资贷款方案，从而可以满足借款方多元化的发展与融资要求，这些方案包括不同风险的投资贷款项目、对于紧急情况和脆弱经济体的快速反应项目以及支持基于成果的融资项目等；第三，加强项目的监督管理和实施支持；第四，为投资贷款改革营造一个良好的改革环境，这包括统一激励机制、明确职责范围、向项目组提供技术支持与培训等；第五，修改并简化投资贷款的指导政策框架。① 从改革目的来看，总体来说是要注重成效、加快交付速度以及加强风险管理。具体来说，改革目标可以进一步细分为最终目标和中间目标两部分。其中，改革的最终目标包括更好地响应世界银行各种客户的发展和融资需求、形成新的贷款工具、形成一份为贷款运营过程提供指导的综合政策声明、监督和评估关键的贷款流程、体现新的监管方法的变化等；中间目标包括促进低风险贷款流程更加简化与有效、探索更有效更主动的监管和投资组合管理方法、在项目层面更有效地运作、加强问责制、促进更好的培训和知识流动等。②

三、国际货币基金组织改革

国际货币基金组织除了在国际货币治理体系中发挥关键作用，在国际金融治理体系中也扮演了重要的角色。随着各类金融危机的爆发，世界经济所面临的风险陡增，各经济体对国际货币基金组织的贷款需求也

---

① 熊爱宗：《世界银行近期改革：进展及评价》，《国际经济合作》2010 年第 1 期。

② World Bank, *Investment Lending Reform: Concept Note* (Washington D. C. : The World Bank, January 26, 2009) , pp. 16–17.

急剧上升。因此，国际货币基金组织也需要针对这些新的问题进行改革，从而促进国际金融治理体系的稳定有效运转。国际货币基金组织的改革主要集中在扩大融资来源、实施“金融部门评估规划”以及创新融资工具三个方面。

（一）扩大融资来源

进入 21 世纪，国际金融市场的不稳定使得各经济体对于国际货币基金组织融资产生巨大的需求。在此背景下，国际货币基金组织也对其融资来源采取了相应的改革措施。

第一，国际货币基金组织通过增加份额的方式扩大资金来源。2009 年 4 月，在二十国集团英国伦敦峰会上，二十国集团达成共识，向国际货币基金组织增资，令其可贷资金规模扩大至 7 500 亿美元。2010 年 12 月，国际货币基金组织批准了份额改革的方案，将总份额增加一倍，即将特别提款权由 2 384 亿提高至 4 768 亿（当时约合 7 557 亿美元）。[①] 2012 年 1 月，国际货币基金组织提议再次增资 5 000 亿美元，以扩充其接待能力，但由于欧洲国家对国际货币基金组织在欧债危机中的表现感到失望，因此无法提供充分的资金支持，最终国际货币基金组织获得 4 300 亿美元的增资。[②] 第二，扩大新借款安排规模。1998 年，国际货币基金组织设立了新借款安排，以让国际货币基金组织可以贷出额外资

① 欧阳觅剑：《IMF 改革受阻凸显国际金融体系弊端》，《21 世纪经济报道》2015 年 4 月 21 日，第 004 版。

② 在 4 300 亿美元的增资中，欧元区国家出资 2 000 亿美元，日本出资 600 亿美元，中国出资 430 亿美元，韩国、沙特阿拉伯、英国各出资 150 亿美元，印度、俄罗斯、墨西哥各出资 100 亿美元。参见高海红、张明、刘东民等：《国际金融体系：改革与重建》，中国社会科学出版社，2013，第 44 页；《中国向 IMF 增资 430 亿美元》，《中国新时代》2012 年第 9 期。

金。2010 年，为应对金融危机之后世界对贷款的需求，国际货币基金组织执行董事会通过正式决议，大幅度扩大新借款安排，增加 13 个新参与方。2011 年 3 月，该决议正式生效，这使得新借款安排由之前的 340 亿特别提款权增加到 3 675 亿特别提款权，即从约 550 亿美元的规模扩大至 5 760 亿美元，扩大近 10 倍。[①] 第三，扩大双边借款安排。在 2008 年全球金融危机之后，为了能额外补充融资规模，国际货币基金组织还努力与一些成员协商可能的双边借款安排，并在之后的 2009—2011 年与部分经济体签订了双边借款协议或票据购买协议。

（二）实施“金融部门评估规划”

在 20 世纪 90 年代亚洲金融危机之后，世界各经济体发现当时的国际金融治理体系存在很多风险因素，人们也逐渐发现金融体系存在其脆弱性。尤其是在 2008 年全球金融危机之后，银行经营环境和风险特征已发生了显著变化，监管者也面临着加强宏观审慎监管能力和实践的挑战。[②] 因此，为了提升国际金融治理体系的稳定性，应当积极发挥国际货币基金组织在风险识别方面的作用。

1999 年 5 月，国际货币基金组织与世界银行联合启动了“金融部门评估规划”项目，该项目旨在利用金融稳健指标分析、压力测试以及国际标准与准则评估各经济体金融系统稳健性，并促进接受评估的经济体主动提高其危机反应和应对能力。目前，“金融部门评估规划”已

---

① 关建新：《国际货币金融体系变革与中国》，中国发展出版社，2015，第 147 页。

② 陈颖、李婧：《“金融部门评估规划”框架下的宏观经济压力测试》，《中国金融》2009 年第 11 期。

成为国际货币基金组织对成员金融体系实力、脆弱性和潜在风险进行全面评估的框架体系。[①]“金融部门评估规划”作为一种金融稳定性评估项目，其主要内容如下：第一，在金融体系结构、健康状况、与其他经济部门关联性的基础上，评估近期影响宏观金融稳定的主要风险来源、概率以及潜在影响；第二，评估各经济体的金融稳定政策框架，包括根据国际标准评估金融部门监督工作的效力；第三，评估各经济体监管当局应对金融风险和危机的处置能力，主要关注某一经济体的流动性管理框架、金融安全网络、应对危机的框架（含危机应对的准备阶段和处置阶段）。[②] 目前，“金融部门评估规划”已经覆盖了国际金融治理体系中近 90%的经济体，约占全球经济产出的 80%。

（三）创新融资工具

自 2008 年全球金融危机爆发以来，为了提高融资的灵活性和便利性，更好地为成员提供紧急援助和短期资金支持，国际货币基金组织针对其融资工具进行了改革和创新，以及时且最大限度地满足成员

① 陈颖、李婧：《“金融部门评估规划”框架下的宏观经济压力测试》，《中国金融》2009 年第 11 期。

② 关建新：《国际货币金融体系变革与中国》，中国发展出版社，2015，第 146 页。

的融资需求。①

2009年，国际货币基金组织设立了“灵活信贷额度”，用以满足那些具备有力政策框架和稳健经济表现的成员对于防范和化解危机的融资需求；同年还对“备用安排”进行了改革和更新，通过精简贷款条件、降低准入条件、扩大非优惠贷款限额等方式提高了该项工具的灵活性，更能响应成员的需求。

2010年，国际货币基金组织设立了“预防性信贷额度”，用于满足那些不符合“灵活信贷额度”要求，但政策体系健全的成员；同年还设立了“减贫与增长信托基金”，以取代1999年的“减贫与增长贷款”与2006年的“外生冲击贷款”，从而为低收入成员增加了超过一倍的资金援助。“减贫与增长信托基金”涵盖了三种新的信贷机制：“快速信贷安排”，为具有国际收支紧急需求的低收入成员提供快速的优惠资金援助，且无事后条件；“备用信贷安排”，向有短期国际收支需求的

---

① 下文关于国际货币基金组织融资工具改革的内容参见羌建新：《国际货币金融体系变革与中国》，中国发展出版社，2015，第148—152页；“Stand-By Arrangement (SBA),” International Monetary Fund, updated October 7, 2021, https://www.imf.org/en/About/Factsheets/Sheets/2016/08/01/20/33/Stand-By-Arrangement; “Rapid Credit Facility (RCF),” International Monetary Fund, updated March 7, 2022, https://www.imf.org/en/About/Factsheets/Sheets/2016/08/02/21/08/Rapid-Credit-Facility; “Standby Credit Facility (SCF),” International Monetary Fund, updated January 7, 2022, https://www.imf.org/en/About/Factsheets/Sheets/2016/08/02/21/10/Standby-Credit-Facility; “Extended Credit Facility (ECF),” International Monetary Fund, updated January 6, 2022, https://www.imf.org/en/About/Factsheets/Sheets/2016/08/02/21/04/Extended-Credit-Facility; “Precautionary and Liquidity Line (PLL),” International Monetary Fund, updated May 19, 2021, https://www.imf.org/en/About/Factsheets/Sheets/2016/08/01/20/45/Precautionary-and-Liquidity-Line; “Resilience and Sustainability Facility (RSF),” International Monetary Fund, updated April 18, 2022, https://www.imf.org/en/About/Factsheets/Sheets/2022/resilience-and-sustainability-facility-rsf; “Post Financing Assessment (PFA),” International Monetary Fund, updated May 20, 2021, https://www.imf.org/en/About/Factsheets/Sheets/2016/08/02/21/48/post-financing-assessment; “Short-term Liquidity Line (SLL),” International Monetary Fund, updated May 18, 2022, https://www.imf.org/en/About/Factsheets/Sheets/2020/04/17/short-term-liquidity-line。

低收入成员提供财政援助；“扩展信贷安排”，为长期存在国际收支问题的成员提供财政援助，该工具也是减贫与增长信托基金向低收入成员提供中期支持的主要工具。这三种安排令减贫与增长信托基金即便在危机时期也可以保持财政的灵活性，从而更好地适应低收入成员的多样化需求。

2011 年，国际货币基金组织设立了“预防性和流动性额度”，以取代 2010 年的“预防性信贷额度”，以灵活满足成员的流动性需求，从而提前防范和处置危机。这些成员虽然具有良好的经济基础，但仍存在一些漏洞，妨碍其使用“灵活信贷额度”。同年还设立了“快速融资工具”，取代 1962 年的“自然灾害紧急援助”和 1995 年的“战乱后紧急援助”，用以满足由于各类外生冲击而导致的融资需求。

2012 年，国际货币基金组织设立了“扩展基金贷款”，在成员处理长期结构性问题的过程中，有可能会面临中期严重的国际收支失衡问题，而该项贷款可以为成员提供中期贷款支持。该项工具的适用范围从具有长期国际收支需要的中低收入成员扩展至面临较大融资需求的发达经济体。

2020 年，国际货币基金组织设立了“短期流动性额度”，作为其应对新冠肺炎疫情措施的一部分，也是国际货币基金组织近十年来首个新增贷款工具，[①] 旨在为具有稳健政策框架和经济基本面的成员提供流动性支持，这些成员由于国际收支困难而面临潜在、适度的短期流动性需求。

---

① Geoffrey Okamoto, “The Short-term Liquidity Line: A New IMF Tool to Help in the Crisis,” IMFBLOG, April 22, 2020, https://blogs.imf.org/2020/04/22/the-short-term-liquidity-line-a-new-imf-tool-to-help-in-the-crisis/.

2022年，国际货币基金组织设立了“弹性与可持续性信托”，通过提供政策支持和长期融资的方式帮助低收入和中低收入成员应对长期挑战（包括气候变化、新冠肺炎疫情等），以加强成员的经济弹性和可持续性，促进国际收支稳定。

此外，2021年，国际货币基金组织将设立于2000年的“项目后检测”更名为“融资后检测”。这虽然不是一个融资工具，但对于那些接受国际货币基金组织融资的成员，应当在融资后接受进一步的评估，从而针对如何纠正导致宏观经济失衡的政策提供相关建议。因此，该项工具的目的是识别这些成员的中期生存能力以及面临的风险，并提供早期预警。